レキシコン
アジア太平洋安全保障対話

The Asia-Pacific Security Lexicon

デービッド・カピー／ポール・エバンス 著
福島 安紀子 著・訳

日本経済評論社

図 主なアジア太平洋地域・安全保障対話

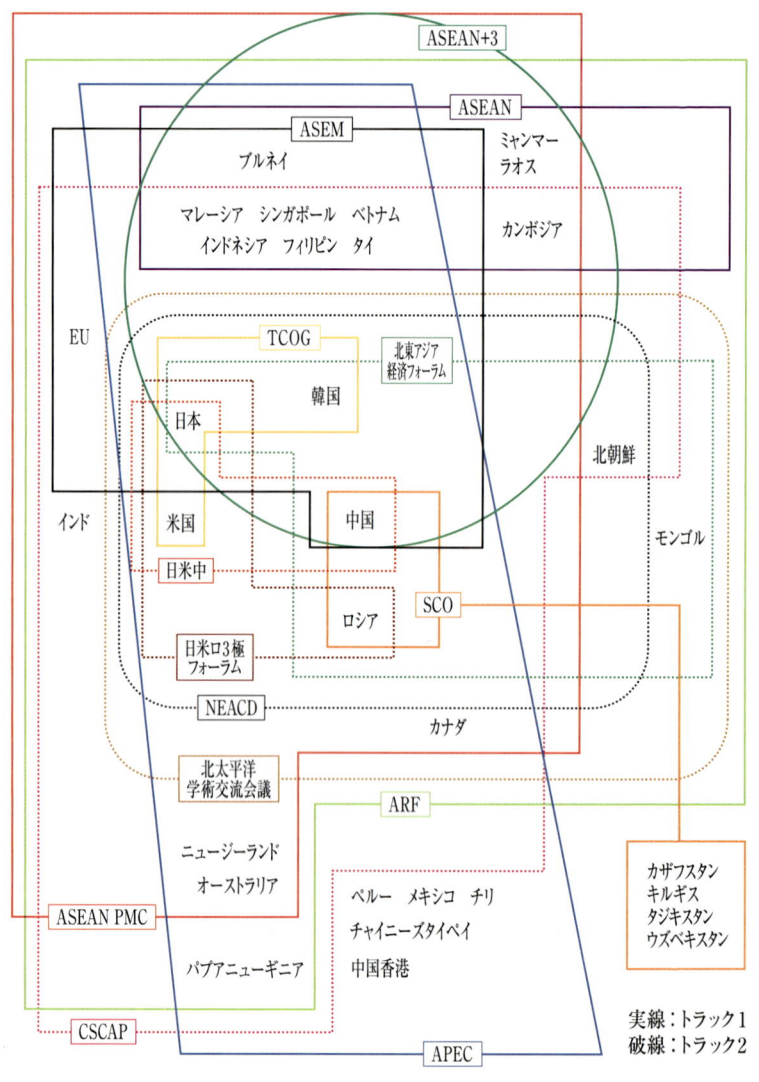

日本語版出版によせて

　冷戦終焉後の 10 年間は，安全保障を巡る様々なアイデアが提案された想像力豊かな時期であった。ヨーロッパにおいては，ベルリンの壁が崩れ，ソビエト連邦が崩壊したことが，新しい時代の始まりを象徴した。欧州連合（EU）は，経済・政治統合への歩みをさらに進めた。また，集団的自衛機構である北大西洋条約機構（NATO），協調的安全保障アプローチをとる欧州安全保障協力機構（OSCE）は，バルカン地域の不安定と紛争に取り組みながらもその影響力と加盟国を拡大してきた。

　アジアにおいては，冷戦の終焉はヨーロッパほど劇的ではなかった。相対的にソ連と米国の対峙がそれほど激しくなかったこと，社会システムの違いが残ったことが原因であろう。アジア各国は，軍備強化を手控えず，米国との 2 国間同盟の解消もしなかった。さらにアジアにおいては，集団的自衛のための多角的同盟システムの構築も行われなかったし，予防外交や紛争解決のための堅牢な協調的安全保障機構も構築されなかった。

　むしろ，アジア太平洋地域においては 1990 年代は「対話の 10 年」であった。政府間では首脳から実務レベルまで安全保障に関する 2 国間および多国間の会合が歴史的に未曾有な件数開催されたのである。ASEAN 地域フォーラム（ARF）が 94 年に創設されたことは地域対話の機構化への大きな一歩であった。また，NGO や研究機関，財界，ジャーナリスト，国会議員，市民グループなどが参加する交流や対話の場が急速に増えたことは，より劇的なできごとであったと言えるであろう。90 年代には「トラック・ツー」対話という新しい概念が登場し，政府関係者が個人の資格で参加し，様々

日本語版出版によせて

な安全保障の専門家も参加する対話も多く開催された。これらの対話が政府間の対話であるARFや大規模なアジア太平洋安全保障協力会議（CSCAP）への道筋をつけたのである。

これらの政治・安全保障対話における意思疎通には、ほとんどの場合英語が用いられた。しかしながら、アジア太平洋の地域対話において用いられた概念やアイデアは、単にヨーロッパや北米の外交用語をそのまま取り入れたわけではなかった。古典的な理念である「勢力均衡」「集団的自衛」「集団安全保障」等は、ヨーロッパの国際関係論から直接取り入れられた。また、新しいアイデアである「協調的安全保障」、「人間の安全保障」、「総合安全保障」、「関与」や「信頼醸成」等はアジアの域外から取り入れられた。そして、この10年間にこれらの欧米から輸入した概念は、アジアの状況にあわせて解釈され、その意味も変化してきた。本書の中のそれぞれの項目は、用語の現在の意味を紹介するだけではなく、その変化の過程をドキュメンタリーのように追ったものである。

アジア太平洋政治・安全保障対話のレキシコンは、安全保障の概念がどのように用いられるようになってきたかを説明している。本書はこれらの対話に参加する方々のハンドブックとして企画したものである。本書の前身である第1版のレキシコンは、日本語、中国語、韓国語、モンゴル語、タイ語そしてベトナム語に翻訳された。これら国々の安全保障に対する考え方が翻訳にも反映されており、安全保障のどの部分が各国で優先されているかも浮かび上がってくる。

日本では、日米同盟関係が支持されながら、アジアの隣国との関係改善も重視されており、このレキシコンも特別な意味を持ちうるかもしれない。「総合安全保障」や「人間の安全保障」のような概念は、日本で考案され、日本の影響が色濃く認められる。日本の各地、東京、新潟、京都、札幌等の研究機関は、積極的に2国間、多国間の対話を支持してこられた。政治家では故小渕恵三総理大臣、

外交官では佐藤行雄元国連大使，シンクタンクのリーダーである山本正氏，そして学者では西原正防衛大学校長，本書の著・訳者である福島安紀子氏等，多くの日本人が地域対話の推進に指導力を発揮してこられた。

　2002年の後半の今，アジア太平洋地域の将来は，まだはっきりとは見えてこない。中国がグローバル化，多国間主義に積極的な姿勢を示しているのは，心強い。日朝首脳会談により日本の対朝鮮半島関与の努力も再燃している。そして，対話のための機構は，地域安全保障の脅威にとりくむ機構づくりにむかってゆっくりとした歩みを示そうとしている。しかしながら，01年9月11日以来，地域安全保障秩序には暗さも垣間見られる。新しいレキシコンの改訂版には，「テロリズム」「ユニラテラリズム（単独行動主義）」や「予防的介入」等の用語を追加しなければならないだろう。今後，アジア太平洋地域が，ブッシュ政権の国家安全保障政策に対してどのように対応するかは，10年前に協調的安全保障の概念を取り入れようとした時と同様に重要である。

　このレキシコンは，アジア太平洋地域各国間の理解を深め，国家間の安全保障協力をすすめ，域内に残る冷戦時代からの敵対関係，疑念を乗り越えるべくさまざまな組織やアイデアを生み出した数百人にも及ぶ関係者にささげたい。その多くの関係者が日本人である。最大の業績は，地域の議論の雰囲気を変え，新しい世代のピースキーパーの人たちに概念とインスピレーションという道具を与えたことかもしれない。安全保障と外交の問題は，もはや外交官や政府関係者のみに委ねるのではなく，市民や専門家もまた重要なプレーヤーとして国際関係の一角を担う時代になっている。

　　　　2002年9月24日　バンクーバーにて　　ポール・エバンス

目　　次

日本語出版によせて …………………………………………………… i

はじめに――英文版出版にあたって ……………………………………1

まえがき――日本語版出版にあたって …………………………………13

略 語 一 覧 …………………………………………………………………17

第Ⅰ部　レキシコン

「ASEAN」方式（The "ASEAN Way"）……………………25
新しい安全保障へのアプローチ（New Security Approach）…42
アドホックな多国間協力（Ad Hoc Multilateralism）…………46
安全保障共同体（Security Community）……………………50
関与（Engagement）……………………………………………60
　アドホックな関与（Ad Hoc Engagement）…………67
　協調的関与（Co-operative Engagement）……………68
　建設的関与（Constructive Engagement）……………69
　現実的関与（Realistic Engagement）…………………73
　条件付関与（Conditional Engagement）………………75
　選択的関与（Selective Engagement）…………………76
　深い関与（Deep Engagement）………………………78
　包括的関与（Comprehensive Engagement）…………79
　予防的関与（Preventive Engagement）………………83
強制外交（Coercive Diplomacy）………………………………91
協調的安全保障（Co-operative Security）……………………94
協調的自主主義（Concerted Unilateralism）…………………106
共通の安全保障（Common Security）…………………………109

v

建設的介入（Constructive Intervention） ……………115
集団安全保障（Collective Security） ……………………122
集団的自衛（Collective Defence） ………………………129
柔軟なコンセンサス（Flexible Consensus）……………135
信頼安全保障醸成措置（Confidence and Security-
Building Measures）………………………………………138
信頼感醸成措置（Trust-Building Measures）…………142
信頼醸成措置（Confidence-Building Measures）………146
人道的介入（Humanitarian Intervention）………………152
勢力均衡（Balance of Power）……………………………167
相互安全保障（Mutual Security）…………………………180
総合安全保障（Comprehensive Security）………………184
大国間の協調（Concert of Powers）………………………197
多元的安全保障（Security Pluralism）……………………204
多国間主義（Multilateralism）……………………………206
透明性（Transparency）……………………………………213
トラック・ワン（Track One）……………………………216
トラック・ワン・アンド・ハーフ（Track One-and-a-Half）
………………………………………………………………218
トラック・ツー（Track Two）……………………………221
トラック・スリー（Track Three）…………………………226
2国間主義（Bilateralism）…………………………………230
人間の安全保障（Human Security）………………………234
開かれた地域主義（Open Regionalism）…………………244
ミドル・パワー（Middle Power）…………………………251
予防外交（Preventive Diplomacy）………………………256
冷戦思考（Cold War Mentality）…………………………270

第Ⅱ部　アジア太平洋政治・安全保障対話
——砂上の楼閣か地域機構への助走か …………275
はじめに …………………………………………………277
アジア太平洋地域における協調的安全保障 …………278
アジア太平洋地域多国間政治・安全保障対話
における用語・概念の問題——障害か？ ……………295
アジア太平洋政治・安全保障の対話の意義再考 ……300

事項索引 …………………………………………………311

人名索引 …………………………………………………314

はじめに——英文版出版にあたって

アミタフ・アチャリャ,デービッド・カピー,ポール・エバンス

　本レキシコンは,1990年代にアジア太平洋地域において本格的に始動した多国間政治・安全保障対話において使われるようになった語彙を中心にまとめたものである。そのなかでも特に多国間の安全保障協力に関する議論の中核を占めてきた34の用語を取り上げた。これまでのアジア太平洋地域における多国間機構の構築に関する研究は,勢力均衡と地域的機構の関係に焦点が絞られてきたが,本書ではむしろ様々な概念に焦点をあてた。

　本レキシコンは,1994年に中国が東南アジア諸国連合(ASEAN)地域フォーラム(ARF)に参加した際に,カナダが中国の多国間安全保障機構への参加を支援するプロジェクトを実施することに合意した一環として生まれたものである。具体的には「アジア太平洋地域における多国間主義と協調的安全保障に関するカナダ・中国セミナー(以下カナダ・中国セミナー)」が毎年開催されている。そのなかでカナダ側の学者チームが主要な安全保障関連概念を拾い出し,それぞれについて説明を付した用語集を同セミナーのために準備した。中国側参加者は,中国外務省アジア局を中心に構成され,これらの概念について同セミナーの場において議論し,本書の前身となったレキシコンの中国語訳版を作成した。そして,さらに加筆し,1998年にトロントにあるアジア太平洋研究センターのワーキング・ペーパーとしてレキシコンを出版し,関係者の閲覧に供した。このワーキング・ペーパーには,中国語訳,日本語訳も含めた[1]。

はじめに

　その後，域内各国関係者もこのレキシコンが有用だとして，韓国語（大韓民国〈以下韓国〉と朝鮮民主主義人民共和国〈以下北朝鮮〉でそれぞれに翻訳された），モンゴル語並びにタイ語に翻訳された。また，中国語訳第2版が台湾の学者によって作成された。

　今回本書では，1998年以降のアジア太平洋地域における安全保障対話の趨勢を勘案し，いくつかの新しい用語を追加した。また，本書は英語版のみとし，各国語版は別途出版されることを期待することにした。

　アジア太平洋地域の多国間協力においては，英語が媒体として用いられているが，英語はほとんどのアジア人にとって母国語ではない。その意味では，複雑な用語が国際的なプロセスのなかで他の言語にどのように取り入れられていくかは大変興味深いところである。外交の側面からは，用語がより議論を複雑にしたり，誤解を生んだり，解釈が歪曲されたりする可能性も高まっている。学問の面からは，これらの用語は翻訳すること自体が極めて難しい。概念的な出発点と世界的な視野のなかで理念が発展していく過程は，研究対象として興味あるものである。

　本書は，用語を実践的かつ概念的に解説しようというもので，政策決定者や研究者が多国間対話の会議などに出席する際のハンドブックとして役立つようにと企画したものである。アジア太平洋地域の安全保障に関する議論では，用語の概念をめぐって論争や意見の食い違いが発生している。例えば，「信頼醸成」とは西洋的なプロセスで法律的かつ形式的な措置であり，アジアにはなじまないものなのか？　「予防外交」は武力の行使を含むのか？　「人道的介入」は，「人道的支援」とは異なるのか？　介入は国家主権への挑戦なのか？　「人間の安全保障」は，アジアに昔からある「総合安全保障」の西欧版にすぎないのか？　「関与（エンゲージメント）」の本当の性格はどのようなものか？　「関与」は，単に封じ込めのソフトな形態にしかすぎないのか？

本書ではこれらの問題を取り上げているが，疑問を解明するところまでは至っていない。また，概念の定義や解釈を決めつけることを本書の目的とはしていない。T.S.エリオットの言葉を借りるならば，本書で検討した概念は「座して動かぬ」ものではない。むしろ，本書では概念の歴史的な脈絡を明らかにし，概念がどのように進化してきたかを分析するよう試みた。

　理論面では，国際関係論におけるコンストラクティヴィスト（構成主義者）のアプローチを応用した。国際問題において理念が重要だという考え方は，けっして新しいものではない。しかしながら，理念についての文献の多くが明示的に合理主義に基づいている。例えば，影響力のある研究では，理念が政策決定者にとってより効率的な方法で合理的な自己利益（rational self-interest）の追求に役立つから重要であるとの主張がなされている。ジュディス・ゴールドスタイン（Judith Goldstein）とロバート・コヘイン（Robert Keohane）は，「『より効率的な』成果を達成するために協力を助長したり，あるいは妨げることで，理念は，戦略的な相互作用に影響をあたえる」と記述している[2]。対照的にコンストラクティヴィズム（構成主義）は，国際関係の理念の影響についてもっと複雑な見方をしている。理念は，国家が利益追求にあたり単により費用効果の高い手法をとることに役立つばかりではなく，これらの利益を再定義して集団としてのアイデンティティ形成に繋がるようにすることもできるとの解釈である。

　コンストラクティヴィズムは，アジア太平洋地域の様に多様性に富む地域内の文化，社会ならびに政治的な断層をこえた理念的な議論において，特殊な問題に遭遇する。すなわち，集団的なアイデンティティの形成に偏した暗示的な規範上の偏向があるため，コンストラクティヴィストは理念がどのように利益やアイデンティティを形成するかについて過剰に単純化した見方をする傾向がある。文化の相違を強調しているが，地域協力を形づくるうえで異なった理念

がどのような役割を果たすかを取り上げた実践的な研究はほとんど行われていない。

アジアの政策決定者は，西欧の学者や政府関係者が提案する理念に対しては往々にして疑念をもってきた。その例として「共通の安全保障」がある。共通の安全保障は，冷戦の終焉にあたり東西緊張関係を緩和する触媒の役割を果たした。欧州安全保障協力会議（CSCE）の理念的基礎となった。しかしながら，1990年代初めにソ連，カナダ及びオーストラリアの政策決定者が，共通の安全保障をアジア太平洋地域の多国間安全保障対話の理念的基礎となりうると提案したとき，アジアの学者や政府関係者はこの提案を逡巡なく批判した。共通の安全保障が，軍事的な透明性，信頼安全保障醸成措置，公式の査察・遵守メカニズムに力点を置いていることが，欧州の状況や外交的な伝統を反映したものであり，アジアにふさわしくないとの指摘がなされたのである。「共通の安全保障」が特定の仮想敵に敵対するのではなく，関係国と共に協力して安全保障を確保することを強調していたことを想起すると，これはまさにアジアの政策決定者が域内のライバル国との関係において考えていた方向性と合致しており，この様な否定的な反応が出てきたことは驚きを禁じえない。アジアは，「協調的安全保障」やその10年後にでてきた「人道的介入」に対しても同じような反応を示したのであった。

「予防外交」については，ARFにおいて安全保障協力推進の3段階のプロセスの一環として合意された。しかしながら，予防外交とは何か，予防外交がどのように実践されるべきか，予防外交をいかにARFの課題として取り込んでいくかをめぐって議論が紛糾し，難航している。予防外交はARFの概念ペーパーにおいてARFの安全保障協力に関する3段階の第2段階として位置づけられたときから議論を呼んだ概念である。そのほかの2つは，信頼醸成と紛争解決，あるいは正確には「紛争に対するアプローチの充実（elaboration of approaches to conflicts）」である。一部のARF参加国

は，予防外交の概念について深い疑心を示し，特に武力の行使が予防外交の道具になることへの懸念を示した。しかしながら，1990年代末には本書に記述したように概念をめぐる論争と通じて，予防外交は強制外交（coercive diplomacy）とは異なることが明白になった。

外からの安全保障概念の導入にアジアが懸念をもつには，4つの要因がある。1つは，基本的に言語の問題である。多くの安全保障関係に関する英語の語彙は，簡単にアジア言語には翻訳できないものが多い。例えば，中国語で書く場合に，「関与（engagement）」は直接相当する中国語の語彙がない。このような場合，政策決定者は往々にして近似の語彙を用い，これが誤解や疑念を招くことになりかねないのである。

第2は，政治的な問題である。欧州や北米から出てくる理念の多くは，人権，人道的介入や予防外交のように暗示的あるいは明示的にアジアの政治的な考え方や国家主権に挑戦するものである。これらの理念の正確な意味や範囲は，アジア地域全体あるいは各国において政治的な論議を呼んでいる。

第3は，地域内の確立された外交的な伝統にかかわるものである。安全保障協力に関する理念の多くは，実践にあたって機構化を必要とする。これは，「ASEAN方式」等に代表されるアジアにおいて尊重されている非公式な話し合いという風土に逆行するものである。アジアにおける多国間安全保障協力は，公式の手続きや制度化による協力への提案には反対しながら進めていくところがまさに目新しいともいえる。

最後に安全保障関連の概念を域外から輸入することへの懐疑心が主たる要因となり，アジアの有識者のなかには独自の用語によって地域のアイデンティティを構築しようとしている向きがある。慎重に構築されているアジアのアイデンティティに関連する概念は，人権，民主主義から多国間安全保障協力まで多岐にわたる問題を網羅

している。域外から入ってくる理念は,いわゆるアジアは違うという感覚につながるインサイダーとアウトサイダーの峻別をすすめるターゲットになりやすい面もある。西欧の「文化的帝国主義」への根強い懐疑心とまではいかないがより微妙なものとして,西欧で生まれた安全保障関係の概念の多くが西欧独自の価値観,信念や実践方法を反映したものであり,アジアの状況にはうまく適応しないという認識がアジアに広まっている。

多国間の安全保障協力を広げるための努力は,アジアやアジア以外の主体(アクター)を含み,根本的な理念に関する論争や主要な概念に関する共通の理解を見出そうという試みを孕むものとなっている。アジア地域以外から導入された概念は,修正なしにそのままアジア地域で受け入れられ,採用されることはまれである。むしろ,各地の事情にあわせ,現地の信念や慣例にあわせて適用されている。また,アジア各国は外国の理念の一方的な受け手ではなく,積極的にこれらの理念を借り,修正し,場合によっては新しい理念を生み出してきている。アジア地域とそれ以外の地域との間に相互学習効果も生まれてきているといえる。欧米の安全保障協力に関する理念の多くが「アジア化」された一方で,アジアの理念や慣例(例えば「ASEAN方式」とか「柔軟なコンセンサス」)のなかには「西洋化」,「普遍化」されたものもある。例えば,日本,マレーシアやインドネシアが考案した「総合安全保障」という概念は,欧州や北米が安全保障の意味を再定義し,広義の解釈をとるようになる前に生まれたものであり,むしろアジアで生まれた概念が欧米の考え方を変えたともいえる。また,本書のなかで取り上げている語彙に関する論争は,アジア太平洋地域における様々な概念の進化の過程をも示している。

本書は,1990年代の多国間協力における議論の発達過程をも投影したものであり,3つの傾向が明らかである。まず,主要な安全保障概念に関する論争を東西の対立とみなすことは短絡的にすぎる。

バンコクやマニラの民主主義体制による人権や人道的介入などの概念の解釈は，北京やニューデリーにおける受け止め方よりもオタワやキャンベラでの理解に近い。同様にカナダと米国は，アジア人の目には外交政策上の関心や信念においてほとんど差がないように見えるが，「協調的安全保障」についてかなり異なった解釈をしてきた。アジア太平洋地域の安全保障に関する概念がもともと欧米の学者や政府関係者によって提案されたからといって「欧米」のものだというラベルを貼ることもできない。

例えば，「人間の安全保障」はカナダ政府が大変熱心に推進しているが西洋の概念だと決めつけることもできない。人間の安全保障の主唱者のうち2ヵ国は，アジアの国である日本とタイである。もっとも人間の安全保障について日本とカナダの解釈には違いはあるが，（カナダは，武力を伴う紛争の人間への影響に焦点をあてているのに対し，日本は，人間のニーズにこたえる経済的開発を強調している）相違点よりは類似点の方が重要である。人間の安全と尊厳がカナダと日本両国の「人間の安全保障」概念の中核にあり，両国とも国家中心的な安全保障の考え方から変わろうとしている。

第2の傾向は，安全保障対話が次第に広がり，国内問題も取り上げるようになり，非政府組織も参加するようになってきていることである。すでに確立している民間主導の対話に政府関係者が個人の資格で参加する「トラック・ツー」のプロセス（「トラック・ツー」の項目参照）を，新たに生まれてきた学者中心の対話である「トラック・スリー」（「トラック・スリー」の項目参照）が補完する形で，政府関係者と市民社会の対話が進んでいる。

第3に多国間対話や協力への受け入れ方が変わってきている。1990年代の初めには，中国も米国も多国間の枠組みに対する態度が曖昧であったり，時には敵意を抱くこともあった。90年代の半ばには，中国，米国の政府ともに条件つきの面はあったが，熱心に多国間のメカニズムを支援するようになった。また，孤立の時代か

ら脱したともいえるミャンマー，ベトナム，北朝鮮などの新しい主体（アクター）もトラック・ワンやトラック・ツーの多国間プロセスに参加するようになっている。これらの主体の参加により多国間プロセスの意義が広まったと同時に語彙の意味や解釈をめぐる議論も複雑になった。

　1990年と2000年を比較すると，多国間主義（マルチラテラリズム）がどこまで地域安全保障の理論と現実の両面に浸透してきたかが明瞭である。多国間協議や協力のための枠組は，特定の問題に関して，政府間の定期的なチャンネルや様々なトラック・ツー並びにトラック・スリーの対話を通して根をおろしてきている。アジア太平洋地域においては，これまで自助や2国間の取極が地域安全保障の中心になってきたが，様々な多国間協議が冷戦構造の断層をこえて発展してきている。

　このような進展があるものの，アジア太平洋地域の多国間協力は現在重要な分岐点にきている。マルチラテラリズム推進の努力が，現在高原状態に入ったという意見があるが，著者も同じ見解である。東南アジア諸国連合（ASEAN）は，経済危機前に示していたようなエネルギーやリーダーシップを発揮することができなくなっているようである。さらに，オーストラリアやカナダのようなミドル・パワーは10年前ほど多国間協力において目に見える役割を果たしていない。また，米国の政権交代により，米中間で戦略的な競争が増している兆候も見られ，2国間同盟と一方的な行動（単独行動主義）に少なくとも議論の争点は移っている。

　しかしながら，アジア太平洋地域の組織を厳しく批判するにあたって，域内の多国間協力がまだ新しいことを失念してはならない。ARFのような政府間レベルの安全保障対話のメカニズムは，発足後まだ5年余を経ただけである。域内の軍当局者は，マルチラテラリズムに代わる方法が，安全や平和をより確実に約束するものではないことを認識するに至っている。

多国間協力を主唱するものは，1990年代に築かれた礎の上に新しい方法を構築していかなければならない。本書が単に90年代の進展の歴史的な分析にとどまらず，対話を新たな舞台に移す基礎となることを願ってやまない。

レキシコンの作成手法

レキシコンを作成するにあたり，2000をこえる記事，書籍，会議発表論文を分析した。網羅的に取り上げるよりも安全保障関連の語彙について共通理解の基礎を設定する，あるいは議論が分かれる部分を示すのにより重要と思われる議論，異なる立場を示すものに焦点をあてた。また，異なる国家の脈絡，理論的な出発点，視座についてバランスをとって文献を選ぶようにした。なお，本書は2000年9月までの文献を分析の対象とした。

また，英文版の製作にあたっては，英文版の出版社である東南アジア研究所（ISEAS）の方針に従い，アジア太平洋地域でよく用いられている「cooperation」「cooperative」のような標記ではなく「co-operation」「co-operative」等のようにハイフンを入れた *Oxford Dictionary for Writers and Editors* の綴り方を使用した。同様にISEASの方針に従い，アジア太平洋地域についてもハイフンをいれた「Asia-Pacific」という標記となっている（引用されている文献ではハイフンのない「Asia Pacific」という標記が多かったのであるが）。

本レキシコンに含まれている語彙のうち，「冷戦思考」と「新しい安全保障アプローチ」という2つの語彙は，他のものと性格がやや異なる。これは，北京の中国外務省が生み出した理念にもとづいたものである。これら2つの表現は，中国以外の専門家は幅広く用いていないが，中国の考え方では中心的なものであり，将来の地域における議論に重要であると考えられることから本書に収載した。

はじめに

謝　　辞

　本書は，スタートから協力を前提としたものであり，通常の著作物の場合をこえる謝辞を述べなければならない。本プロジェクトのはじめから北京の中国外務省アジア局の何人かの担当官に御世話になった。また，カナダ国際開発庁（CIDA）からは，カナダ・中国セミナー（CACHIS）の一環としてレキシコンの製作に過去5年間財政的な支援を受けた。特にCIDAのブライアン・ハンター氏が本プロジェクトを慫慂してくれたことに感謝する。

　共著者の1人ポール・エバンスは，1998年と99年にアベ・フェローシップ・プログラムと米国平和研究所の支援を受けたことに感謝する。また，アジア及び北米地域の同僚たちが語彙集にコメントを寄せたり，初版の翻訳にあたってくれたことに感謝する。特に佐藤行夫大使の慫慂と福島安紀子氏のきめの細かい思慮にとんだアドバイスに感謝したい。アミタフ・アチャリャ氏は，本プロジェクトに一貫して重要な役割を果たした。同氏は，1997年から2000年までカナダ・中国セミナー（CACHIS）の講師を務めた。シャーリー・ユー氏は，プロジェクト全体の実現のために複雑な運営をこなし，不可欠な役割を果たした。最後にマイケル・リーファー氏は突然の死去のため，本書の最終稿をみることなく他界されたが，地域の議論の限界や方向性について，特にアジア太平洋地域の多国間協力が対話の段階を越えて実施面での協力に及ぶことができるかどうかについて，頻繁に議論してくれ，本書は同氏に負うところは大きい。

　本プロジェクトにかかわった多くの方々のアドバイスと協力に感謝するが，本書の語彙の選択，解釈，事実関係などの誤りは偏に筆者の責任であることをお断りする。

1) David H. Capie, Paul M. Evans, and Akiko Fukushima, "Speaking Asia Pacific Security : A Lexicon of English Terms with Chinese and Japanese Translations and a Note on the Japanese Translation," Working Paper, University of Toronto-York University Joint Centre for Asia Pacific Security, Toronto, 1998.
2) Judith Goldstein and Robert Koehane, eds., *Ideas and Foreign Policy : Beliefs, Institutions and Political Change* (Ithaca : Cornell University Press, 1993), p.12.

まえがき——日本語版出版にあたって

　1990年頃から急増したアジア太平洋地域の政治・安全保障対話において，米国，カナダ，オーストラリア，ニュージーランド等を除くと英語を母国語としない国々が参加しているにもかかわらず，英語が会議の使用言語として用いられてきている。さらに，「信頼醸成措置」を筆頭に，欧州から借り入れた用語も少なくなく，欧州の用語がアジア太平洋地域の安全保障環境にふさわしいかどうか，あるいは用語のアジア太平洋地域における解釈をめぐって論争になる場合もあった。また，対話に参加する関係者の間で使用される用語の理解に食い違いがあるために，それも大きなものから小さなものまであったために，誤解を生むケースもでてきた。

　このような用語をめぐる問題が，アジア・太平洋地域における政治・安全保障対話の進展を損ねかねないことが懸念されるようになったことから，1998年にカナダ・中国セミナーで取り上げられた用語を基に，トロント・ヨーク大学アジア太平洋地域安全保障合同研究所所長ポール・エバンス教授（当時），デービッド・カピー氏ならびに筆者が協力し，文献調査によりアジア太平洋地域の政治・安全保障対話用語集を英語，日本語で作成し，中国語訳を付して，同研究所よりワーキング・ペーパーとして出版した[1]。このレキシコンは，その後，韓国語，ベトナム語，タイ語などアジア各国において外務省を中心に翻訳され，実務家，研究者の参考とされた。このいわば第1版は簡易な形で出版したが，書物としての出版を希望する声がでてきたので，2001年秋に内容を修正・加筆した英語版第2版が出版された。第2版では各国語版については，それぞれ個別に作成することとなり，原著者のひとりであるエバンス教授（現

ブリティッシュ・コロンビア大学)の要請により第2版の日本語版を作成するに至った。

　本書は、アジア太平洋地域の安全保障協力の実務家、研究者、学生等の皆様の参考としてまとめたものであり、いわゆる事典としてご利用いただく性格のものであるが、各用語が様々な背景をもち、複数の解釈が多いために説明を付す形となり、それぞれが小論文の性格をもつ形となった。本書の基礎は、同用語集の英文版におき、これを翻訳したが、逐語訳では意味を取り難いことも少なからずあったため、原著者と協議のうえ、日本語として本来の意味が伝わるような表現を心掛けるとともに、英語版作成から出版までの時間経過を勘案し、必要に応じ新しい情報を追加した。また、原著がカナダの視点から執筆されたものであることから、日本の視点からの記述を若干追加した。脚注については、それぞれの概念の出典を示す必要もあり、やや量が多いきらいがあるが、さらに研究、調査されたい向きのご参考まで収載した。

　また、日本語版では、別にアジア太平洋政治・安全保障対話に関する第Ⅱ部を加筆し、本書をご利用いただく関係者のご参考に供することとした。なお、この部分は英文にても発表の予定である。さらに末尾には、本書を事典としての利用する便宜を考え、索引を追加した。

　本書は、アジア太平洋地域における政治・安全保障自体がいわば「進化」しつづけているため、新しい用語も次々と生まれており、完全なものからは程遠いが、アジア太平洋地域の対話の促進、さらにはこの地域の安全保障を勉強する学生諸兄にわずかでもお役にたてば幸いである。また、将来の改訂版作成にあたっての参考のために、ご批判、ご指導を賜るようにお願いする。

　本書の出版に際し、多くの方々のご指導、ご支援を賜ったことについて、ここに紙面を借りて感謝したい。特にこの機会を与えていただいたポール・エバンス　ブリティッシュ・コロンビア大学教授、

また，本書の出版にあたり励ましとご理解をいただいた勤務先の総合研究開発機構　塩谷隆英理事長にここに心から感謝する。また，星野進保前理事長には，本書の第1版のプロジェクトにご理解を賜り，本レキシコンにつき種々アドバイスを頂いたことに感謝したい。また，日本経済評論社　栗原哲也代表取締役ならびに編集の労をお取りいただいた同社宮野芳一氏のお力が無ければ，本書は日の目をみることがなかったであろう。特に記して感謝したい。さらに本書の第1版を出版する際にまた本書第Ⅱ部についてご懇篤なご指導を賜った西原正　防衛大学校校長に改めて感謝申し上げたい。

　最後に多忙な仕事に追われながらも時間を捻出して資料収集，調査，原稿のチェック，編集，索引作成等にご尽力いただいた総合研究開発機構　佐々木香代主任研究員ならびに蒋真実主席研究員付アシスタントの尽力と協力に深く感謝したい。

2002年秋　バンクーバーにて　　福島　安紀子

---

1) David H. Capie, Paul M. Evans, and Akiko Fukushima, "Speaking Asia Pacific Security : A Lexicon of English Terms with Chinese and Japanese Translations and a Note on the Japanese Translation", Working Paper, University of Toronto-York University Joint Centre for Asia pacific Security, Toronto, 1998.

略 語 一 覧

ABAC	APEC Business Advisory Council	（APECビジネス諮問委員会）
ABM	Anti Ballistic Missile Treaty	（対弾道弾ミサイル条約）
AFTA	ASEAN Free Trade Agreement	（ASEAN自由貿易地域）
AMM	ASEAN Ministerial Meeting	（ASEAN閣僚会議）
ANZUS	Australia, New Zealand, United States [Treaty]	（アンザス条約）
APEC	Asia-Pacific Economic Co-operation	（アジア太平洋経済協力：会議）
APSD	Asia-Pacific Security Dialogue	（アジア太平洋安全保障対話）
ARF	ASEAN Regional Forum	（ASEAN地域フォーラム）
ASA	Association of Southeast Asia	（東南アジア連合）
ASEAN	Association of Southeast Asia Nations	（東南アジア諸国連合）
ASEM	Asia-Europe Meeting	（アジア欧州会合）
ASPAC	Asia and Pacific Council	（アジア大平洋協議会）
CAEC	Council for Asia-Europe Co-operation	（アジア欧州協力協議会）
CANCHIS	Canada-China Seminar on Asia Pacific Multilateralism and Cooperative Security	（アジア太平洋地域における多国間協力と協調的安全保障に関するカナダ・中国合同セミナー）
CBMs	confidence-building measures	（信頼醸成措置）
CDE	Conference on Disarmament in Europe	（欧州軍縮会議）

17

略語一覧

CINCPAC	Commander in Chief, U.S. Pacific Command	（太平洋軍司令部司令官）
CPM	Communist Party of Malaysia	（マレーシア共産党）
CSBMs	confidence-and security-building measures	（信頼安全保障醸成措置）
CSCA	Conference on Security and Co-operation in Asia	（アジア安全保障協力会議）
CSCAP	Council for Security Co-operation in the Asia Pacific	（アジア太平洋安全保障協力会議）
CSCE	Council on Security Co-operation in Europe	（欧州安全保障協力会議）
CUA	concerted unilateral action	（協調的自主的措置）
DFAIT	Department of Foreign Affairs and International Trade	（外務国際貿易省）
DFAT	Department of Foreign Affairs and Trade	（外務貿易省）
DPRK	Democratic People's Republic of Korea	（朝鮮民主主義人民共和国）
EAEC	East Asia Economic Caucus	（東アジア経済協議体）
EASI	East Asia Strategy Initiative	（東アジア戦略構想）
FPDA	Five Power Defence Arrangements	（5ヵ国防衛取極）
G7	Group of Seven	（G7主要先進国首脳会議）
GATT	General Agreement on Trade and Tariffs	（関税および貿易に関する一般協定）
GDP	Gross Domestic Product	（国内総生産）
GNP	Gross National Product	（国民総生産）
HR	House Resolution	（米議会下院決議）
IAEA	International Atomic Energy Agency	（国際原子力機関）
IISS	International Institute for Strategic Studies	（国際戦略研究所）

IMF	International Monetary Fund	(国際通貨基金)
INCSEA	Incidents at Sea Agreement	(海上事故防止協定)
ISG	Inter-Sessional Support Group	(インターセッショナル・サポート・グループ)
ISIS	Institutes for Strategic and International Studies	(戦略国際問題研究所)
ISM	Inter-Sessional Meeting	(インターセッショナル会合)
JCAPS	Joint Centre for Asia Pacific Studies	(アジア太平洋研究ジョイント・センター)
KEDO	Korean Peninsula Energy Development Organization	(朝鮮半島エネルギー開発機構)
MBFR	Mutual Balanced Force Reduction Talks	(中欧相互均衡兵力削減交渉)
MERCOSUR	the Mercado Commun del Sur	(メルコスール)
MFN	most favoured nation	(最恵国待遇)
MITI	Ministry for International Trade and Industry	(通商産業省：通産省現在は経済産業省：METI)
MOF	Ministry of Finance	(大蔵省，現在は財務省)
MOFA	Ministry of Foreign Affairs	(外務省)
MRMs	mutual reassurance measures	(相互に安心感を高める措置)
MST	Mutual Security Treaty	(相互安全保障条約)
MTCR	Missile Technology Control Regime	(ミサイル関連技術輸出規制)
NAFTA	North America Free Trade Agreement	(北米自由貿易協定)
NATO	North Atlantic Treaty Organization	(北大西洋条約機構)
NEACD	Northeast Asia Cooperation Dialogue	(北東アジア協力ダイアローグ)

略語一覧

NEASD	Northeast Asia Security Dialogue	（北東アジア安全保障対話構想）
NGOs	non-governmental organizations	（非政府組織）
NLD	National League for Democracy	（国民民主連盟）
NPCSD	North Pacific Co-operative Security Dialogue	（北太平洋協調的安全保障対話）
NPT	Non-Proliferation Treaty	（核不拡散条約）
NSC	National Security Council	（国家安全保障会議）
ODA	Official Development Assistance	（政府開発援助）
OSCE	Organization for Security and Co-operation in Europe	（欧州安全保障協力機構）
PAMS	Pacific Armies Management Seminar	（太平洋地域陸軍管理セミナー）
PBEC	Pacific Basin Economic Council	（太平洋経済委員会）
PBF	Pacific Business Forum	（パシフィック・ビジネス・フォーラム）
PECC	Pacific Economic Co-operation Conference	（太平洋経済協力会議）
PKO	peacekeeping operations	（平和維持活動）
PLA	People's Liberation Army	（人民解放軍）
PMC	Post-Ministerial Conference	（ASEAN拡大外相会議）
PRC	People's Republic of China	（中華人民共和国）
ROK	Republic of Korea	（大韓民国）
SDF	Self-Defence Force	（自衛隊）
SDSC	Strategic and Defence Studies Centre	（戦略防衛研究センター）
SEANWFZ	Southeast Asia Nuclear Weapons Free Zone	（東南アジア非核地帯条約）
SEATO	Southeast Asia Treaty Organization	（東南アジア条約機

		構)
SLOCs	sea lines of communication	(海上交通路,シーレーン)
SLORC	State Law and Order Restoration Council	(国家法秩序回復評議会)
SOM	Senior Officials Meeting	(高級事務レベル会合)
SPDC	State Peace and Development Council	(国家平和発展評議会)
START	Strategic Arms Reduction Treaty	(戦略兵器削減条約)
TAC	Treaty of Amity and Co-operation	(友好協力条約)
TBMs	trust-building measures	(信頼感醸成措置)
TCOG	Trilateral Co-ordination and Oversight Group	(北朝鮮問題に関する日韓米3ヵ国監督・調整グループ)
U.N.	United Nations	(国連)
UNDP	United Nations Development Programme	(国連開発計画)
U.S.	United States	(米国)
USSR	Union of Soviet Socialist Republics	(ソビエト連邦)
WMD	Weapons of Mass Destruction	(大量破壊兵器)
WPNS	Western Pacific Naval Symposium	(西太平洋海軍シンポジウム)
WTO	World Trade Organization	(世界貿易機関)
ZOPFAN	Zone of Peace, Freedom and Neutrality	(平和自由中立地帯)

第 I 部

レキシコン

「ASEAN 方式」
The "ASEAN Way"

　「ASEAN 方式」は，東南アジア諸国連合（ASEAN）加盟国のなかで生まれた外交スタイルまたは行動規範を指す[1]。「ASEAN 方式」は，ASEAN 地域フォーラム（ARF）やアジア太平洋経済協力会議（APEC）のように ASEAN が特別の役割を果たしている地域機構において導入されている。また，「ASEAN 方式」は，「アジア方式」，「APEC 方式」あるいは「アジア太平洋方式」等と呼ばれることもある。「ASEAN 方式」は，アジアの指導者や政策決定者が欧米式の外交概念や多国間主義をそのまま輸入することを意識的に拒絶したことを示唆している[2]。西洋的な，あるいは「アメリカ的な」もしくは「形式的」で「法律的」な手続きや解決に焦点を絞る「カルテジアン的な」外交スタイルと対照的に「ASEAN 方式」は忍耐，漸進的，非公式，現実主義，コンセンサスを強調する[3]。クスマ・スニトングセ（Kusuma Snitwongse）は，「ASEAN 方式」は，ASEAN が発展させた「政治プロセス」であり，「頻繁に接触することによる協議と妥協の習慣」であると論じている[4]。外交の「ASEAN 方式」あるいは「アジア方式」は普遍的に受け入れられているわけではない。特にヨーロッパの学者のなかには批判的な意見もある。

　「ASEAN 方式」の語源は，ASEAN が創設された 1967 年以前に遡る。フィリピン人の学者であるエステレラ・ソリダム（Estrella Solidum）によると，国際関係がきしんだり，対立的になることを

避けたいという考え方と控えめなコンセンサスを基礎とする外交の重要性は，短命であった ASEAN の前身となった東南アジア連合 (ASA) にその源泉を辿ることができる[5]。1961年に ASA の創設者たちは，地域内の問題は「アジアの価値を内包するアジアの解決策」によって解決すると宣言した。ソリダムは，最も重要なのは「合意が達成されるまでは，ファンファーレをならさない極めて抑制された外交」を展開することであるとの見解を示している[6]。ソリダムによると ASEAN のエリートの間にある「目に見えない大原則 (invisible ground rules)」が重要である。典型的にはコンセンサス，柔軟性と妥協につながる非公式，非法律的ならびに非拘束的な外交へのアプローチが，共通の規範であるとされている[7]。

「ASEAN 方式」の主たる特色は，公式の制度化に慎重な態度をとることであった[8]。ジャヤクマール シンガポール外務大臣 (S. Jayakumar) は，この ASEAN の傾向を「組織上のミニマリズム (organizational minimalism)」と呼んでいる[9]。ロバート・スカラピーノ (Robert Scalapino) は，これを「ソフトな地域主義 (soft regionalism)」あるいは「ソフトな対話 (soft dialogue)」と呼んでいる[10]。一方，アラステール・イアン・ジョンストン (Alistair Iain Johnston) は，「薄い制度化 (thin institutionalization)」と呼んでいる[11]。これらの様々なラベルが使われていることは，ASEAN が第2次世界大戦後ヨーロッパに登場した様々な地域機構とは異なっていることを示している[12]。ASEAN 加盟国は，政治連合を目指さず，超国家的な権威をもつ地域機構をつくろうともしていない。むしろ，ASEAN は，意思決定権限は加盟国の首都に依然として残る「主権を強化する地域協力」の例といえる。

ASEAN は，非公式方式を好む組織になっている。欧州連合 (EU) と比較すると，ASEAN は，最近ジャカルタに設けられている事務局がその役割を拡大しているとはいえ，控えめな官僚機構しかもっていない[13]。ARF も APEC も ASEAN の例に従っている。

ARFは，専門職員も恒久的な事務局ももっておらず，APECのシンガポールにある事務局は，小規模である[14]。非公式な方式を好むことは，これらの組織の名称にも反映されている。1994年にARFが設立されて以来，ASEANの代表は，公式的な響きのある「多国間安全保障メカニズム」という表現を用いず「対話フォーラム」という慎重な呼び方をしている[15]。同様にARF閣僚会議の間に開催される諸会合についても公式的な響きのある名称は避けられている。95年の第2回ARF会議において，閣僚会議の間に作業部会（working group）を設けることが合意されようとした。しかし，中国が「より厚い機構化の感じがする」[16]という理由により「作業部会」という表現を用いることに反対し，オープンエンドのタイムテーブルにも反対した。結局，妥協が成立し，インターセッショナル・サポート・グループ（ISG）とインターセッショナル会合（ISM）と呼ぶことになった。

　アジア太平洋経済協力（APEC）会議においてもその機構化をめぐって同様の議論がかわされた。ヨーロッパ的な「経済共同体」とははっきり峻別するべく，APECは「協議メカニズム（consultative mechanism）」とされている。ちなみに1993年にオーストラリアが，APECにおいて「共同体」構想を提案したときAPECのなかのアジアメンバーは狼狽したのであった[17]。94年にAPECの諮問を受けた賢人会議（Eminent Persons Group：EPG）は「自由で開かれた貿易と投資によるアジア太平洋経済共同体を漸進的に発展させる」ことを勧告した。賢人会議によると，ここでいう「共同体（community）」は，完全な経済統合や関税同盟を意味するものではなく，「単に全体の利益のために加盟国が経済上の障壁を除くことを目的として共有する国々のグループを」指す[18]。

　「ASEAN方式」では非公式な方法が好まれるが，これはASEANが法律的な制度や成文化された規則よりも「対話の習慣」や「非拘束的なコミットメント」等の協議プロセスを重視していることにも

反映されている[19]。コン・ユン・フン（Khong Yuen Foong）によると「ASEANの関係者は，ASEAN方式を法律的な契約や公式の宣言，多数決ルール，対立的な交渉戦術と好対照をなすもの」としている[20]。同様にAPECもARFも公式の紛争解決メカニズムを採用していない。APECの推進者は，地域の紛争解決メカニズムを設けようという提案を拒否してきた。世界貿易機関（WTO）や関税および貿易に関する一般協定（GATT）のような「極めて法律的な」手続きの必要性をAPEC関係者は認めていない。APECのボゴール宣言では「自主的な，協議による紛争調停サービス（a voluntary, consultative dispute mediation service）を設けることが謳われているだけである[21]。

同様にARFの紛争解決に関する役割については受け止め方が複雑であった。1995年の第2回ARF会議に提出されたASEANのコンセプト・ペーパーは，当初将来の安全保障協力に対して，信頼醸成，予防外交，紛争解決からなる3段階のアプローチを提案していた。しかしながら，ブルネイにおけるARF会議で議論が行われた後，「紛争解決」という表現が，「紛争に対するアプローチの充実（elaboration of approaches to conflicts）」という表現に変更された。これは明らかに中国が紛争解決という表現が，「分類としてあまりに公式的な」ものであるとし，ARFが少なくとも近い将来，紛争解決の役割を果たすことに反対したためである[22]。これは法律的なアプローチをとることに対する反発の顕著な例であるが，アチャリャは，この中国の立場は「紛争解決より紛争回避という方が的を得ている」というASEAN自身の紛争に対する姿勢と平仄が合うものだと指摘している[23]。

ASEANの指導者が個人的な関係とエリート外交を重視したことも非公式な関係が好まれてきたことの現れである。ASEAN創立の父であるアリ・モエルトポ（Ali Moertopo）は，ASEAN内部の協議はリーダー同士が友人で「お互いを非常によく知っている」こと

からうまくいくことが多かったと述べた[24]。同様にASEANのリーダーは，アブダル・ラザク（Tun Abdul Razak）の言葉を借りれば，西洋風の「ビジネスシャツ外交」よりも「スポーツシャツ外交」を好む[25]。これは夕食やゴルフコースでの議論の方が，会合の席で政策を議論するよりも効果的だということを示唆する。しかし，専門家のなかには，ASEANの指導者が新しい世代に交代したことで個人的な関係の重要性は減ってきているという指摘もある[26]。それでもリーダー同士の2者の会談は，やはり信頼感を醸成するうえで重要である。ASEANは，議題や通訳のない指導者2人だけの会談をインドネシア語の「empat mata（4つの目）」と表現する[27]。

「ASEAN方式」では，忍耐の重要性を強調する。マレーシアのマハティール（Mahathir Mohamad）首相は，新しい対話プロセスの最初の役割を「お互いが知り合うという退屈な仕事」と表現している[28]。多くのアジアの参加者はARFの存在そのものを評価し，対話において「プロセスが，最終的な合意と同様に重要である」ことを強調している[29]。

ARFのような場においては，「ASEAN方式」は，野心的なイニシャティブを打ち上げる前に参加者の間で「心地よく感ずるレベル（a level of comfort）」をつくることを求める。1995年のARF議長声明では，「ARFプロセスは，全参加者にとって心地よく感ずるペースで進める」と宣言されている[30]。同年のARF会議で議論されたASEANのコンセプト・ペーパーでは「ARFプロセスは，ゆっくり進めたい人にとっては速すぎず，速く進めたい人にとっては遅すぎない」ペースと記述されている[31]。実際には，これは対立を生んだり，意見の齟齬が表面化すると思われる議題は，はずすことを意味する。アジアの指導者のなかには堅牢な議論が展開されるまでには多国間機構が「成熟」する必要があると指摘する向きもある[32]。忍耐の必要性は，非アジアの参加者のなかでも認識されている。域内のある防衛当局関係者は，ARFでは「進捗のペースがなかには忍

耐の限りを試されると感じる国もあるが、車両の一部が積み残しになっては列車のスピードを云々しても意味がなくなる」と指摘している[33]。

「ASEAN方式」の推進者は、機構化を急いだり公式のアプローチで進めることは、心地よさを損なうとし、「構造よりはプロセスが重要である」と主張しているが、この点を強調しすぎてはいけない。アジア太平洋の地域機構は、ヨーロッパの水準と比較すれば官僚機構の規模は小さいが、ASEAN、APEC、ASEM（アジア欧州会合）やARFにおいて開催されているトラック・ワンの事務レベル会合や作業部会の会合は相当数に及んでいる。ASEANだけでも年間に300近い会合が開かれている。また、APECは、投資から貿易推進まで10の作業部会を擁している。ARFのインターセッショナル会合も当たり前のように頻繁に開催されている。

1999年以来ARFの代表団の規模も大きくなり、国防当局者の昼食会が、ARF会合時に開かれている。さらに、ここ数年新たに東アジアの多国間協力のための会合も開催されるようになっている。その一例であるASEANプラス3[34]も定期的に開催されるようになり、公式な性格も帯びるようになっている[35]。リチャード・ヒゴット（Richard Higgott）は、アジア太平洋地域の高級事務レベルの官僚や大臣が、定期的に系統だった形で会合をもつようになっていると指摘している。アジア太平洋地域では、ヨーロッパと比較すると機構化がすすんでいないことばかりが強調される傾向があるが、「APECの発展状況は、第2次世界大戦直後のヨーロッパを含む世界各地の機構的な協力の初期の段階と比較するとよいといえる」[36]との指摘もある。

「ASEAN方式」は、対話のなかに同一発想国（like-minded）と非同一発想国（non-like-minded）の両方を対話に参加させる包摂性（inclusivity）を強調する。早くも1991年のASEAN閣僚会議において当時非同一発想国とされていたソ連、中国、朝鮮民主主義人民共

和国〈以下北朝鮮〉、ベトナムといった国々も将来の地域安全保障対話に入れるべきだとの意見がだされていた[37]。やはり包摂性の見地からASEANは、97年7月の正式加盟以前からミャンマー（ビルマ）の国家法秩序回復評議会（SLORC）政権に対しても建設的関与政策をとった[38]。包摂性は、APECの無差別で開かれた地域主義（「開かれた地域主義」の項目参照）の重要な原則でもある。ASEANの地域主義モデルの特色として包摂性をあげている学者もいる[39]。

「ASEAN方式」が、非同一発想国も関与させることを好むとはいえ、包摂性にも限界がある。例えば、台湾もパキスタンもARFのメンバーではない。インドはARFのメンバーではあるが、APECにはなかなか受け入れられなかった[40]。同様に、オーストラリア、ニュージーランド、インドならびにパキスタンは、1996年のバンコクにおけるASEM第1回会合からは、排除された[41]。一般論としてアジア太平洋安全保障協力会議（CSCAP）のようなトラック・ツーのグループの方が、トラック・ワンの会合よりもより包摂的である。

第3におそらく「ASEAN方式」の最も重要な要素として、コンセンサスの用い方があげられる。ASEANのコンセンサスのルーツは、ジャワの村の文化でコンセンサスを重んじるという習慣、特にムシャワラ（musjawarah）とムファカット（mufakat）という対になった概念にたどることができる[42]。ハーブ・フェイス（Herb Faith）は、ムシャワラを「全体のより大きな利益を考えてメンバーが譲歩すること」と記述している[43]。これは話し合いと協議のプロセスであり、村のレベルでは、リーダーが恣意的に行動したり、その意思を押し付けたりせず、地域社会が従うべき道筋を穏やかに提案し、他の参加者すべてに常に相談するように注意し、最終的な結論を提示する際には皆の意見と感情を考慮に入れることである[44]。

インドネシアのスバンドリオ（Subandrio）前外務大臣によるとムシャワラ精神での交渉は、「敵対するもの同士ではなく、友人や兄

弟の間」で行われる[45]。ムファカットは、ムシャワラのプロセスをへて生まれるコンセンサスである。理論的には、ムシャワラはムファカットが達成されるのに必要な限り続くことになる。マイケル・ハース（Michael Haas）は、このプロセスは「一時的な妥協を生み出すパワー・ゲーム、相殺（trade off）、取引」のような「アングロ・ヨーロッパ」的な傾向を避けるものだと論じている[46]。J.N.マック（J.N. Mak）は、このプロセスは、「メンバーそれぞれにとって最も受け入れやすい見解を集大成して」コンセンサスをつくろうとするものだとしている[47]。ヨーゲンセン・ダール（Jorgensen-Dahl）は、これは「兄弟や親戚という感情に基づいた親善の気持ちが、油が荒れた海を鎮めるのと同じ働きをする」という信念に基づくものであると記述している[48]。

　「ASEAN方式」においては、コンセンサスと全会一致は峻別されている点が重要である。アリ・アラタス（Ali Alatas）インドネシア元外務大臣は、ASEANのコンセンサスへのアプローチを「幅広い支持があるとみられる方向へ進む」道を見出すことだと述べている[49]。ノルディン・ソピー（Noordin Soopie）は、これは「不愉快にならずに意見に齟齬があることに合意することを意味する」と述べている[50]。ある特定の措置について「幅広い」支持があれば、意見が異なる参加者もその措置が基本的な自己利益を脅かさない限り、受容することができる。この習慣は「柔軟なコンセンサス」（関連項目参照）あるいは「10マイナスX」とも呼ばれている[51]。柔軟性の必要性という見地から、ある学者は、曖昧さは「コンセンサスの侍女（handmaiden of consensus）」だと論じている[52]。マイケル・アントリック（Michael Antolik）によると、ASEANは「参加者が共通の水準に合意し、後にいわゆる共通の考え方についてそれぞれの解釈をすることができるように」曖昧な表現を使うことが多い[53]。批判的な向きは、このようなコンセンサス形成へのアプローチを「最小公約数に基づく」妥協と論じている[54]。ARFのような機構では、

意思決定についてコンセンサスによる方式では，コンセンサスが成立しているか否かを判断する議長に重要な役割を与えることになる。したがって，議長が参加者から正当な人物とみなされることが特に重要である[55]。

「ASEAN方式」の最後の要素として最も注目されているのが，加盟国の内政不干渉の原則である。植民地から脱して国家として独立してから相対的に年数が少ないためにASEAN加盟国は，国家主権の維持に大変な重要性を付している。内政不干渉の原則は，1967年のバンコク宣言，76年友好協力条約（TAC），76年のASEAN協和宣言（the 1976 Declaration of ASEAN Concord）等のASEANの主要文書には記述されている。1997年のアジア金融危機の直前には，インドネシアにおいて森林火災による煙が発生し，カンボジアでは武力衝突が発生したため，ASEANはこの基本的な原則である内政不干渉を見直すべきだとの意見が出された。

なかには「ASEAN方式」の主要な要素である内政不干渉と機構化を進めないことをやめた方がよいとの意見もだされた（これらの意見については「建設的介入」の項目参照）。ある学者は，金融危機に直面してもASEANが集団として行動できなかったことが，「ASEAN方式」の終焉につながると予想した[56]。別の学者はコンセンサスに基づく外交という「アジア方式」は，金融危機でその首尾一貫性も威信も傷ついたと指摘している[57]。しかしながら，金融危機は，手続き的な規範についてASEANのなかで熱のこもった議論を惹起したが，その議論はまだ続いている。しかし，伝統的な「ASEAN方式」がマニラ，シンガポールならびにバンコクにおける閣僚会議では，少なくとも当面再確認された[58]。

「ASEAN方式」や「アジア方式」には批判もある。その急先鋒のひとりが，ロンドンにある国際戦略問題研究所（IISS）のジェラルド・シーガル（Gerald Segal）である。1996年に発表した「アジアの安全保障について何がアジア的か」と題した論文のなかで，シ

ーガルは，東アジアの安全保障文化を「ethnic chic」と一蹴している[59]。シーガルは，ヨーロッパが，特に多国間協力や軍備管理に対して「形式主義的な」アプローチをとっているわけではないと主張している[60]。シーガルは，中東においてCSCEの軍備管理手法を用いたことで交渉が進捗したことからみて「安全保障と軍備管理に対する適切なアプローチであり，文化的にも適切なアプローチがまだ見つかっていないというよりも……東アジアは，単に意思が欠如しているから喘いでいるのかもしれない」と記述している[61]。

同様にマイケル・スミス（Michael Smith）とデービッド・マーティン・ジョーンズ（David Martin Jones）は，「ASEANのミャンマーとカンボジアの加盟についての取り扱いは，ASEAN方式の限界を露呈した。……特にASEAN方式の強みとされてきたコンセンサスと非公式アプローチの限界を露呈した」と指摘し，「ASEANは，実のところ紛争回避型の組織ではない。問題回避型の組織である」と結論づけている[62]。マイケル・リーファー（Michael Leifer）も「ASEAN方式」には批判的であった。「アジア太平洋地域の文化的な伝統が，地域の安全保障協力を円滑に推進できるのだ」という意見に対して，リーファーは，ARFを「文化的，政治的にかなり多様性に富んでいる国家間の地域安全保障への萌芽的な一次元的アプローチであり……国際関係の新しいパラダイムとしてARFの役割を解釈するのは，知的天真爛漫さの極みである」[63]と論じた。

東南アジアの安全保障関係者のなかでも多くの有力者が，ASEANの伝統的なやり方について留保を表明しはじめている。1998年7月の『インターナショナル・ヘラルド・トリビューン』紙の論説記事のなかでトミー・コー（Tommy Koh）シンガポール元国連代表部大使は，東アジアは機構化について西欧の経験からもっと学ぶことができると論じた。同氏は，「東アジアの通貨経済危機は，ASEAN方式は機構を設けて補っていかなければならないことを痛感させた。……東アジア全体について，そして特にASEAN

について既存の機構を強化し，新しい機構をつくるべき時期が到来している」と述べた[64]。

インドネシアの分析家であるユスフ・ワナンディ（Jusuf Wanandi）は，同様の論陣をはり，ASEAN は変わらないかぎり通用しなくなるとの警告を発した。同氏は ASEAN には「もっと公式の原則」が必要であり，「ASEAN は，もっと機構化する必要がある。欧州連合（EU）の真似はしたくないが，さらに機構化することが，ASEAN が新たな課題に取り組む能力をもつうえで重要である」と述べた。

2000 年 8 月にワナンディは，『ストレート・タイムス』紙の取材に対して，「基本的には ASEAN のこの 30 年間の指針となってきた古い原則，つまり個人的な関係に基づく，法律によらない非公式の国家間あるいは官僚間の協力関係やステップ・バイ・ステップのアプローチは，もはや ASEAN や各加盟国で起きている基本的な変化に応えるには十分ではなくなっている」[65]と繰り返して指摘した。同時に環境協力に関してサイモン・テイ（Simon Tay）は，「ASEAN 方式の代わりに国際的な原則とアプローチを用いることには，これまでは失敗している。ASEAN が，国際的な慣例に適応し，ASEAN 方式をより効率の良いものにしていけるかどうかに協力の成否がかかっている」[66]と論じた。

---

1) ASEAN 加盟国 10 カ国は，ブルネイ，カンボジア，インドネシア，ラオス，マレーシア，ミャンマー，フィリピン，シンガポール，タイとベトナムである。
2) 広い意味での「アジア方式」への批判的な議論は，いわゆるシンガポール・スクールにより展開されている（このなかにはリー・クワン・ユー，トミー・コー，キショール・マブバニ等が含まれる）。アジア的価値については，Alan Dupont, "Is there an Asian Way?", Survival 38, no. 2（Summer 1996）pp. 13–33 参照。

3) この峻別については，S. Mankusuwondo, "APEC Trade Liberalization", in *Indonesian Perspectives on APEC and Regional Cooperation in Asia-Pacific*, edited by Hadi Soesastro (Jakarta : Centre for Strategic and International Studies, 1994); Noordin Sopiee, "An Asian Way for APEC", *Japan Times*, 19 September 1994, p.2 参照。

4) Kusuma Snitwongse, "Thirty Years of ASEAN : Achievements through Political Cooperation", *Pacific Review* 11, no. 2 (1998) pp. 183-94, 184.

5) Estrella Solidum, "The Role of Certain Sectors in Shaping and Articulating the ASEAN way", in *ASEAN Identity, Development and Culture*, edited by R. P. Arand and Purificacion V. Quisumbung (Manila and Honolulu : University of the Philippines Law Centre and the East-Wet Center Culture Learning Institute, 1981) pp. 130-148.

6) Ibid., p. 136.

7) "Thirty Years of ASEAN", p. 184 から引用し，一部表現を言い換えたものである。

8) アチャラはこれを「行き過ぎた機構化」を避けようとするものと表現している。Amitav Acharya, "Ideas, Identity, and Institution—Building : From the ASEA Way to the Asia-Pacific Way?", *Pacific Review* 10, no. 3 (1997) pp. 319-46, 328-30 参照。

9) Lee Kim Chew, "Don't Discard Fundamentals", *Straits Times*, 25 July 1998 に引用。

10) Dian Stone, "Networks, Second Track Diplomacy and Regional Cooperation : The Role of Southeast Asian Think Tanks", Paper presented at the 38th Annual Meeting of the International Studies Association, Toronto, Canada, 16-22 March 1997, p. 20 に引用。

11) Alastair Iain Johnston, "The Myth of the ASEAN Way? Explaining the Evolution of the ASEAN Regional Forum", in *Imperfect Unions : Security Institutions Over Time and Space*, by Helga Haftendorn, Robert O. Keohane, and Celeste A. Wallander (New York : Oxford University Press, 1999) pp. 287-324, 299.

12) Liao Shaolian, "ASEN Model in International Economic Cooperation",

in *One Southeast Asia in a New Regional and International Setting* edited by Hadi Soesastro (Jakarta : Centre for Strategic and International Studies, 1997) pp. 83-92.
13) ASEAN 事務局に関する情報は，http://aseansec.org にある。
14) Michael Richardson, "Asian Security Forum Gains Support", *International Herald Tribune*, 31 July 2000.
15) 例えば，シンガポール国防大臣ヨー・ニン・ホン（Yeo Ning Hong）がインタビューに答えて述べたことが，"The Jane's Interview", *Jane's Defence* Weekly, 19 February 1994, p. 52, cited in Acharya, "Ideas, Identity, and Institution-Building", pp. 333-34 に引用されている。
16) Johnston, "The Myth of the ASEAN Way?", p. 311.
17) Roslan Ali, "Indonesia : APEC Community Will Be Different from EC-Evans", *Business Times (Malaysia)*, 10 August 1993. この記事のなかでガレス・エバンスオーストラリア外務大臣（当時）は「われわれの地域という村のなかで共同体という言葉を使いたいように使えないわけはない。われわれのパターン，モデル，そして，言葉で経済共同体構築を推進することはできる。」と述べたと引用されている。さらに「共同体は，すでに APEC プロセスのなかや ASEAN 拡大外相会議（PMC）のなかで萌芽として生まれている。これは APEC 方式や ASEAN 対話方式で，共同体が相互の便益の認識，開かれた対話，コンセンサスの形成，緩やかな効果的なアレンジメントとして構築されていくことを意味する。
18) Second Report of the Eminent Persons Group, *Achieving the APEC Vision : Free and Open Trade in the Asia Pacific* (Singapore : APEC Secretariat, 1994).
19) 前掲 Acharya, "Ideas, Identity and Institution-Building", pp. 334-35 ; Snitwongse, "Thirty Years of ASEAN", p. 184.
20) Kohng Yuen Foong, "ASEAN's Collective Identity : Sources, Shifts, and Security Consequences", Paper presented at the 94th Annual Meeting of the American Political Science Association, Boston, 3-6 September 1998, p. 10.

21) Third Report of the Eminent Persons Group, *Implementing the APEC Vision* (Singapore : APEC Secretariat, 1995) p. 12.
22) 前掲 Acharya, "Ideas, Identity and Institution-Building" p. 335. 中国はこの表現にこだわっている。2000年4月にシンガポールで開催されたARFトラック・ツー会合に提出された予防外交の概念と原則に関するASEANの案では、「紛争解決へのアプローチの充実という文章が含まれていた。中国は、「ARF閣僚のコンセンサスには、厳密に従うことが重要である」として、この紛争「解決」という表現を削除することを要請した。これらのペーパーに関する詳細は「予防外交」の項目参照。
23) *Ibid.*
24) Michael Antolik, *ASEAN and the Diplomacy of Accommodation* (New York : East Gate Books, 1990) p. 95 に引用。
25) Michael Haas, "The Asian Way to Peace", *Pacific Community*, No. 4 (1973) p. 504.に引用。
26) Jusuf Wanandi, "ASEAN's Future at Stake", *Straits Times*, 9 August 2000.
27) 前掲 Antolik, *ASEAN and Diplomacy of Accommodation*, p. 90
28) Jusuf Wanadi, "Pacific Economic Cooperation : An Indonesian View", *Asian Survey* 23, no. 2 (December 1983) p. 1272 に引用。
29) Jose T. Almonte, "Ensuring Security the 'ASEAN Way'", *Survival* 39, no. 4 (Winter 1997−98) pp. 80−92, 81.
30) ASEAN Regional Forum, Chairman's Statement, 1995, p. 2.
31) "ASEAN Regional Forum : A Concept Paper", para. 21, reproduced in Desmond Ball and Pauline Kerr, *Presumptive Engagement : Australia's Asia-Pacific Security Policy in the 1990s* (St Leonards, NSW : Allen & Unwin, 1996), Appendix 2.
32) *Asian Wall Street Journal*, 24 June 1994, pp. 1, 6.
33) ジェラルド・ヘンスレー　ニュージーランド元国防長官の1995年7月27日ホノルルにおける「アジア太平洋安全保障：貸借対照表」と題したスピーチ。
34) ASEANプラス3は、ASEAN加盟国10ヵ国と中国、日本及び韓国

から構成される。これらの諸国の外務大臣は，2000年7月にはじめて会合をもった。Edward Tang, "ASEAN Plus Three Move Closer", *Straits Times*, 27 July 2000 参照。

35) Kamarulzaman Salleh, "Enhancing Multilateral Ties", *New Straits Times*, 24 July 2000, p.22.

36) Richard Higgott, "Free Trade and Open Regionalism : Towards an Asian International Trade Strategy?", Paper presented at the Conference on "Europe in the Asia Pacific," Bali Indonesia, 28–331 May 1996, p. 27.

37) 1991年ASEAN閣僚会議の説明文。Stewart Henderson, "Canada and Asia Pacific Security : The North Pacific Cooperative Security Dialogue : Recent Trends", NPCSD Working Paper No. 1, York University Toronto, 1992, p. 12 に引用。

38) SLORCは1997年11月15日に国家平和開発評議会（SPDC）に改称された。Jose Manuel Tesoro and Dominic Faulder, "Changing of the Guard : SLORC Fixes its Name-and Purges Some Faces", Asiaweek, 24 November 1997 ; "A SLORC by Any Other Name", *Washington Post*, 6 March 1998, p. A24 参照。

39) Mohammed Ariff, "Open Regionalism *a la* ASEAN", *Journal of Asian Economics* 5, no. 1 (1994) pp. 99–117.

40) "'Lack of Consensus' Keeps Pakistan out of ARF", *Hindu*, 26 July 2000.

41) David Lague, "Evans Plays Down Our ASEAN Snub", *Sydney Morning Herald*, 1 August 1995 ; "As Europe meets Asia", *Economist*, 2 March 1996, pp. 16–17 ; Phar Kim Beng, "Why Australia Still Left out of East Asia", *Straits Times*, 27 July 2000.

42) Amafin Jorgensen-Dahl, *Regional Organization and Order in Southeast Asia* (London, Macmillan, 1982) p. 166.

43) Herb Faith, *The Decline of Constitutional Democracy in Indonesia* (Ithaca : Cornell University Press, 1962) p. 100, note 58.

44) *Ibid.*, p. 40.

45) Jorgensen-Dahl, *Regional Organization*, p. 166.

46) Michael Haas. "Asian Culture and International Relations", in *Culture and International Relations*, edited by Jongsuk Chay (New York : Praeger, 1990) p. 179.
47) J.N. Mak, "The ASEAN Process ('Way') of Multilateral Cooperation and Cooperative Security : The Road to a Regional Arms Register?", Paper presented at the MIMA-SIPRI Workshop on "ASEAN Arms Register : Developing Transparency", Kuala Lumpur, 2-3 October 1995, p.5.
48) 前掲 Jorgensen-Dahl, *Regional Organization*, p. 167.
49) *Straits Times*, 13 November 1994, p. 17, cited in Acharya, "Ideas, Identity, and Institution-Building", p. 331.
50) Michael Richardson, "Alliance Prefers Informal Consensus", *Globe and Mail (Toronto)*, 7 June 1997, p. A19.
51) Snitwongse, "Thirty Years of ASEAN", p. 191. 一般的に「10マイナス1」という方式は、ASEANの自由化などの経済上の課題に用いられているが、政治問題や安全保障問題には適用されていない。
52) Antolik, *ASEAN and Diplomacy of Accommodation*, p. 157.
53) *Ibid.*
54) Ernst B. Haas, "International Integration : The European and the Universal Process", in *International Political Communities : An Anthology* (New York : Doubleday, 1966) p. 95, cited in Jorgensen-Dahl, *Regional Organization*, p. 168. またスニトングセの「最小公約数に基づいた『挽肉機』のような知恵」というコメントについては "Thirty Years of ASEAN", p. 184 参照。
55) Johnston, "The Myth of the ASEAN Way?", p. 299.
56) 例えば、Kay Moller, "Cambodia and Burma : The ASEAN Way Ends Here", *Asian Survey* XXXVIII, no. 2 (December 1998) pp. 1087-104 参照。
57) Amitav Acharya, "A Concert of Asia?", *Survival* 41, no. 3 (Autumn 1999) pp. 84-101, 84.
58) このような動きの要約については以下の文献参照。Jurgen Haacke, "The Principles of Non-Interference and Quiet Diplomacy in the

International Politics of the Association of Southeast Asian Nations (ASEAN) in the Late 1990s : What is Really Changing?", Paper presented at the Fortieth Meeting of the International Studies Association, Washington, D.C., 16-20 February 1999. See also, Robin Ramcharan, "ASEAN and Non-Interference : A Principle Maintained", *Contemporary Southeast Asia*, 22, no. 1 (April 2000) pp. 60-88.
59) Gerald Segal, "What is Asian About Asian Security?", in *Unresolved Futures : Comprehensive Security in the Asia-Pacific*, edited by James Rolfe (Wellington : Centre for Strategic Studies, 1995) pp. 107-20, 107.
60) *Ibid.*, p. 114.
61) *Ibid.*
62) M. L. Smith and D. M. Jones, "ASEAN, Asian Values and Southeast Asian Security in the New World Order", *Contemporary Security Policy* 18, no. 3 (December 1997) pp. 126-56, 147. See also Tobias Ingo Nischalke, "Insights from ASEAN's Foreign Policy Cooperation : The 'ASEAN Way', a Real Spirit or a Phantom", *Contemporary Southeast Asia* 22, no. 1 (April 2000) pp. 89-112. Nischalke は「強張った言い方をすれば，『ASEAN 方式』は神話であった事が証明された」と結論付けている。p. 107.
63) Michael Leifer, *The ASEAN Regional Forum : Extending ASEAN's Model of Regional Security*, Adelphi Paper No. 302 (London : International Institute of Strategic Studies, 1996) p. 59.
64) Tommy Koh, "East Asians Should Learn from Western Europe,"International *Herald Tribune*, 10 July 1998, p. A4.
65) Wanandi, "ASEAN's Future at Stake".
66) Simon Tay, "Fires and Haze in Southeast Asia : Challenges to Regional Cooperation in ASEAN and Asia-Pacific", in *Community Building in Asia Pacific : Dialogue in Okinawa* [Tokyo : Japan Centre for International Exchange, 2000].

新しい安全保障へのアプローチ
New Security Approach

　中国の政府関係者の一部は,「新しい安全保障へのアプローチ」(あるいは「新しい安全保障概念」)という表現によって,冷戦後のアジア太平洋の安全保障関係構築の最も適切な方法があると示唆している。中国側参加者が最近カナダにおける会議で示した定義は以下のとおりである。

　　「新しい安全保障へのアプローチ」という用語は,冷戦後次第に形をあらわしてきた。これは特にアジア太平洋諸国が恒久的な平和や安定を維持する新しい方法や手段を求める努力をしていることを反映している。
　　「新しい安全保障へのアプローチ」の提唱者たちは,安全保障観は,アジア太平洋地域の現実と安全保障環境の変化にあったものでなければならないとの見解を示している。平和と発展が現下の情勢の基調であることから,全体の状況は一層の緩和に向かっており,地域の多様性を考慮するならば,新しい安全保障概念は,以下の論点を強調すべきである。
　　国家間の関係は,平和共存の5原則,すなわち主権と領土保全の相互尊重,相互不可侵,相互内政不干渉,平等と互恵,平和共存に基づくべきである。これは,政治的な基盤であり安全保障の前提である。この点で世界の大国の間で健全な安定した関係を育てることが,地域レベルでもグローバル・レベルでも

平和と安定にとって重要である。

諸国は，経済分野における互恵協力と相互の経済圏の開放を進め，経済貿易関係における不平等や差別政策を排除し，開発ギャップを徐々に狭め，共通の繁栄を追求すべきである。これが地域安全保障および国際安全保障の経済面での礎になるであろう。東南アジアにおける金融危機の経験から，経済安全保障が安定と発展の重要な要素であることが示された。正常な経済・金融秩序を維持するためには，単に国家レベルにおけるマクロ経済運営や健全な金融制度のみならず，より広範な地域またはグローバルな金融協力が安定した外的経済環境のために必要である。

各国は対話や協力を通じて相互理解と信頼を強化し，平和的手段によって係争や対立を解決すべきである。これは，平和と安全保障強化の実際的な方法である。

安全保障は相互的なものである。安全保障対話や協力は，対立を生むのではなく，信頼を増進することを目的とするべきである。他の諸国に向けられたり，諸外国の安全保障利益を損なうものであってはならない。安全保障は，軍事的優位をめぐって競うところからは生まれないし，生まれるはずもない。

20世紀には人類は，2つの世界大戦と40年以上も続いた冷戦を経験し，あまりにも高い対価を払った。歴史は，軍事的なブロックが戦争を予防できなかったことを示している。軍事的な同盟と軍拡に基づく安全保障取極は，平和を構築できないことが立証された。新しい状況のもとでは，軍事的ブロックの拡大や軍事同盟の強化は，時流に竿をさすものである。恒久的な平和を確保したいならば，新たな安全保障概念を生み出すことが不可欠である[1]。

「新しい安全保障へのアプローチ」は，中国において安全保障概

念に新しい考え方が生まれていることの産物といえる。1997年1月，中国の政府関係者，学者や人民解放軍の代表は，中国にとって好ましい地域安全保障協力へのアプローチとして「相互安全保障」という用語を用い，最近まとまった上海協定をこの概念の実践の1つの例として挙げた。当時使われた相互安全保障（「相互安全保障」の項目参照）は，「新しい安全保障へのアプローチ」と共通のアイデアを包含している。事実，明白に相互安全保障を包含している。

北京における米国の学者との会合で，人民解放軍の代表は「まったく新しい安全保障概念」の必要性に言及している。モンタペルト（Montaperto）とビネンダイク（Binnendijk）によると，この概念は共通，協調，総合安全保障という3つの重複した安全保障概念に基づいている。また，軍事的な同盟の拒否や，対話による地域コンセンサスの漸進的な構築の必要性を含む多くのアイデアを包含している[2]。

新しい概念は軍部及び政治幹部の支持を得ている。遅浩田（Chi Haotian）中国国防大臣は，1998年2月日本の防衛研究所における演説のなかでほぼ逐語的に上述の「新しい安全保障へのアプローチ」の定義を用いた[3]。遅浩田は，98年11月にも「安全保障を確保する正しい方法は，対話を通じて信頼を深め，協力を推進し，お互いに主権を尊重し，係争を平和裡に解決することにより，共通の発展が追求できるようにすることだ」と述べた[4]。99年3月26日のジュネーブにおける軍縮会議において，江沢民（Jiang Zemin）中国国家主席は新しい安全保障概念の中核として相互信頼，相互利益，平等，協力を挙げた。99年10月13日に，沈国放（Shen Guofang）中国駐国連大使は，第54回国連総会において中国は「軍事同盟と軍拡に基づく古い安全保障概念」に反対すると述べた。沈国放は，新しい安全保障概念とミサイル防衛，ABM条約の改定，NATOのセルビアに対する軍事行動への反対の立場を結びつけて演説した[5]。

1) ここに紹介した「新しい安全保障へのアプローチ」の定義は，1998年1月にトロントで開催された第2回カナダ中国セミナー (CANCHIS II) の会議に参加した中国側参加者から提供されたものである。
2) Ronald N. Montaperto and Hans Binnendijk, "PLA Views on Asia Pacific Security in the 21st Century", Strategic Forum No. 114, National Defense University, June 1998. A summary of the meetings is also available online at http://www.ndu.edu/inss/strforum/forum114.html.
3) "Chi Haotian Introduces 'New Security Concept'", FBIS Daily Report, FBIS-CHI-98-035, 4 February 1998.
4) "Chinese Defence Minister in Singapore Calls for New Security Concept", Xinhua News Agency, 26 November 1998.
5) "U.N. Envoy Calls for New Global Security Concept", Xinhua News Agency, 14 October 1999.

アドホックな多国間協力
Ad Hoc Multilateralism

　アドホックな多国間協力とは、「ある特定のもしくは個別の目的」のための多国間協力を指す[1]。場合によっては「シングル・イシュー」多国間主義と呼ばれることがあるが、ロバート・スカラピーノ (Robert Scalapino) カリフォルニア大学名誉教授は、実効性のある地域安全保障機構が誕生する前に、東アジア地域において個別の安全保障問題を取り上げるために設ける協力メカニズムをさしてこの用語を用いた[2]。特に朝鮮半島とカンボジアにおける緊張状態への多角的な対応を表現するために用いた。

　スカラピーノは、北朝鮮の核不拡散条約 (NPT) からの脱退を示唆する脅しに絞って、この語彙を用いた。同教授は、北東アジア地域に恒久的な平和創造あるいは平和維持制度が存在していないために、特定の問題に限定したアドホックな多国間協力を当該の危機を乗り切るためにつくらなければならなかったと述べている。朝鮮半島問題の場合には、米国、日本、中国、北朝鮮と韓国の外相や首脳が複雑なシャトル外交を展開する形でアドホックな多国間協力が形作られた。

　アドホックな多国間協力は、通常1つの問題あるいは問題領域に焦点を絞ったものであり、参加者（国）は、当該の問題に密接に関わりのある関係者（国）に限定される。ただし、この多国間協力への参加は、必ずしも国家に限定されない。例えば、朝鮮半島問題では、アドホックな多国間協力に国際原子力機関 (IAEA) や国際通貨

基金(IMF),朝鮮半島エネルギー開発機構(KEDO)などの国際機関が重要な役割を果たしている。スカラピーノは,1つの特定の問題について関係者が同心円的な形でアドホックな弧を形成し協力するのが,この多国間協力の特色だとしている。同教授は,主たる関係者から周縁的な主体(アクター)まで多様性に富んだメンバーが,一連の協力を推進するが,いずれの場合も国益がその背景にあると論じている。同教授によると,アドホックな多国間協力では異なった参加者が,そのレベルの違いを超えて接触するので,その関係を表現するには円ではなく,円弧がもっとも適切な比喩である[3]。

デスモンド・ボール(Desmond Ball)とポーリン・カー(Pauline Kerr)は,ジェームス・ベーカー(James Baker)元米国務長官が,1991年に *Foreign Affairs* 誌に寄稿した論文のなかでアジア太平洋の安全保障政策は,「より強力な多角的要素をもつことができよう」と記述したが,同長官は,具体的にはカンボジア問題や北朝鮮の核問題等の具体的な安全保障問題へのアドホックな多国間協力を念頭においていたのであり,幅広い多国間安全保障対話を支持したわけではなかったとの見解を示している[4]。ベーカー元長官は,アドホックな多国間協力をアジア太平洋における米国の2国間同盟関係によるいわば「ハブ・アンド・スポーク」戦略と整合性があり,その戦略を補完する関係にあるものと位置づけている[5]。

より概念的な分析では,ブライアン・ジョブ(Brian Job)ブリティッシュ・コロンビア大学教授が,アドホックな多国間協力を一連の多国間取極の一翼を占めるものとしている。同教授は,アドホックな多国間協力は「安全保障協力を効率の面から論じるものであり……国家は,狭義の短期的な国益に応じて行動する。国家は,短期的な国益が合致するときに他の国家と協力する」[6]ことの代表例だと論じている。ジョブによるとアドホックな多国間協力の論理は,北大西洋条約機構(NATO)や関税および貿易に関する一般協定(GATT)のような「より深い」多国間機構において,国家は将来的

に互恵が約束されるときにのみ，より踏み込んだコミットメントをする場合とは対照的である。同教授は，アドホックな多国間協力を地域全体の安全保障環境がある国家により脅かされる場合に，一時的に大国が協力をすることとも論じている。

スーザン・シャーク（Susan Shirk）カリフォルニア大学教授は，アドホックな多国間協力をアジアにおける大国間の協調（a concert of powers）に結びつけて，1993年のカンボジアにおける選挙監視には国連平和維持軍が関わり，北朝鮮がNPT脱退を通告してきたときにはIAEAが関わったが，「このような問題を解決する場は，国連安全保障理事会ではなく，米国，中国，ロシアという地域の大国間協議の場である。さらにカンボジアの場合には，ASEAN，北朝鮮の場合には，韓国が参加した」と指摘している[7]。これに対してベンジャミン・ミラー（Benjamin Miller）は，大国間協調に関する研究のなかで，シャーク教授の言うような1つの問題に関する大国間協力は大国間協調（Concert）的な行動とは峻別すべきであると論じている[8]。

---

1) Concise Oxford English Dictionary (Oxford : Clarendon Press, 1990) p. 15.
2) Robert Scalapino, "The United States and Asia : Future Prospects", *Foreign Affairs* 70, no. 5 (Winter 1991-92) pp. 19-40 ; Susan L. Shirk, "Asia-Pacific Security : Balance of Power or Concert of Powers?", Paper prepared for the Japan Institute of International Affairs-Asia Society Conference on "Prospects for Multilateral Cooperation in Northeast Asia : An International Dialogue", Tokyo, 18-20 May 1995, p.29. See also, Robert Scalapino, "Northeast Asia in an Age of Upheaval", Paper prepared for the "Major Powers and Future Security in Northeast Asia" Conference, Seoul, Republic of Korea, 25-26 May 1995. 要約はhttp://www.nbr.org/pub/analysis/vol6no2.htmlで入手可能。

3) アドホックな多国間協力に関する議論については以下の文献を参照。Robert A. Scalapino, "Historical Perceptions and Current Realities Regarding Northeast Asian Regional Cooperation", NPCSD Working Paper No. 20, York University, Toronto, 1992, pp. 10−11.
4) Desmond Ball and Pauline Kerr, *Presumptive Engagement : Australia's Asia-Pacific Security Policy in the 1990s*（St Leonards, NSW : Allen & Unwin, 1996）p. 21, note 26.
5) James A. Baker, III, "America in Asia : Emerging Architecture for a Pacific Community", *Foreign Affairs* 70, no.5（Winter 1991−92）pp. 1−18, 5−6.
6) Brian L. Job, "Bilateralism and Multilateralism in the Asia Pacific Region", manuscript, p.3. 本論文の基礎となった論文は，William Tow, Russell Trood, and Toshiya Hoshino, eds., *Bilateralism in a Multilateral* Era（JIIA and the Centre for the Study of Australia-Asia Relations, 1997）に収載されている。
7) Shirk, "Asia-Pacific Security", p. 29.
8) Benjamin Miller, "Explaining the Emergence of Great Power Concerts", *Review of International Studies* 20（1994）pp. 327−48, 329.

安全保障共同体
Security Community

　安全保障共同体の概念は，1957年にカール・ドイチェ（Karl Deutsch）らが「政治的共同体と北大西洋地域（Political Community and the North Atlantic Area）」と題した研究のなかでつくったものである[1]。単純に表現すれば，安全保障共同体は，ある国家グループが共同体意識もしくは集団的アイデンティティをもっている場合に存在するといえ，意見の齟齬を武力に訴えずに解決することを意味する。安全保障共同体は，同盟や集団的防衛組織とは同じではないが，安全保障共同体は，これらの軍事関係から派生したり，共存することはありうる[2]。

　ドイチェは，安全保障共同体には，合併型（amalgamated）のものと多元的（pluralistic）なものの2つのカテゴリーがあるとしている。合併型の安全保障共同体は「2つ以上の独立したユニットが正式に1つの大きなユニットに合併し，合併後何らかの共通政府ができる」ものをさす[3]。このような事例としては，50州が存在し，1つの連邦政府にまとまったアメリカ合衆国がある。対照的に多元的な安全保障共同体は，共同体のメンバーが「別々の政府としての法的な独立性を残す」ものをさす[4]。その具体例としては米国とカナダの関係，西ヨーロッパやバルト諸国がある。

　ドイチェの概念では，安全保障共同体は，いくつかの要件を兼ね備えていなければならない。第1に最も重要な要件として，共同体を構成するメンバーのなかで武力紛争がなく，また紛争が発生する

見通しがないことである。これは，国家間に意見の齟齬や係争が全くないということを必要とするわけではなく，関係国政府が，このような係争を武力による威嚇を用いずに解決するなんらかの方法を見出しているということを意味する。ドイチェによると，国家共同体は相互の関係において「平和的な変化への信頼に足る期待」を共有し，問題解決の手段としての武力の行使を完全に排除しなければならない。

　これと密接に関連する安全保障共同体の第2の要件は，メンバーが軍備増強で鎬(しのぎ)をけずったり，軍拡を進めないことである。さらには安全保障共同体のなかで，武力行使を考えないばかりか，武力行使のための備えをしないことである。具体的には，安全保障共同体の構成員は，攻撃的な兵器システムは保有せず，有事対応の計画や他の共同体構成員に対する戦争準備のために資源を動員しない。

　第3の要件は，紛争を減らし，予防し，管理し，解決するための「公式，または非公式の制度や慣習」があることである。これは厳しい要件である。アミタフ・アチャリャ（Amitav Acharya）が記述しているように，「この用件を立派に満たしている地域グループはほとんどない」。このためには，制度も慣習も十分に確立していなければならず，共同体のメンバーのなかで長期的に「合理的な確実性」をもって平和的な変化を確保できるだけの耐久性がなければならない。

　最後の要件は，安全保障共同体は，「平和的な関係のために必要な前提条件としてかなりの政治・経済的な統合」を必要とすることである。これは超国家的な政治的権限を必ずしも必要とするわけではないが，課題についての政治的協力，もしくは自由貿易地域，関税同盟や経済連合のような経済・機能的統合を必要とすることがある。この要件は，経済・政治的相互依存の大幅な深化は，国家間における武力行使の代価を高め，そのメリットを減少させ，結果として安全保障問題への協調的対処を促進するという前提に基づくもの

である。

　ドイチェの概念を検討した著書のなかで　エマヌエル・アドラー（Emanuel Adler）とマイケル・バーネット（Michael N. Barnett）は，安全保障共同体がどのように発展するかという3段階モデルを提案している[5]。安全保障共同体は，2ヵ国以上の国家の国民と政府（もしくはいずれか一方）が，相互安全保障を高めるためにどのように関係調整すべきかについて検討する「初期段階」から始まる[6]。その過程で密接な関係を監視し，また促進するために「第3者」組織もしくは制度をつくることが多い。時には地殻変動ともいえる出来事や，戦争の可能性，あるいは共通の脅威によって密接な関係が推進されることもあるが，国家が密接な安全保障の絆をつくる場合には，（例えば，経済や環境の場合のように）制度的な相互の連携を強めることが多い。これらの絆を通じて，安全保障の相互依存性を受け入れるようになる。共有されるアイデンティティを育むことによって，より多くの機構や制度ができ，安全保障共同体をつくろうという機運も生まれてくるのかもしれない。

　第2の「上昇（ascendant）」段階では，「密接な軍事協力または相手が脅威であるという恐怖の減少」のいずれかの反映として，一層緊密なネットワークや新しい機構が生まれ，集団としてのアイデンティティや平和的な変化への信頼できる期待に対する共通の信念が高まるのが特徴である[7]。国家間の絆が緊密になり，広がっていくに従って，相互信頼感が高まってくる。これは不特定相互主義（diffused reciprocity）を反映する制度や機構のなかにあらわれてくるが，アドラーとバーネットによると信頼感の主たる指標は，安全保障分野にある。軍事面での信頼感の証左は，軍備調達の決定が，相互依存的な軍事姿勢を反映する場合および国家が機密情報を共有しはじめる場合に認められる[8]。この段階で共同体の初期の段階で設けられた監視や検証のメカニズムが当初ほど重要でなくなり，解消されることさえある。

第3の「成熟段階」では，アドラーとバーネットはかなりの信頼，共同体のアイデンティティの育成，平和的変化と複数かつ多様なメカニズムへの期待，共同体を強化する相互作用のパターンへの期待の証左が，必要であると論じている。この段階では，安全保障共同体は「緩やかな」結合と「密接な」結合とに区別されている[9]。

　緩やかな共同体の場合には，信頼の指標として，多国間の意思決定メカニズムの頻繁な活用，共同体メンバー間の国境の非武装化，各国有事計画からの共同体メンバーの除外，脅威の共通の定義，共同体全体の規範や条件を反映する対話の促進等が期待される[10]。

　密接な共同体の場合には，アドラーとバーネットはこれらの特色と合わせて，軍事統合がかなり進展し，共同体メンバーとの「協調的安全保障」政策および外的脅威に対する「集団安全保障」アプローチの推進[11]，「内的」脅威に対する政策協調，人口移動の自由ならびに権限，意思決定，法律と公共政策の「国際化」の進展等が期待される。

　安全保障共同体の厳しい条件を満たす国家グループは，非常に少ない。そのなかでも最も頻繁に引用されるのは，米国とカナダの関係である。世界のなかで最長の国境のひとつを共有しているにもかかわらず，カナダと米国の間では約1世紀にわたって戦争は考えられなかった。一番最近の有事計画は，1931年にまで遡る[12]。その他の確立された安全保障共同体としては，オーストラリアとニュージーランドの関係，欧州連合（EU）の加盟国の関係が挙げられる[13]。アンドリュー・ハレル（Andrew Hurrell）は，ブラジルとアルゼンチンの間の関係を中心とする南米のメルコスール（the Mercado Commun del Sur：MERCOSUR）は，「緩やかな，まだ不完全な」安全保障共同体として生まれてきていると論じている[14]。

　東アジアにおける安全保障共同体に関する議論は，ASEANが中心になってきた。ASEANの地域秩序の伝統的な概念は，東南アジアに安全保障共同体を創設することを中心としてきたが，ASEAN

がドイチェの考えるところの安全保障共同体かどうかという点がかなりの論議をよんできた。アチャリャは、ASEAN の経験は、アドラーとバーネットが示唆した道筋には、簡単には納まらないと指摘している[15]。一方、1967 年の ASEAN 発足時の創設者達の主たる目的が、安全保障共同体の推進にあったことは疑いがない。ASEAN は創設以来 30 年間、構成国の間で 1 回も戦争が戦われなかった。ASEAN は、地域共同体として洗練された対話の道を選んだ。また、構成国の間では（少なくともエリートの間では）かなり高い水準での経済および政治面での協力が行なわれてきた。軍同士の関係はまちまちであるが、ASEAN 諸国は「情報活動の連携、交流、協力について幅広い合意」を結んでいる[16]。

他方、ASEAN は、アドラーやバーネットが設定した安全保障共同体の重要な指標の多くを満たしていない。ASEAN は、その歴史のなかで加盟国がまちまちの脅威認識をもっていたにもかかわらず、東南アジアの地域共同体として創設され、発展してきた。また、ドイチェが期待したような共同体内の貿易もあまり活発ではなかった。実際には、ASEAN 域内貿易は、非 ASEAN 諸国との貿易よりも著しく少なかった。ASEAN 諸国は、それぞれの主権の重要性を強調しつづけてきた。

より深刻なこととして、東南アジアにおける 2 国間関係のなかにも一部緊張が残っており、軍備支出も多く、長期的な領土紛争も続いている[17]。さらに多国間安全保障対話は、はじまったばかりであり、その将来も不明であり、今後、地域紛争解決機関としての要件を満たすかどうかもまだわからない。このような疑念は ASEAN が拡大し、ベトナム、カンボジア、ラオス、ミャンマーが加盟したことでますます膨れあがっている[18]。

これらの要因は、ASEAN が果たして安全保障共同体としての資質を備えているかどうかについて疑義をさしはさむ。しかしながら、共同体のなかの係争と潜在的な紛争の存在があるからといって即

ASEAN の共同体としての資格が剥奪されるわけではない。アチャリャが指摘するように,「安全保障共同体の資質は,地域のなかに紛争そのものが存在するか否かよりも,地域のなかで紛争を平和的に処理する能力があるかどうかである」[19]。ASEAN はドイチェの挙げている期待の多くにはこたえられず,アドラーやバーネットの分類によるより厳しい要件の一部も満たせないが,安全保障共同体の第 1 段階には達しているといえよう[20]。

興味深いことに,安全保障共同体という言葉は,アジア太平洋地域における米国の安全保障戦略のなかにも現れている。2000 年 3 月 7 日の米国上院軍事委員会（Armed Services Committee）における証言でデニス・ブレア（Dennis Blair）米国太平洋管区総司令官は「アジア太平洋地域における軍事協力の今後のビジョンは,……安全保障共同体の推進である」と述べた。ブレアは,安全保障共同体をオーソドックスに「平和的な変化への期待をもち,お互いに戦う計画をもたず,域内の摩擦は集団として解決し,外交的な解決を支援するために平和維持や人道的活動に部隊を派遣し,これらの活動のために軍隊を計画,訓練,演習する国家のグループ」と定義した。ブレアは,安全保障共同体は「同盟国,ARFや,地域的な要素やその他の要素によって集まる国家グループから構成される。長期にわたって大きな紛争なしに平和的な発展を促すために,特定の域内問題についての軍事協力を含む政策協調にメンバーがコミットしている」ものであろうと述べた。ブレアは後に東ティモールにおける米国の紛争へのアプローチは,「安全保障共同体の潜在的な可能性を示した」とも述べた[21]。

2000 年 3 月 21 日のハワイにおける太平洋経済委員会（PBEC）における演説で,ブレアはさらに「安全保障共同体は,メンバーが安全保障条約に署名しなくてもよいので,アジア太平洋地域にふさわしいものである。ASEAN や ARF のように非軍事組織に基づいた安全保障共同体の構築も可能である。共通の地理的もしくは機能的な

懸念を共有し，協力しようという国家グループで構成できる」と述べた。ブレアは，安全保障共同体はいくつかの属性を共有するとも指摘し，「関心事を共有し，基本的な信頼感をもたねばならない。うまくいった場合には，双方の当事者が裨益する。過去には『大国』，『国力』，『分断』，『ゼロ・サム』すなわち『私の利得は，相手の損失』という考え方が中心であったが，安全保障共同体ではゼロ・サムではなく，成功すれば信頼感を高め，更なる協力に繋がるという商業モデルを適用していくことが重要だと思う」と述べた[22]。

　米国の政策のなかでこの用語がモメンタムをもったかのように見受けられたのも束の間，公式の演説から安全保障共同体という言葉は姿を消した。2000年7月17日のハワイにおける会合で米国政府関係者は，安全保障共同体という用語は，現段階で地域の安全保障の枠組としてはふさわしくないと述べた[23]。米国政府関係者は，その理由として2つ挙げた。第1に，安全保障共同体の既存の例として西ヨーロッパが挙げられるが，これは共通の脅威認識があったからであり，アジア太平洋地域では共通の脅威認識が欠落している。第2に，安全保障共同体という用語は，言語的にも西洋の組織を暗示し，アジア太平洋地域の諸国にとっては受け入れがたいと主張した。安全保障共同体の概念は，米国の関与や戦略計画の理論的根拠としては用いられないという結論であった。安全保障共同体にかわって，「強化された地域協力（enhanced regional co-operation）」という表現が2000年末には好んで使われるようになった。

---

1) Karl Deutsch et al., *Political Community and the North Atlantic Area : International Organization in the Light of Historical Experience*, (Princeton, New Jersey : Princeton University Press, 1957). According to both Ronald J. Yalem and Donald J. Puchala, Richard Van Wagenen was the first to use the term *security community* in his book, *Research in the International Organization Field* (Princeton, New Jersey :

Center for Research on World Political Institutions, 1952): see Ronald J. Yalem, "Regional Security Communities and World Order", in *The Year Book of International Affairs 1979*, edited by George W. Keeton and George Scharzenberger (London : Stevens and Sons, 1979), pp.217 – 23 ; see also Donald J. Puchala, *International Politics* Today (New York : Dodd, Mead, 1971), p. 165. Amitav Acharya, the leading authority on security communities in Southeast Asia, argues that the term was "developed most systematically" by Deutsch and his colleagues. See Amitav Acharya, "A Regional Security Community in Southeast Asia?", *Journal of Strategic Studies* 18, no.3 (September 1995), Special Issue on "The Transformation of Security in the Asia/Pacific Region", edited by Desmond Ball, pp. 175 – 200, 176, 192 – 93 note 5.

2) For a discussion of the differences between *alliances, security communities, and defence communities*, see Amitav Acharya, "Association of Southeast Asian Nations : Security Community or Defence Community?", *Pacific Affairs* 64, no.2 (Summer 1991) pp. 159 – 78.

3) Deutsch et al., Political Community, p. 6.

4) *Ibid.*, p. 5.

5) Emanuel Adler and Michael N. Barnett, eds. *Security Communities* (Cambridge : Cambridge University Press, 1998); see also their "Governing Anarchy : A Research Agenda for the Study of Security Communities", *Ethics and International* Affairs 10 (1996) pp. 63 – 98.

6) *Ibid.*, p. 86.

7) *Ibid.*, p. 89.

8) *Ibid.*, p. 91.

9) *Ibid.*, p. 92.

10) *Ibid.*, pp. 92 – 93.

11) アドラーとバーネットは,集団安全保障を集団的防衛と互換的に用いている。この違いと安全保障の概念が次第に曖昧に用いられるようになっていることについては,本書の「集団安全保障」と「集団

的防衛」の項目を参照。

12) See Sean M. Shore, "No Fences Make Good Neighbours : The Development of the U.S.-Canadian Security Community, 1871–1940", in *Security Communities*, edited by Adler and Barnett, pp.333–67 ; see also Kalevi J. Holsti, *International Politics* : A Framework for Analysis, 6th ed. (Englewood Cliffs, New Jersey : Prince-hall, 1992) p. 391.

13) See the chapters by Richard Higgott and Kim Richard Nossal on Australia and Ole Waever on Western Europe in Security Communities, edited by Adler and Barnett ; see also Emanuel Adler, "Europe's New Security Order : A Pluralistic Security Community", in *The Future of European Security*, edited by Beverly Crawford (Berkerley : University of California Press, 1992) pp. 287–326.

14) Andrew Hurrell, "An Emerging Security Community in South America?", *in Security Communities*, edited by Adler and Barnett, pp. 228–64, 260.

15) Amitav Acharya, "Imagining a Security Community : Collective Identity and Conflict Resolution in Southeast Asia", Unpublished manuscript prepared as a chapter for "Security Communities in Comparative and Historical Perspective", edited by Emanuel Adler and Michael Barnett. p. 5.

16) Desmond Ball, "Building Blocks for Regional Security : An Australian Perspective on Confidence and Security Building Measures (CSBMs) in the Asia/Pacific Region", Canberra Papers on Strategy and Defence No. 83, Strategic and Defence Studies Centre, Research School of Pacific Studies Australian National University, 1991, p. 35 ; on military-to-military ties see Amitav Acharya, *A New Regional Order in Southeast Asia: ASEAN in the Post-Cold War Era*, Adelphi Paper No. 279 (London : International Institute for Strategic Studies, 1993) pp. 69–73. ASEANの安全保障共同体に関する議論は，1997年にインドネシアの国防白書が「ASEANは安全保障組織を意図したものではなかったが，現在の情勢からASEANの協力は安全保障の次元を含むことを慫慂するようになっている」と記述した。これはASEANの軍事

協定が将来つくられることを示唆しているとの分析を示すものもあったが,インドネシア政府関係者はこれを否定した。インドネシア国防省の高官は,『ファー・イースタン・エコノミック・レビュー』紙の取材のなかで ASEAN が「広義の安全保障共同体」になったことを認めた。

17) Acharya, "A Regional Security Community", p. 191.
18) For a discussion of some of the problems and challenges facing an expanded ASEAN, see Sukhumbhand Paribatra, "From ASEAN Six to ASEAN Ten : Issues and Prospects", *Contemporary Southeast Asia* 16, no. 3 (December 1994) pp. 243–58.
19) Acharya, "Imagining a Security Community", p. 20.
20) For a more detailed evaluation of the pros and cons of this debate, see *ibid.*, pp. 25–27.
21) Statement of Admiral Dennis C. Blair, U.S. Navy Commander in Chief, U.S. Pacific Command, before the Senate Armed Services Committee on Fiscal Year 2001 Posture Statement, 7 March 2000. See also Dennis Blair and John Hanley, "From Wheels to Webs : Reconstructing Asia-Pacific Security Arrangements", *Washington Quarterly* 24, no. 1 (Winter 2001).
22) In a speech in Malaysia in 1999, Blair used the term *strategic communities* seemingly in place of *security communities*. Remarks by Command, at the Institute of Strategic and International Studies, Kuala Lumpur, Malaysia, 8 September 1999.
23) ここでいう米国政府関係者とは,国家安全保障会議関係者である。

関 与
Engagement

Oxford Concise Dictionary によると,名詞の「engagement」と動詞の「engage」には複数の異なった意味がある。そのなかでも動詞の「engage」には,「活発に用いる」,「関心をひきつける」,「約束させる(婚約する)」,あるいは「敵と戦争する」という意味がある。名詞の「engagement」は,「関わっている状態または関わる行為」,「誰かと約束がある」「婚約式」「敵対勢力との遭遇」または「道義的な約束」等の意味がある。動名詞の「engaging」には,「魅力がある」という意味がある。「engagement」は,アジア太平洋地域の安全保障関係の文献のなかでは,中国に関する政策の面でもっとも広く用いられている。しかしながら,この用語は,様々な意味に使われ,混同されたり,曖昧さが生まれている。この混同について『ビジネス・ウィーク』は,中国の副首相との取材で「李嵐清(Li Lanqing):『関与』は戦うことを意味するのか,それとも結婚することを意味するのか?」という見出しで総括した[1]。

「関与」は,ほとんど理論化されていない。この用語に関する文献のほとんどはこの表現を叙述的に使っており,意味についても意見が一致しておらず,その用法も一貫性を欠いている。『ニューヨーク・タイムズ』の記事は「関与には様々な定義があり」,クリントン政権はこの関与という用語を「動く標的」として用いていると論述している[2]。この不鮮明さから,学者や政府関係者は「関与」という表現についてそれぞれの解釈を示すこととなり,その数はい

まや30を超えている。このことが,「関与」という概念を鮮明にするどころか不鮮明にしている。

アラステール・イアン・ジョンストン（Alistair Iain Johnston）とロバート・ロス（Robert Ross）の議論は, 関与を理論的に取り扱っているごく少ない例の1つである[3]。ジョンストンとロスは, 関与には2つの相互補完的な意味があるとしている。第1に台頭する勢力の正当な利益のために「現有」勢力側が行う調整を意味する。このアプローチでは, 新興勢力が平和裡に国際システムのなかに取り込まれる必要性を現有勢力が勢力均衡のために認識するので, 紛争は極小化され, 平和が維持される。ジョンストンとロスによると,「確立した勢力が新興勢力を『関与』せしめ, 新興勢力のパワーにあわせてグローバルな責任を分配することにより, 安定が維持される」[4]。このアプローチは2つの前提に立っている。第1に新興勢力が関与可能であること, すなわち, 力に対してあまり強欲ではないこと, 第2に, 現有勢力と新興勢力との間に妥協できないような決定的意見の違いが無いことである。

ジョンストンとロスは第2の定義として新興勢力を関与させるために多国間機構を用いることを強調している[5]。この2人は, 関与とは, 新興勢力を軍備管理や国際経済体制を含む既存の国際組織やレジームの主導的な立場に取り込んでいくことでもあると述べている。現有勢力は, その際, 新興勢力の「テーブルに席をつくって欲しい」という要求を受け入れることになる。国際機構に加盟させることにより, 新興勢力も含めてすべての国家の利益を反映させた形で国際規範を変えていくことが可能になる。このプロセスは, 新興勢力が国際秩序を不安定化させるような政策をとろうとする可能性を最小化することを目的としている[6]。ジョンストンとロスは, これがクリントン政権が追求した関与政策の意味であったとし, 以下のように結論づけている。

関　　与

　　　最も単純化すると，この関与へのアプローチは2つのやや矛盾を孕んだ意味をもつ。まず第1には，政策決定者は2国間もしくは多国間の問題分野の1つで何らかの問題がでてくる場合に，他の分野における安定性で相殺できるように政府間の連携をつくっていかなければならないということである。第2は，関係のある側面を傷つけようとする脅威の効用は，より利益のある側面への波及効果のために減殺されることである[7]。

ジョンストンとロスは，「実際には，関与の明解な『理論』，すなわち関与が何を含むか，関与するものが行う決定についてのルールや対費用効果の計算にどのように影響を与えるか，外交政策の成否を測定するのにどのような基準を用いるべきか等の論理的な仮説にアプローチするものはほとんど存在しない」[8]と結論づけている。

リチャード・ハース（Richard Haas）とメガン・オサリバン（Meghan O' Sullivan）の分析では，関与は「目的達成のための積極的なインセンティブが，どの程度あるかに依存する外交政策戦略である」と記述されている[9]。歴史的に米国の関与戦略の特色は，「米国が重要な意見の齟齬を抱える国々の行動を形成するためのインセンティブを提供する」ことに依存していると論じている。他の学者と同様に，ハースとオサリバンは条件付と無条件の関与を区別している。条件付関与については「米国が対象国に積極的な誘引要素を提供するなど一連の交渉によるやりとりを含む」と論じられている。対照的に，「相手が相互的に行動するという明示的な期待なしに米国が対象国に対する政策を変更する」場合は，無条件の関与と言える。一般的には条件付き関与は，政府の行動を変えることを目的としているが，無条件関与は，市民社会や民間を対象としたもので最終的に協力が実現することを期待するものである。

安全保障関係の文献では，関与はより緩やかな意味で用いられている。第1には，世界全体もしくはある特定の地域に対する国家の

姿勢を表現するために用いられている。この用い方は，通常米国についての用い方であるが，その他の国家の姿勢を記述するときにも使われている。この場合，関与は，しばしばそれが「何でないか」という形で定義されている。すなわち，「孤立主義」ではなく，また「不関与」でもないという定義のしかたである。クリントン政権が登場した直後，国家安全保障問題担当補佐官のトニー・レーク (Tony Lake) は，米国の国際問題への継続的な関与が「不可欠」であると述べた。レークは，中東和平プロセス，ハイチ，ロシアや日本との関係，G7，ボスニアやソマリア等における米国の役割を関与の例として挙げた[10]。関与は，「国際主義」のレッテルに入る米国の外交政策の考え方に近い。ジョン・ラギー (John Ruggie) は，米国の大統領は今世紀初めから「米国の国際的な関与戦略を立てようとして来た。そのような関与が何故必要かということについては，歴代大統領の考えには違いがほとんどない。違いは，目的を達成する為に使おうとする手段にある」[11]と述べている。

　この意味で，ラギーが示唆しているように，関与は「プロセス」でもあり，「目標」でもある。クリントン政権は選挙当選以来，米国の関与についての議論の「プロセス」において，――アジア太平洋地域に特に関連性があるものとして――単独行動主義か多国間主義のどちらが米国のありうべき「関与の形態」であるかという問題を取り上げてきた[12]。米国は，1993年以来アジア太平洋地域において多国間機構が必要であることを（少なくとも口先では）受け入れてきたが，関与は往々にして米国が優位にたっているという前提で行われてきたように思われる。96年2月の「関与と拡大に関する国家安全保障戦略（National Security Strategy of Engagement and Enlargement）」においては，「世界における米国の指導力と関与」を呼びかけ，海外における「積極的な指導力と関与なしには，脅威が高まり，我々のチャンスが少なくなる」[13]と述べている。この点では，米国による包括的な関与と89年に示されたオーストラリア

関　　与

による平等なパートナーとしての関与は好対照を成す。

　第2に,「関与」は時々特定の国家間に存在する政治的な関係を記述するためにやや狭い意味で用いられることがあり,2つの用い方がある。

　1つは,関与を緩く定義された一種の関係とするものである。アジア太平洋地域の安全保障に関する文献のなかで特に注目されるのは,米国の中国への「関与」である。この場合,関与は対話の関係を意味し,「封じ込め」や「孤立」と対比されることが多い[14]。ジョセフ・ナイ (Joseph S. Nye) は「関与が示唆する姿勢が,重要である」と述べている。ナイは,中国を関与させようという米国の決定は,「紛争は不可避であるという議論を,拒絶したことを意味する」と主張している[15]。

　もう1つは公式の国家の政策や戦略に用いられる場合である。文献では,この用い方によって示される関与の概念は,往々にして大文字 (Engagement) で表記されている。例えば,クリントン政権の「関与と拡大戦略」と対中「包括的関与」がある。このような政策は,時には同じような,場合によっては全く同じ名称で呼ばれているが,その内容は異なっている。例えば,ASEANのミャンマーに適用されている建設的関与と米国の中国への関与とは好対照をなす(後項参照)。

　中国に対する関与政策の底流にある前提は,中国をできるだけ多くの国際レジーム,機構や拘束的なコミットメントに取り込むことによって,将来の「攪乱的 (disruptive)」行動の潜在的な可能性を最小化し,中国の円滑な国際秩序への統合の機会を最大化することにある。関与は,中国に国際社会の既存のルールと規範を認識させ,従わせることを狙ったものである。しかし,この広範な目的を超えて,詳細の政策となると一貫性に欠けることが往々にしてある。ウォーレン・クリストファー (Warren Christopher) 元米国国務長官によると,米国の対中関与政策の基礎は,「1つの中国政策」である[16]。

米国は，人権，兵器の拡散，台湾問題について中国と意見の食い違いがあるが，クリストファーは「これらの意見の違いは，関与のための議論であり，封じ込めや孤立のための議論ではない。中国も米国も我々の意見の違いを調整する責務に背を向けているような余裕はない」と述べている。これに対して，1997年6月経済問題担当の国務次官スチュアート・アイゼンシュタット（Stuart Eizenstat）は，対中最恵国待遇（MFN）の更新を与えることが米国の対中「包括的関与」の戦略の要であると述べた[17]。米国自身は，中国向けに現在処方しているマルチの「関与」を常に好んでいたわけではない。98年に『タイムズ』誌に掲載された記事のなかで，ブッシュ政権の高官でアジア太平洋地域も所管していたリチャード・ソロモン（Richard Solomon）は，ソ連は多国間場裡でいつも米国を「関与」させようという試みを通じて，米国の柔軟性を制約しようとしていると不満を述べた[18]。

さらに，米国が関与という用語を用いる場合は，中国との関係に限定されるわけではない。1995年7月のナショナル・プレス・クラブにおける「平和で繁栄するアジア太平洋地域」と題した演説のなかでクリストファー元米国国務長官は，日米関係について「アジア太平洋地域における我々の関与の中心である」と述べた。また，クリストファーは，ベトナムの「より密接な関与」と「インドネシア，マレーシア，シンガポール等のアジアの主要な国への関与」の必要性にも言及した[19]。米国の北朝鮮との関係も「関与」という言葉で表現した[20]。同様に関与は，米国のみが実践している政策でもアプローチでもない。オーストラリアやASEAN諸国もそれぞれの「関与」政策の意味を定めている[21]。

第3に，「関与」はアジア太平洋地域の安全保障に関する文献のなかで形容詞つきで，あるいはキム・ノサル（Kim Nossal）の表現を借りると「装飾的な（adorned）」形で使われている。関与（engagement）に用いられる形容詞により，様々なニュアンスが込

関　　与

められている。例えば，「積極的な (active)」[22]；「アドホックな (ad hoc)」；「敵対的な (adversarial)」[23]；「壊れた (broken)」；「強制的な (coercive)」；「包括的な (comprehensive)」[24]；「商業的な (commercial)」；「義務的な (compulsory)」；「条件付き (conditional)」；「建設的な (constructive)」；「協調的 (cooperative)」；「深い (deep)」と「より深い (deeper)」；「防衛的 (defence)」；「破壊的 (destructive)」；「二重 (dual)」[25]；「経済的 (economic)」[26]；「効果的 (effective)」；「柔軟かつ選択的な (flexible and selective)」[27]；「焦点を絞った (focused)」[28]；「全面的な (full)」[29]；「グローバルな (global)」[30]；「隠れた (hidden)」；「不完全な (incomplete)」；「集中的な (intensive)」；「平和的な (peaceful)」；「平和時の (peacetime)」；「ポジティブな (positive)」[31]；「推定的な (presumptive)」；「比例的 (proportional)」[32]；「擬似 (pseudo)」；「現実的 (realistic)」；「懐疑的 (skeptical)」；「選択的 (selective)」；「偽りの (sham)」[33]；「ソフトな (soft)」[34]；「持続的な (sustained)」[35]；「戦略的 (strategic)」[36]等がある。

　時には，外交評議会の「条件付関与」に関するプロジェクトの様に，関与に形容詞が付され，慎重に考案された複合的な理念を生み出し，これが一貫性のある政策的な処方箋になっている事例もある。そのような場合には，その使い方について以下により詳しい説明を付した。一方，形容詞を関与に付して，ある特定の政府の政策を軽視したり，論駁しようとする者によって用いられている場合もある。例えば，米国雑誌『ニュー・リパブリック』は，「建設的関与」に対して時々「破壊的関与 (destructive engagement)」という用語を用いている[37]。ディック・ゲップハート (Dick Gephart) は，同様にクリントン政権の対中政策を「商業的関与 (commercial engagement)」と言及している[38]。これらの表現は，外交官や外交政策関係者よりもむしろ見出しを書く人たちによって頻繁に用いられている。しかしながら，著者がそのアイデアをより詳しく説明している例外的な

場合があり,（例えば「アドホックな関与」の様に）その様な場合には，以下により詳しい解説を付した。

この様に「関与」は，急速に増えているアジア太平洋地域の安全保障協力の用語の中で多様な修飾語とともに用いられ，時に矛盾するアイデアやアプローチ，政策にも用いられている。残念ながら，しかし驚くことではないが安全保障の概念と同様に様々な形の関与政策が政府関係者や学者によって，論文や演説のなかで互換的に用いられている。特定の国家政策を記述するための関与の概念でさえ，往々にして一貫性や正確さを欠く形で用いられている。したがって，次に記述する区別は，実際には曖昧になることもある。

★ アドホックな関与 (Ad Hoc Engagement)

ジョージ・ブッシュ政権の国務次官であったロバート・ゼーリック (Robert Zoellick) は，保守的な米国の雑誌『ザ・ナショナル・インテレスト』に寄稿し，クリントン政権の対中政策を批判し，次のように述べた[39]。ゼーリックは，「関与政策は正しい方向に向いているが，それだけでは十分ではない」と指摘した。そして，クリントン政権の対中政策は，現実には「アドホックな関与」のひとつであると論じた。すなわち，総合戦略が無いままにアドホックな関与をすることは「単に危機に対応するだけの短期的・近視眼的な政策になり，［米中］双方の政治的な摩擦を拡大することになる」とゼーリックは述べた[40]。

また，経済政策について，ゼーリックは，クリントン政権が中国の成長が米国にとってプラスのインパクトを示すような一貫性のある政策が存在するといえるほどには十分な策を講じていないと指摘した。ゼーリックは，中国を関与させる総合戦略なしにとられている対中アプローチは，「米国の関係者からかなり具体的な様々な苦

情」を生み出すことになり，米国政府は「2国間関係を通じて狭いケース・バイ・ケースの要求」をすることを余儀なくされ，究極的に米中2国間関係全体を損なうことになりかねないと述べている[41]。

さらにゼーリックは，米中は安全保障政策において同様のリスクに直面していると指摘している。中国は，大量破壊兵器の拡散，北朝鮮，地域安全保障取極等の安全保障問題に影響を与えることができる一方，米国の対中関与政策が，「米国が中国にとってほしいと望む行動の多項目リスト」に相当するものにとどまっているかぎり成功しそうにないと述べた[42]。

★ 協調的関与 (Co-operative Engagement)

協調的関与は，米国の太平洋司令部が，米国のアジア太平洋地域における戦略を説明するのに用いている概念である。これは，ジョージ・ブッシュ政権のときに発表された「協調的警戒 (cooperative vigilance) 政策」を含むいくつかの米国のアジア太平洋地域における「協調的」な戦略を継承するものである。

1997年3月に米国下院の国家安全保障委員会で証言した米国太平洋軍司令部司令官 (CINCPAC) ジョゼフ・プルーア (Joseph Prueher) は，協調的関与の戦略は3つの主要な目標を達成するために考えられたものだと述べた。第1に，平時には「紛争や危機の可能性を低減する地域環境をつくる」，第2に，危機のときには，「［米国の］長期的な利益を促進するように特異な状況を解決し」，第3に，戦争時には米国が「最小限の死傷者で早く決定的に勝利を収められるようにする」[43]ことである。

協調的関与では，安全保障協力の推進，米国の利益とコミットメントの明確な意思の伝達，大量破壊兵器の拡散防止等の政策を通じて紛争予防を強調する。この点でブルッキングス研究所の協調的安

全保障の定義は,米国以外の多くの政府関係者や学者が採用しているものとは異なることを留意しておくことが必要だが,協調的安全保障と協調的関与は共通の要素を共有しているようにみえる。プルーア海軍大将によると実際の協調的関与には,地域の安全保障問題解決のための2国間および多国間の協力,あらゆるレベルの軍関係者の訪問および交流,多国間の演習,その他会議,対話,セミナーを利用することが含まれる[44]。

ダグラス・スチュアート(Douglas Stuart)とウィリアム・トウ(William Tow)は,協調的関与の語源は1992年に発表され影響力があったランド研究所の「新戦略と兵力削減:太平洋の次元(A New Strategy and Fewer Forces : The Pacific Dimension)」の研究報告にあるかもしれないと記述している。ランド研究所の報告書は,米国が「比例的な関与(propotional engagement)」姿勢をとることを勧告している。しかしながら,スチュアートとトウは,協調的関与も比例的な関与も「戦略的な不確実性に直面した時,既存の2国間同盟と安全保障協定に頼る」[45]以上のことではほとんど無いように思われると述べている。

★ 建設的関与(Constructive Engagement)

「建設的関与」は,サッチャー政権とレーガン政権のアパルトヘイト時代の南アフリカに対する関係維持政策を表現するものとして用いられてきた。元米国国家安全保障会議メンバーのコンスタンティン・メンギス(Constantine Menges)によると,建設的関与は,「具体的には米国の経済的なプレゼンスを,米国系企業の進出を通じて,すべての労働者の平等な権利という原則を適用する模範と静かに利用するインセンティブとして,南アフリカの企業と政府によるポジティブな行動を促しながら,[南アフリカ]との正常な経済

関係」を維持することを意味する[46]。少なくとも理論的には、この政策は孤立と制裁という国際社会の大半の国々が南アフリカに対して使っていた政策とは異なり、対話、影響力および説得により南アフリカを変化させることをねらったものであった。米国の建設的関与の効果とその背景にある動機は多くの人々によって疑念をもたれ、ある学者はこれを「不完全な関与（incomplete engagement）」[47]と呼んだ。このアパルトヘイト政策時代の南アフリカとの関係は、建設的関与に西側の多くの人々にとって軽侮的な意味をもたせる結果となった。つまり、建設的関与は、下賎な政権と「普通」の関係を続ける単なる口実と見られることが多くなった。

アジア太平洋地域では、この用語は ASEAN が人権問題で幅広く批判されているミャンマーの国家法秩序回復評議会（SLORC）と関係を維持する政策を指して使われた。レゼック・ブジンスキー（Leszek Buszynski）によると、建設的関与という表現は 1988 年 8 月から 91 年 2 月まで政権にあったタイのチャチャイ政権が発案したものである。ブジンスキーは、この概念は SLORC が 88 年にヤンゴンで学生デモを取り締まった後に、タイの外務省で考案されたと述べている。建設的関与は「タイのミャンマーに対する特定の関心事と SLORC への西側諸国の批判のギャップに橋をかけるために」考えられたものである。政治的な手段としては、タイの安全保障と経済的な利益を確保する手段であった。外交的な手段としては、国際社会の目を SLORC とのタイの協力的な関係からはずし、ミャンマー政権の行動は結果的に改善されるという説明をするものであった[48]。

この用語は、当時タイ外務大臣であったアルサ・サラシン（Arsa Sarasin）が欧州経済共同体（EC）関係者と 1991 年 7 月にブラッセルで会合をもった際に、SLORC に対するタイの政策を弁護するために用い、広まった。サラシンは、さらに 1991 年 10 月 2 日国連総会における演説で、ASEAN がミャンマーに対して「建設的対処

(constructive management)」の政策を採用するように呼びかけた[49]。ブジンスキーは，建設的関与は1992年のマニラで開催されたASEAN拡大外相会議（PMC）において公式のASEANの政策として認められたと述べている。ブジンスキーは「対話国，特にSLORCに圧力をかけることを提案した米国とEUに対する弁護として」[50]「建設的関与」の用語が用いられたと指摘した。

建設的関与を「ASEAN方式」（関連項目参照），特に「静かな外交（quiet diplomacy）」を優先する方式に繋げる様々な定義が提案されている。1992年8月のシンガポールの新聞『ストレート・タイムス』の記事のなかで建設的関与は「穏やかな説得と静かな外交により［ミャンマー］政権を政治的解放へ向けて促すことであり，これはSLORCの指導者と対話をもつこと」[51]を意味すると定義されている。インドネシア外務省の関係者はこの政策を次のように定義している。「我々は，［ミャンマーの政権に対して］，大変静かに東南アジア流にファンファーレを鳴らさず，公式の声明を出さずに，『あなたは困っているのだから助けてあげよう。しかし，あなたも変わらなければならない。いつまでもこんな事は続けられない』と語り続けている」[52]。また，インドネシア外務省関係者は，ミャンマーの軍事政権に「恥をかかせたり，同政権を孤立させる」ような措置は避けることが政策の一部であり，「彼らのプライドを傷つけることは役に立たない。話をしてくれなくなれば，われわれの努力は何の役にも立たない。我々は話し続けなければならない」[53]と付言した。フィリピンの建設的関与についての立場についてASEANの関係者は「もしも，『SLORC』に対し友人として話し，アドバイスをすれば屋根の上から敵として講義するよりも彼らは耳を傾けるであろう」と述べた[54]。マレーシアの政府関係者は「ASEAN方式で静かに事を運べば相手の面子も立つ」[55]という点を強調した。

実際には，建設的関与政策によりASEANはミャンマーに対して制裁を科すことを拒否したばかりではなく，経済，政治および軍事

的な関係を SLORC 政権と結ぶことを慫慂した。この点ではタイが主導的な役割を果たした。1988 年 12 月 SLORC が政権の座についた直後に、タイ軍最高司令官はミャンマーを最初の外国の指導者として訪問した。その後、ミャンマーとタイの間で新しい経済と安全保障の関係が結ばれた。これによりミャンマーの軍隊は、タイ国境を越えてカレンやモンのゲリラを攻撃することができ、タイの木材会社はミャンマー国境で伐採することができるようになり、タイの水産会社はアンダマン海にアクセスすることができるようになった。このようなことからアナリストのなかには建設的関与政策が、実際にはタイとミャンマーの間に相互代償関係が成立していたという見方もある[56]。

タイは、ミャンマーを 1993 年に ASEAN 閣僚会議のオブザーバーとして招待しようとしたが、この提案はマレーシアによって拒否された。97 年 7 月 23 日にミャンマーが ASEAN 加盟を許されたが、これは建設的関与の目標が達成されたということで説明されている。実際にミャンマーが ASEAN に加盟したとき、ドミンゴ・シアソン（Domingo Siazon）フィリピン外務大臣は、ASEAN の政策は単なる建設的関与に留まらず、ミャンマーとの「全面的な関与（full engagement）」を意味すると述べた[57]。この発言は、ASEAN の対話国からの批判を招き、建設的関与政策において ASEAN と欧米との間の意見の違いを示した。

ミャンマーの野党指導者アウン・サン・スーチー（Aung San Suu Kyi）を含む建設的関与政策を批判する人たちは、建設的関与はミャンマーにおいて政治的な解放を促すよりも SLORC 体制が独裁支配体制を固める時間をかせがせ、ミャンマーの政治的な解放をむしろ先送りにする結果になっていると主張した。ASEAN の首脳は、1995 年のアウン・サン・スーチーの自宅軟禁からの解放をただちに関与政策の成果に結びつけようとしたが、ノーベル賞を受賞したスーチー女史自身は、「誰のための建設的関与であったかが問題で

ある。民主化勢力にとって建設的であったのだろうか？　ビルマの国民全体にとって建設的であったのだろうか？　限られた財界関係者にとって建設的であったのだろうか？　それとも SLORC にとって建設的であったのだろうか？」[58]と述べている。1997 年 5 月にアウン・サン・スーチーは，ASEAN に対して，国民民主同盟（NLD）を建設的関与政策の対象に含めて欲しいと呼びかけた。スーチーは，「もし，ASEAN が本当に建設的関与に関心があるのならば，SLORC と民主派野党の両方に関与させるようにすべきであり，関与が，何か建設的な民主化の発展に繋がるようにすべきである」[59]と述べた。

　建設的関与は，米国の対中政策でも用いられている[60]。1996 年にアジア太平洋地域における米国の国防政策に関する演説のなかで，ウィリアム・ペリー（William Perry）元国防長官は，アジア太平洋における「米国の予防的国防政策」の 4 本柱の 1 つは，中国との建設的関与であると述べた。『ストレート・タイムス』の報道によると，ペリーは建設的関与は共和党，民主党を問わず 6 人の大統領の下で 20 年以上にわたって米国の一貫した政策であったと述べた[61]。ペリーは，建設的関与を封じ込め（containment）と比較して，「関与は，我々の自国利益につながるばかりではなく，中国の利益でもあると信じる」と述べている。興味深いのは，ペリーがこの政策が成功するためには中国側の首脳も同様の政策を取る必要があると述べ，「タンゴを踊るには 2 人必要であり，関与するにも 2 つの国が必要である」[62]との喩えを用いたことである。

★　現実的関与（Realistic Engagement）

　関与のもう 1 つの概念として，オードリー・カース・クローニン（Audrey Kurth Cronin）とパトリック・クローニン（Patrick Cronin）

は，『ザ・ワシントン・クウォタリー』のなかで，米国が中国に対して「現実的関与」をすることを呼びかけている[63]。A. クローニンと P. クローニンは，米中関係の「漂流」に対する代案として，現実的関与を提示している。また，封じ込め政策は「誤ったアドバイス」であり，（オマール・ブラッドレーをもじって）「誤ったタイミングに誤った国に対して，誤った政策を行った」[64]と反対している。

現実的関与の概念の中核は，地域的危機を避け，大量破壊兵器の拡散を防止し，あらゆるレベルでの軍と軍の接触を図ることに焦点をあてた幅広い協調的安全保障措置である。A. クローニンと P. クローニンは，現実的関与政策を通じて米国が「中国の将来の目的について判断を下すのに用いる指標」[65]を決めることができると論じている。

A. クローニンと P. クローニンは，現実的関与を進める3つのレベルとしてグローバル，地域と2国間を示している。グローバルなレベルでは，現実的関与の目標は，中国を既存の国際協力メカニズムのなかに取り入れていく方法を見つけることである。A. クローニンと P. クローニンは，国際社会と中国の経済的なリンクを拡大することを支持し，システムが相互にメリットのある形で平和的に発展していくと論じ，世界貿易機関（WTO）への中国の加盟を支持していたようにみえる。安全保障の面では，中国と米国が国連における協力を拡大することを呼びかけている。また，中国がミサイル関連技術輸出規制（MTCR）のような不拡散体制に参加することを促すことも呼びかけている。そうすることが「［中国］が既存の国際規範に従う意思があるかどうかの試金石」[66]になるからである。

地域のレベルでは，米中の現実的関与の議題には経済，政治，軍事的リンクが含まれる。A. クローニンと P. クローニンは，アジア太平洋諸国が ARF を「南シナ海の領土紛争等紛糾している問題を議論することへの中国の反対を克服することによって……信頼と透明性醸成措置として」[67]用いるべきだと議論している。

現実的関与は，米中間のより深い2国間の絆を求めている。事実中国が2国間関係を好んでいることから，A. クローニンと P. クローニンは現実的な関与の目標を推進することができる最も重要な分野は2国間関係かもしれないと示唆している。米国の政府関係者と軍関係者が中国との交流を拡大し，旧ソ連と交渉したのに似た海上事故防止協定（INCSEA）のような2国間の信頼醸成措置をつくり，CINCPAC の安全保障アジア太平洋研究センターを用いて中国の軍関係者やアナリストとの積極的な接触を推進することを呼びかけている[68]。

★ 条件付関与 (Conditional Engagement)

1996年に外交評議会は，米中関係に関する研究にあたり，「条件付関与」という用語を用いた。*Weaving the Net* の編者ジェームス・シン（James Shinn）は，条件付関与は無条件に中国を関与させることと封じ込めの間の「妥協」であると論じている[69]。シンによると条件付関与は，中国の国際貿易金融体制への参加を歓迎し，米国とアジア諸国がこの参加を促進するばかりではなく，中国の行動を穏やかにする効果を増幅できる方法であると提案している。シンは，条件付関与が米中関係の戦略的な錨（アンカー）になりうる概念であることを示唆している[70]。

シンによると条件付関与の趣旨は，「中国を国際的な行動の基本ルールに関する合意を通じて共同体のなかに取り込む」[71]ことである。シンは，中国の大国としての台頭とその近隣諸国の重要な利益の両方に配慮した条件付関与10原則を提案している。その10原則とは，攻撃的軍事力を一方的に用いないこと，領土紛争の平和的解決，国家主権の尊重，航海の自由，軍事力増強の減速，軍事力の透明性，大量破壊兵器の不拡散，貿易と投資のための市場アクセス，

越境問題の協力的解決,基本的な人権の尊重である。これらの原則を実際に達成するのが,条件付関与の目的である[72]。

条件付関与を実施するために,シンは2つの並行した戦略として経済面での関与と安全保障面での関与を挙げている。経済面での関与は,中国を貿易自由化,機構づくり,教育交流等に関する交渉を通じて国際経済に統合していくことを推進する。シンは,「飴と鞭」のアプローチが時には必要であるとする一方で,貿易制裁によって短期的な政治目標を達成することには反対している[73]。

この戦略の第2の要素は,安全保障面での関与の活用である。安全保障面での関与は,軍備管理措置の利用や多国間対話,さらにはシンが「アジアにおける緩やかな防衛軍事取極」[74]と呼ぶ措置も含まれる。シンは,このような関与を通じて中国の軍事的な拡張や透明性の欠如,大量破壊兵器の拡散や犯罪,非合法な移民などの越境問題のリスクを低減できるはずだと論じている。

★ 選択的関与 (Selective Engagement)

1994年のヒューストンのライス大学における演説でブッシュ政権の国務長官であったジェームス・ベーカー (James Baker) は,「選択的関与」という考え方を提示した[75]。ベーカーによると米国は,外交政策の歴史の第3期に入っている。まず,1941年までの第1期では第1次世界大戦中の休止期間を除いて「非関与 (disengagement)」政策をとった。この期間米国は,世界の他の地域における平和と繁栄への脅威から自らを隔離しようとして失敗した。第2期は,米国が第2次世界大戦に参戦した時期からで,これは「義務的関与 (compulsory engagement)」であった。この政策は「共産主義の侵略」に対する対応として戦後も維持された。ベーカーによると第3期は冷戦終焉とともに始まり,「選択的関与」[76]の政策を

必要としている。

　選択的関与は「国際問題に積極的に関与する米国という考え方を承認している。そして，米国が単に世界のなかに存在するのではなく，世界の一部分を構成するという考え方を包含するもの」である。ベーカーは，選択的関与は「激しい経済競争，膨れあがる不安定性や新たなるファシズムの台頭という世界のなかで……非関与が最早オプションにならないことを認識するものである」と述べている。しかし，選択的関与は積極的な米国の国際主義を再確認する一方で，その名前が示唆するように，冷戦後の世界の外交政策は「どこで，いつ関与するか」の選択でなければならないとも認識している。ベーカーは「今日米国はあまりにも多くのことができるので，皮肉ながらすべてをやりたいという誘惑に駆られるか，何もしないでおこうという誘惑に駆られる」[77]と述べている。また，ベーカーは，選択的関与への鍵は，「重要な決定を下すための明確で一貫性のある総合的な基準を設定することである。とりわけ，わが国の利益に沿い，目的のバランスをとりつつ，政策の実行において信頼性を維持する必要がある」とした[78]。

　選択的関与の具体的な目標としてベーカーは，「東ヨーロッパや旧ソ連における民主化と自由市場化を進めること，地域紛争の封じ込め，大量破壊兵器拡散防止，開かれたグローバル経済システムの強化，西側同盟の再定義および米国のリーダーシップの更新」を挙げている。実際面では，ベーカーの政策は理想主義と現実主義をミックスすることを提唱しているようにみえる。例えば，米中関係では，ベーカーは「中国における米国の関心には，人権擁護，米国企業の市場アクセス，不拡散をはじめとする国際安全保障問題への中国の協力が含まれる。しかしながら，北京のレジームの体質を考慮するならば，米国が人権問題について厳しい政策をとることは，米国の商業的利益にも北朝鮮の核兵器を追放しようとする目的にも適わないであろう」[79]と述べている。

ベーカーに対して、ローレンス・コーブ（Lawrence Korb）は、選択的関与はクリントン政権の外交政策の優先分野を正確に示していると論じている。しかしながら、クリントンは「選択的関与を選んで行動しているが」米国の国民に対してその内容を明らかにしなかった。コーブは、選択的関与を「実践的介入（pragmatic intervention）」[80]であるとしている。

★ 深い関与 (Deep Engagement)

「深い関与」の概念は、米国の国際安全保障問題担当国防次官補であったジョゼフ・ナイ（Joseph S. Nye）が、1995年7月の『フォーリン・アフェアーズ』に寄稿した論文のなかで用いたものである[81]。ナイの論文は、国防省の「米国東アジア太平洋地域安全保障戦略（United States Security Strategy for the East Asia Pacific Region）」報告のなかに記述されている政策の事例を取り上げている。この戦略報告の主たる要素は、米国のアジア太平洋問題に対する積極的な関心の表明と約10万人の前方展開米軍のプレゼンスであった。ナイの論文は、アジア太平洋諸国に対して米国が積極的に関与するというメッセージを送ることを意図したものであった。

ナイは、米国は深い関与の代わりに4つの戦略代案を追求することもできると論じた。すなわち、アジア太平洋地域から全面撤退して大西洋ベースの防衛戦略をとることもできる。米国は、アジアの同盟から撤退して米国のリーダーシップの代わりに勢力均衡にアジア大平洋の安全保障を委ねることもできる。同盟の代わりに緩い地域機構をつくる。あるいはNATOのような地域同盟をつくることもできる[82]。しかしながら、ナイはこれらの代案よりもアジア太平洋地域で必要とされ、望まれているのは「米国のリーダーシップ」であり、これが深い関与政策であると論じた[83]。

ナイは，深い関与と関与そのものをどのように区別しているかはっきりさせていないが，米国の戦略を構成する3つの部分を挙げている。まず，第1は，米国のアジア太平洋地域における2国間同盟を冷戦後の新しい基礎として強化することである。第2は，前方展開軍のプレゼンスの維持である。北朝鮮からの脅威の可能性を抑止するとともに，ナイはこれらの軍隊は米国のアジア太平洋地域における発言権を確保し，貿易ルートを確保し，ペルシャ湾までの米国のその他の利益をサポートすると述べている。米国の戦略の第3は，アジア太平洋地域の信頼醸成措置のための地域機構を育てることである。ナイはAPEC強化やARFをはじめ，様々な2国間対話における米国の役割を関与の例として挙げている。

★ 包括的関与 (Comprehensive Engagement)

　包括的関与は，アジア太平洋地域安全保障対話における関与の形態のなかで最もよく用いられているものの1つであるが，残念ながら最も概念が曖昧である。用語の語源ははっきりしないが，クリントン政権の対中政策に関連して使われている。ジョージ・ブッシュ大統領も対中政策に関連して同じ「包括的関与」という表現を何回か使った。1992年3月の米中関係法案1991（HR2212）に対して拒否権を発動したときの所感のなかでブッシュ大統領は，「中国が，米国の知的所有権を保護し，ミサイル関連技術輸出規制を遵守し，核不拡散条約に4月までに加盟し，これまで頑として協議を拒んできた人権問題を議論することに合意したことは，明確にわが政権の包括的関与政策の成果といえる」[84]と述べた。また，「いくつかの側面における包括的関与が中国の指導層に中国の誤った行動の結末について疑問の余地を残さず責任をもった行動をとるようにいざなった。望ましい成果を上げるための適切な政策手段を用いて，懸念さ

れる特定分野の1つを狙うのが我々のアプローチである」と述べた[85]。

 1992年の大統領選挙キャンペーンで当時のクリントン知事は,ブッシュ大統領の対中政策を北京の独裁者を「甘やかす」ものとして批判した。クリントン候補は,大統領に当選した場合には中国の人権問題についてより厳しい政策をとることを約束した。93年に大統領に就任した後クリントン大統領は米国の政策の変更を発表した。93年5月28日の大統領令で中国の最恵国待遇(MFN)と人権問題での前進をリンクした。大統領令では,国務長官が中国が具体的な人権分野で「全体的に顕著な前進」を示したと証明することをMFN更新の要件とした。ウィンストン・ロード(Winston Lord)元東アジア太平洋問題担当国務次官補によると大統領令公布直後から米国は中国と最恵国待遇を94年に更新するために必要な措置についての対話を開始した[86]。

 しかしながら,1993年9月にはクリントン政権はこの戦略では望ましい結果を達成できないのではないかと懸念するようになった。米国政府部内の省庁間の検討の結果,米国政府は,「中国のハイ・レベルの政府関係者を関与させて,主たる懸念分野について前進をはかるための……包括的関与の拡大戦略」を発表した[87]。これらのなかには「最初に」人権問題が含まれるが,貿易や不拡散問題も含まれた。クリントン大統領が93年11月のシアトルにおけるAPECの非公式首脳会合で江沢民主席と懇談したことは,包括的関与の例として言及されている[88]。

 この時点で米国の政策の焦点は,貿易面での最恵国待遇による脅しから包括的関与に変わったという説もあるが,当初は包括的関与がクリントン政権のMFN更新と人権をリンクする政策を補完したというのがより正確であろう。1993年5月の大統領令は,94年5月まで有効で,公の場でも秘密外交の場でも米国は最恵国待遇(MFN)を更新しないという脅しを対中説得に用いた[89]。この戦略は,クリントン大統領が無条件に最恵国待遇を延長することを決め,

公式に人権と貿易のリンクを外したときに崩壊した。しかしながら、このような政策の変更があり、米国内でクリントンの対中強硬路線を支持した国内政治のコンセンサスがなくなったにもかかわらず、包括的関与は米国の対中政策を表現する主要なラベルとしてその後も用いられてきた。

ウィンストン・ロードは、包括的関与の背景にある論理は、ハイ・レベルならびに実務レベルにおける交渉や交流において十分幅広い議題を用意することにより、「いくつかの局面でトラブルが発生した時に、ポジティブな分野が充分にあれば、全体の関係が損なわれないこと」を確保することであると述べた[90]。

しかし、この政策を批判するもののなかには、米国の中国との公式接触の使命の中身が混乱するようになったという意見がある。1995年2月の『インターナショナル・ヘラルド・トリビューン』の記事では、この矛盾をついて、「ヘーゼル・オラリー（Hazel O'Leary）エネルギー長官は、中国をまもなく訪問して、米国の民間企業の契約をまとめるが、人権問題、兵器の拡散等の通常は国務長官が取り上げる問題も取り扱うであろう」と報道した[91]。94年のMFNの中間評価において、ロードは中国を訪問した際、エスピー（Espy）農務長官とロン・ブラウン（Ron Brown）商務長官は「はっきりと人権やその他の非経済問題に関する前進が必要である」との立場を示したと報告した[92]。ジョンストンとロスが指摘しているように、包括的関与アプローチに内在する問題は、米中関係のある側面を損なうという脅迫の効用は、その他のより利益の上がる側面への波及効果のために減じることである[93]。

包括的関与についての中国の見方を王緝思（Wang Jisi）は『ベイジン・レビュー』（*Beijing Review*）に寄せた「米中政策：封じ込めか関与か」という論文のなかで、1993年9月にクリントン政権が発表した政策は制裁の失敗を認め、「中国の国際的な地位と正当性を是認するということに相当する」と論じている[94]。そして、米中

関係に包括的関与が特に貢献するとはみていない。むしろ，関与は，米国が中国の国内政策および外交政策に影響力を行使しようとした試みであるとみなしている。「関与は単にハイ・レベルの接触が密接になることを意味していない。友好的なジェスチャーではなく，むしろ米国が経済，政治，文化，イデオロギー上の影響力を中国に行使しようという試みである。究極的には米国は，中国が西洋型の国際的な規範を受け入れることを期待している」と述べている[95]。

オーストラリアは，包括的関与の独自の具体的な概念を提示している。1989年の地域安全保障に関する大臣声明でオーストラリアは，南太平洋に対する「建設的コミットメント（constructive commitment）」と並んで東南アジアに対して「包括的関与」の政策をとる事を発表した[96]。同声明によると，包括的関与は東南アジアにおけるオーストラリアの「長期的な目標」である。その政策は東南アジアとの関係のなかに様々な要素が含まれる点で「包括的」であり，平等な立場から相互にコミットするという面において「関与」であると記述している。この政策は，「我々の安全保障上の利益が，多様な連携を発展・強化させる政策によって進展するという理解の反映である。これらを通じ，我々は共通のメッセージである全面的なパートナーとして交流する価値を伝えようとするべきである」[97]。この概念の不可欠の要素のなかには，東南アジア諸国との連携の強化，ASEAN支援の継続，地域機構や取極の拡充，地域安全保障共同体の構築，ベトナム，カンボジア，ラオス，ミャンマーを協調的な地域の枠組みのなかへ取り込む努力，オーストラリアが「地理的に嵌め込まれた文化的不整合な存在ではなく，すばらしい多様性に富んだ近隣諸国の信頼される自然なパートナーとして」東南アジアにおける利益を追求すること等が含まれる[98]。

興味深いことに米国が対中包括的関与政策を作成していた頃には，オーストラリアはこの用語を使わなくなっていた。1995年5月オーストラリア政府関係者は，東アジアに対して89年に発表した

「包括的関与」政策の代わりに新しい「パートナーシップと統合」の政策を導入した[99]。

★ 予防的関与 (Preventive Engagement)

1993年秋に『ハーバード・インターナショナル・レビュー』に発表された記事のなかで当時下院の軍事委員会議長であったロナルド・デラム (Ronald V. Dellums) 議員は，米国の冷戦後の戦略立案の指針として「予防的関与」の考え方を提案した[100]。デラムは，ソ連崩壊後米国が国際的に関与するにあたり，新しい戦略を必要としていると論じた。相互依存を深めている世界において，米国は「人的な災害を認識し，取り上げ，解決する」という課題に取り組む責務があると述べた。しかもその他の先進国とともに多国間で取り組まなければならない。「あるとしても，ごくたまにしか」「ある特定の問題を解決するのに軍事的な対応が最善の解」ということはないと述べた。

武力介入しか解決策がないというような潜在的な危機が発生することを避けるために，デラムは米国が「その他の民主的な」同盟国とともに「予防的関与」の戦略を採用するように呼びかけた。この用語には2つの前提が含まれている。まず米国が「孤立主義への誘い」に抵抗し，第2に「早期から関与し，適切な非軍事的な手段により将来発生しうる大きな問題を防止するように努力しなければならない」[101]。ダレムの考え方は予防外交と関与政策を一緒にしたもののようである。

ダレムによると予防的関与は「良い医療と公衆衛生」のようなものである。ダレムはクリントン政権の（ウォーレン・クリストファーやトニー・レークが提案している）関与の考え方は，軍事力に重きを置きすぎだと批判した。ダレムは，軍事力を行使する前に外交努力,

紛争解決，人道支援等一連のアプローチを試みるべきだと提案している。ダレムは，国際法や人権規範が遵守されていない場合は，経済制裁から始めて次第に厳しい措置をとるべしとしている。「武力を行使すること，特に1国が一方的な措置をとるなどはできるだけ避けるべきである」とダレムは論じている[102]。

---

1) Stephen B. Shepard et.al, "Li Lanquing : Does 'engagement' Mean Fight or Marry?", *Business Week*, 6 May 1996, p. 33.
2) David E. Sanger, "China Faces Test of Resolve to Join the Global Economy", *New York Times*, 2 March 1997, pp. A1, A8.
3) Alastair Iain Johnston and Robert S. Ross, "Engaging China: Managing a Rising Power", Research Project of the John King Fairbank Center for East Asian Research, Harvard University, unpublished paper, n. d.
4) *Ibid.*, p. 4.
5) *Ibid.*, p.5.
6) *Ibid.*, pp. 5-6.
7) *Ibid.*, p. 6.
8) *Ibid.*
9) Richard N. Haas and Meghan L. O' Sullivan, "Terms of Engagement: Alternatives to Punitive Policies", *Survival* 42, no. 2 (Summer 2000) pp.113-135, 113-114.
10) Anthony Lake, "From Containment to Enlargement : Current Foreign Policy Debates in Perspective" Speech delivered at the School of Advanced International Studies, Johns Hopkins University, Washington, D.C., 21 September 1993.
11) John Gerard Ruggie, "The Past as Prologue : Interests, Identity and American Foreign Policy", *International Security* 21, no. 4 (Spring 1997) p. 107.
12) Lake, "From Containment to Enlargement", p. 18.
13) The White House, *A National Security Strategy of Engagement and*

Enlargement (Washington DC.: U.S.Government Printing Office, 1996).

14) 封じ込めの方が好ましいという議論については，Gideon Rachman, "Containing China", *Washington* Quarterly 19, no. 1 (1995) pp. 129-39 参照。同じ記事の短縮版は署名なしであるが，*Economist*, 29 July 1995, pp. 11-12 に掲載されている。Arthur Waldron, "Deterring China", *Commentary* 100, no. 4 (October 1995); Charles Krauthammer, "Why We Must Contain China", *Time*, 31 July 1995.

15) Joseph S, Nye, "China's Re-emergence and the Future of the Asia-Pacific", *Survival* 39, no. 4 (Winter 1997-98) pp. 65-79, 76.

16) "American Interests and the U.S.-China Relationship", Address by Secretary of State Warren Christopher at the Council on Foreign Relations, Washington D.C., 17 May 1996.

17) Stuart Eizenstat, "United States Trade with Asia", Statement by Under-Secretary of State for Economic and Business Affairs, before the Senate Commerce, Science and Transportation Committee, Washington, D.C., 18 June 1997, reproduced in the *U.S. Department of State Dispatch*, July 1997, pp. 14-20, 16.

18) *Time*, 23 May 1988.

19) 他の例としては 1997 年 7 月のマレーシアのクアラルンプールで開催された ASEAN 拡大外相会議におけるマデリン・オルブライト元国務長官の発言参照。*U.S. Department of State Dispatch,* July 1997, pp. 6-9.

20) 東アジア太平洋地域担当ウィンストン・ロード元国務次官の米朝関係に関するスピーチ参照。*U.S. Department of State Dispatch*, 1 April 1996, p. 165.

21) 例えば，Amitav Acharya, "ASEAN and the Conditional Engagement of China" *in Weaving the Net : Conditional Engagement with China*, edited by James Shinn (New York : Council on Foreign Relations Press, 1996), pp. 220-48 ; Jusuf Wanandi, "ASEAN's China Strategy : Towards Deeper Engagement", *Survival* 38, no. 3 (Autumn 1996)参照。

22) ウォレン・クリストファー国務長官の米露関係に関するスピーチ,

U.S. Department of State Dispatch, 5 June 1995, p. 474.

23) Nigel Holloway, "Making an Enemy", *Far Eastern Economic Review*, 20 March 1997, p. 14.

24) 米国の包括的関与政策の台頭についての歴史的な考察については, Judith F. Kornberg, "Comprehensive Engagement: New Frameworks for Sino-American Relations", *Journal of East Asian Affairs* X, no. 1 (Winter/Spring 1996) pp. 13–44 参照。

25) James B. Steinberg, Director, Policy Planning Staff, "Dual Engagement : U.S. Policy Toward Russia and China", in the *U.S.Department of State Dispatch*, 8 May 1995, p. 392.

26) "Containing China", *Economist*, 29 July 1995, p. 11.

27) *National Military Strategy of the United States of America 1995: A strategy of Flexible and Selective Engagement* (Washington, D.C., Joint Chiefs of Staff 1995).

28) Ronald N. Montaperto and Karl W. Eikenberry, "Paper Tiger : A Skeptical Appraisal of China's Military Might", *Harvard International Review* XVIII, no. 2 (Spring 1996) pp. 28–31, 31.

29) ミャンマーが ASEAN への加盟を認められた後, フィリピンの外務次官トドルフォ・セヴェリノが ASEAN の政策はもはや建設的な関与ではなくビルマと全面的な関与であると述べたと報道された。Isagani de Castro, "Southeast Asia : Despite Its Weight, ASEAN Carries Burma", Inter Press Service, 28 July 1997 ; 中国との全面的な関与については, the U.S. Under-Secretary of Commerce Jeffrey Garten, quoted in "U.S. Policy is to Engage China, Says Commerce Undersecretary", *Straits Times*, 22 September 1995, p. 2 参照。

30) Department of the Air Force, "Global Engagement : A Vision for the 21st Century Air Force", mimeographed. November 1996.

31) Richard Lloyd Parry, "EU Fails to Block Burma's Entry to ASEAN", Reuters Economic Newswire, 14 February 1997.

32) 注 84) 参照。

33) "Sham Engagement", *Multinational Monitor* 15, no. 10 (November 1994) p. 5.

34) この用語は，日本の報道関係者により日米の対中関与政策を区別するために用いられている。
35) Carnes Lord and Gary J. Schmitt, "Strategic Engagement: Some Modest Proposals", Comparative Strategy 13, no. 3 (July-September 1994) p. 253.
36) Lake, "From Containment to Enlargement", p. 19.
37) "Destructive Engagement", *New Republic* 216 (10 March 1997) p. 9 ; "Destructive Engagement II", *New Republic* 216 (17 March 1997) p. 9.
38) *Ibid.*, p. A8.
39) Robert Zoellick, "China : What Engagement Should Mean", *National Interest*, Winter 1996/97, p. 13-22.
40) *Ibid.*, p. 15.
41) *Ibid.*, p. 16.
42) *Ibid.*
43) Prepared Statement of Admiral Joseph W. Prueher, U.S. Navy, Commander in Chief, United States Pacific Command, before the U.S. House of Representatives National Security Committee, LEXIS-NEXIS, 6 March 1997.
44) *Ibid.*
45) James Winnefeld et al., A New Strategy and Fewer Forces : *The Pacific Dimension*, R-4089/2 - USDP (Santa Monica : RAND Corporation, 1992), cited in Douglas T. Stuart and William S. Tow, *A U.S. Strategy for the Asia-Pacific*, Adelphi Paper No.299 (London : International Institute for Strategic Studies, 1995) p. 13.
46) Constantine C. Menges, "Sanctions'86 : How the State Department Prevailed", *National Interest* (Fall 1998), p.66.
47) Alex Thompson, "Incomplete Engagement", *Journal of Modern African Studies* 33, no. 1 (March 1995) p. 83.
48) Leszek Buszynski, "Thailand and Myanmar : The Perils of Constructive Engagement", *Pacific Review* 11, no. 2 (1998) pp. 290-305.
49) *Ibid.*, p.293.
50) *Ibid.*, p.294.

51) *Straits Times*, 23 July 1991, cited in Amitav Acharya, "Human Rights in Southeast Asia: Dilemmas for Foreign Policy", Eastern Asia Policy Paper No. 11, University of Toronto-York University Joint Centre for Asia Pacific Studies, Toronto, 1995, p. 16.
52) Paul Jacob et al., "ASEAN Prefers Soft Talk to Threats in Dealing with Yangon", *Straits Times*, 26 August 1992, p.27.
53) *Ibid*.
54) Unnamed ASEAN official quoted, *ibid*.
55) *Ibid*.
56) Acharya, "Human Rights in Southeast Asia", p.15.
57) de Castro, "Southeast Asia : Despite Its Weight, ASEAN Carries Burma".
58) Cited in Acharya, "Human Rights in Southeast Asia", p. 17.
59) "Engage with Us Too, Suu Kyi Tells ASEAN", *Asia Pulse*, 30 May 1997.
60) See for example, Kenneeth Lieberthal, "A New China Strategy", *Foreign Affairs* 74, no.6（November/December 1995）pp. 35−49, 47−49.
61) Felix Soh, "US Committed to Engaging China, Not Containing It", *Straits Times*, 15 February 1996, p. 1.
62) *Ibid*. 同様にスタンリー・ロス東アジア太平洋問題担当国務次官は, 中国政府に対し世界の国々と建設的な関与政策をとるように呼びかけた。
63) Audrey Kurth Cronin and Patrick Cronin, "The Realistic Engagement of China", Washington Quarterly 19, no.1（1995）pp. 141−69.
64) *Ibid*., p. 165.
65) *Ibid*., p.142.
66) *Ibid*., pp.159−60
67) *Ibid*., p.160.
68) *Ibid*., pp.161−63.
69) Shinn, ed., *Weaving the Net*, p.4.
70) *Ibid*., pp.4−5.

71) *Ibid.*, p.8.
72) *Ibid.*
73) *Ibid.*, p.9.
74) *Ibid.*
75) James A. Baker, Ⅲ, "Selective Engagement : Principles for American Foreign Policy in East Asia", Speech delivered at the International Human Genome Summit at the James A. Baker, Ⅲ, Institute for Public Policy, Rice University, Houston, Texas, 21 January 1994. The speech is reproduced in "Vital Speeches of the Day LX", no. 10 (1 March 19949) pp. 299-302.
76) *Ibid.*, p. 299.
77) *Ibid.*, p. 302.
78) *Ibid.*
79) *Ibid.*, pp.300-301.
80) Lawrence Korb, "Clinton's Foreign Policy Woes : A Way Out", *Brookings Review* 12, no.4 (Fall 1994) p. 3.
81) Joseph S. Nye "The Case for Deep Engagement", *Foreign Affairs*, July/August 1995, pp. 90-102.
82) *Ibid.*, pp.92-94.
83) *Ibid.*, p.96.
84) "Text of Letter From President Bush to the House of Representatives", Federal News Service, 2 march 1992.
85) *Ibid.*
86) ウィンストン・ロード元国務省東アジア太平洋問題担当次官の米国下院歳入委員会貿易部会における「中国の MFN に関する中間報告」1994 年 2 月 24 日の証言。*The U.S. Department of State Dispatch*, 7 March 1994.
87) *Ibid.*
88) *Ibid.*
89) Daniel Williams and Ann Devroy, "China's Disbelief of Rights Threat Sank Clinton Ploy", *Washington Post*, 28 May 1994, p. A1. MFN 待遇の延長が認められた直後,米国は外交官であるマイケル・アマコスト

を秘密裏に北京に派遣し，中国政府から譲歩を引き出そうとした。アマコストは，2人の著名な政治犯の釈放，囚人のリスト，政治的な理由でパスポートが封印されていた中国国民の出獄，囚人労働について協議すること，ボイス・オブ・アメリカに対する妨害電波等に関する約束を獲得した。

90) *Lord*, "Mid-Term Review".
91) Daniel Williams, "The Fits and Starts of U.S-China Ties ; Relations Face Another Test in Dispute over Copyright", *International Herald Tribune*, 14 February 1995.
92) *Ibid*., Lord, "Mid Term Review".
93) Johnston and Ross, "Engaging China", p. 6.
94) Wang Jisi, "U.S. China Policy : Containment or Engagement", *Beijing Review*, 21 October 1996, pp.6−9, 7.
95) *Ibid*.
96) 1989年12月のオーストラリアの地域安全保障に関するガレス・エバンス元外務貿易相の証言。この証言は Greg Fry, ed., *Australia's Regional Security* (North Sydney : Allen and Unwin, 1991), pp. 165−216に全文収載されている。
97) *Ibid*., 213 paras., pp.173−75.
98) *Ibid*., 214 para., p. 176. オーストラリアの包括的関与に関するコミットメントの分析については以下の文献参照。Peter king, "Australia and Southeast Asia : 'Comprehensive Engagemant' or Marriage of Covenieuce?", in *Peace Building in the Asia Pacific Region*, edited by Peter King and Yoich : Kibata (St Leonards, NSW : Allen and Unwin, 1996) pp. 126−36.
99) "Australia Outlines New Policy towards East Asia", Xinhua News Agency, 5 May 1995.
100) Ronald V. Dellums, "Preventive Engagement : Constructing Peace in a Post-Cold War World", *Harvard International Review* (Fall 1993) pp. 24−27.
101) *Ibid*., p. 25.
102) *Ibid*., p. 27.

強制外交
Coercive Diplomacy

　強制外交という用語は，抑止が失敗した後に特定の外交目標を達成するために限定的な武力を行使するか武力行使を示唆することを指して用いられる。アレクサンダー・ジョージ（Alexander George）によると，武力行使の脅威や限定的な武力行使により敵に「その目標遂行を一歩手前で思いとどまらせるか……止めさせる」ことを求める政治的な戦略である[1]。　強制外交は抑止（deterrence）とは異なる。抑止は，「敵がまだ始めていないことをしないように説得するため」にのみ武力の脅威を用いるものである。また，強制外交は「迅速かつ決定的な軍事戦略」とも異なる。バリー・ブレックマン（Barry Blechman）ならびにステファン・カプラン（Stephan Kaplan）は，「強制では，軍隊の部隊自身では目的を達成しない。目標は，対象となる主体が，武力行使の効果を認識することで達成される」[2]と説明している。

　『ポリティカル・サイエンス・クウォータリー』の記事のなかで，ブルース・ジェントルソン（Bruce Jentleson）は，レーガン政権時代に強制外交が用いられた事例を5つ挙げている。すなわち，1982年から84年の海兵隊のレバノンへの展開，86年のリビア爆撃に繋がった軍事的外交的圧力，87年から88年のクウェート石油タンカーの国旗置換（reflagging），ペルシャ湾における米国海軍の展開，80年代のアフガニスタンのムジャヒディーンに対する隠密支援ならびにニカラグアのコントラに対する支援である[3]。

強制外交は最近のアジア太平洋地域の事件でも用いられている。ウィリアム・ペリー（William Perry）元米国国防長官は，北朝鮮の核兵器計画を止めるべく米国が用いた「外交と防衛措置」の組み合わせは「強制外交」であったと述べている[4]。

中国問題の学者であるデービッド・シャムバー（David Shambaugh）は，1996年の台湾総統選挙前に行われた中国の軍事演習をさして強制外交であったと指摘している。すなわち，台湾周辺海域にミサイルを発射したことは「強制外交に訴えた」ものであったと記述している[5]。最近ではワシントンの国際戦略問題研究所（CSIS）の研究者であるジョン・ヒレン（John Hillen）は，中国が米国の核弾頭技術を獲得したことについて「中国の外交，特に強制外交に新たな複雑さの層」を重ねることになったと論じている[6]。最後に『ストレート・タイムス』の2000年2月の記事のなかで，パトリック・クローニン（Patrick Cronin）は，中国の台湾に関する白書の発表を中国の「台湾海峡をはさんだ強制外交の最新の行動」と指摘している[7]。

---

1) Alexander George, *The Limits of Coercive Diplomacy* (Boston : Little, Brown and Co., 1971) p. 18.
2) Barry Blechman and Stephen Kaplan, *Force without War : U.S. Armed Forces as a Political Instrument* (Washington, D.C.: Brookings Institution, 1978) p. 13.
3) Bruce W. Jentleson, "The Reagan Administration and Coercive Diplomacy : Restraining More than Remaking Government", *Political Science Quarterly* 106, no. 1 (Spring 1991) pp. 57–82.
4) William Perry, "Defense in an Age of Hope", *Foreign Affairs* 75, no. 6 (November/December 1996) pp. 64–79.
5) Tony Walker, "China's Uncomfortable Embrace", *Financial Times*, 6 February 1996, p. 15 に引用。
6) Bill Getz, "U.S. Missile Technology Gives China Advantage",

Washington Times, 10 March 1999, p. A1 に引用。

7) Patrick Cronin, "Seize the Moment", *Straits Times*, 25 February 2000, p. 68.

協調的安全保障
Co-operative Security

　協調的安全保障という概念は，冷戦終焉により東西対立構造が消失したことを受けて，協力による安全保障の促進という発想から提案され，ヨーロッパ，特に欧州安全保障協力機構（OSCE）において取り上げられた。しかし，アジア太平洋地域の安全保障で用いられている安全保障概念のなかで最も曖昧な用語の1つが，協調的安全保障である。この概念の語源は不明であり，この用語は地域で様々に異なった形で使われている。いろいろな学者や政府関係者がみずから協調的安全保障という用語の生みの親だと主張している。一方，総合安全保障と並んで協調的安全保障は，アジア太平洋地域で最もよく使われている安全保障概念である。

　アジア太平洋地域で，最も早く「協調的安全保障」に言及したものの1つが，1988年に開催された環太平洋地域シンポジウム（Pacific Basin Symposium）のタイトルである[1]。この場合は，「協調的安全保障（co-operative security）」は，「安全保障協力（security co-operation）」とほぼ同義語で用いられた（「協調的」と「安全保障」という表現が一緒に用いられても特に驚くには値しない）。また，「安全保障」と「協調」が一緒に用いられても，新しい解釈が示されたわけでもなく，安全保障の概念として協調的安全保障が，このシンポジウムで意識的に議論されたわけでもなかった。

　本格的に協調的安全保障を取り上げたのは，ブルッキングス研究所のジョン・スタインブルナー（John Steinbruner）の1988年の論

文であった[2]。スタインブルナーは，共通の安全保障とは区別して協調的安全保障という言葉をつくった[3]。スタインブルナーの研究では，ソ連と米国間の戦略的安定の必要性に焦点を絞り，論文はほとんどヨーロッパの安全保障を対象としたものであった。論文では協調的安全保障に概念としての光を当てるのではなく，戦略的安定を促進するための安全保障政策として示した。このなかでもっとも重要な点は，防衛的な軍事姿勢を強調している点である。他方，スタインブルナーは，米国が「長年にわたって協調的安全保障の抽象的な理念を推進してきた」[4]という興味深い主張をしている。スタインブルナーは，米国の学者や政府関係者との会議やワークショップを通じてこのアイデアを発展させ，92年には「協調的安全保障という新しい概念（*A New Concept of Cooperative Security*）」と題するモノグラフを発表した。しかし，米国のアジア太平洋地域を専門とする学者は，協調的安全保障をすぐには取り上げなかった[5]。

その代わり，カナダ政府主催の北太平洋協調的安全保障対話（North Pacific Cooperative Security Dialogue : NPCSD）が，早い段階でこの概念の中味を発展させる役割を果たした。NPCSDは，1990年から93年までカナダが中心になって開催したアジア太平洋地域におけるトラック・ツーの安全保障対話の1つであった。NPCSDには，アジア太平洋地域から学者や政府関係者が参加し，幅広い伝統的安全保障と非伝統的安全保障問題を議論した[6]。カナダの協調的安全保障の解釈は，ジョー・クラーク（Joe Clark）外務大臣から示され，冷戦終焉と新しい地域安全保障問題の複雑さを考慮した新しい概念をまとめる試みがなされた[7]（この解釈はブルッキングス研究所が後に発表した研究とはかなり異なるものであった）。この協調的安全保障の幅広い目的は，2極構造，抑止，勢力均衡に基づく冷戦時代の安全保障概念を多角的なプロセスによる「安心感を高める枠組み」によって置き換えようというものであり，これは「共通の安全保障」と目標を同じくするものでもあった。

協調的安全保障

　デュウイット（David Dewitt）とアチャリャ（Amitav Acharya）によると協調的安全保障の核心には3つの理念がある[8]。第1に参加者の面でも内容の面でも協調的安全保障には「包摂性（inclusivity）」が重要である。参加者の面では、考えを同じくするものと考えを異にするものの両方を含む。これは「政府の特徴や国家の国際的な位置づけ、その他の多国間フォーラムやプロセスへの忠誠度や国際問題についての立場に関係なく」参加させるというものである。また、協調的安全保障の考え方では、国家が世界政治の中心であることを受け入れているが、国家だけが主体であるとの前提には立っていない。この概念では、非国家主体である非政府組織（NGO）や企業、国際機構も安全保障の確保と強化に重要な役割を果たすとしている。

　さらに、デュウイットとアチャラは、包摂性は単に参加者の問題だけにとどまるものではないと強調する。協調的安全保障は、安全保障が対象とする課題についても包摂的でなければならない。総合安全保障、共通の安全保障と同様に、安全保障は狭い軍事的な意味のみに限定してはならず、むしろ環境劣化、人口問題、国際的な犯罪活動等国家関係を悪化させ、潜在的に紛争に至ることがありうる問題も幅広く含めて考えなければならない。

　第2に、協調的安全保障は、地域の主体間における「対話の習慣（habits of dialogue）」を重視する。国家は定期的な協議に参加するべきであり、協議の公式のプロセスをつくることの長期的なメリットが認知されれば理想的である。

　第3に協調的安全保障の名称が示すとおり、安全保障の現代的課題（例えば国際犯罪、環境劣化や疾病）は、一方的な措置にはなじまず、国家間や国家の「内部」における関連主体（アクター）間の協力を必要とする。

　協調的安全保障は、ガレス・エバンス（Gareth Evans）前オーストラリア外務大臣によっても用いられている。エバンスの安全保障概念への関心は、共通の安全保障から始まっており、これを基礎に、

失敗はしたものの,1990年にヘルシンキ・プロセスに相当するものをアジア太平洋地域に創設することを提案した[9]。しかしながら,93年にシンガポールで開催されたASEAN拡大外相会議の際には,エバンスは共通の安全保障の考え方をやめ,協調的安全保障の概念を使い始めた。カー(Pauline Kerr)やマック(Andrew Mack)は,協調的安全保障の概念は「エバンスの研究によって発展した」と主張し,93年の国連演説でエバンスは協調的安全保障を紹介したが,エバンスの用語の用い方は,NPCSDでの用い方や,ジョー・クラークやデービッド・デュウイットが考えた概念に極めて類似していた[10]。

エバンスは,1993年9月の国連総会の演説において協調的安全保障について次のように述べた。

> 抑止よりは安心感を高めることが強調されるアプローチである。排他的というよりは包摂的であり,単独行動主義や2国間主義よりは多国間主義を好み,非軍事的解決策より軍事的解決策を高く位置づけることはせず,国家は安全保障システムの主たる主体であることを前提とするが,非国家主体も重要な役割を担っていることを受け入れ,公式の安全保障体制をつくることを特に強調せず,しかしこれを拒否することもなく,とりわけ対話の習慣をつくることの価値を強調する[11]。

エバンスは協調的安全保障を概念的なハイブリッドであるとして,「『共通の安全保障』と『集団安全保障』のいずれか一方ではなく,両方を含むものであり,『総合安全保障』の多次元的な側面の一部も包含する」と論じている[12]。さらにオーストラリアの学者であるアンドリュー・マック(エバンスの著書 *Cooperating for Peace* の執筆に協力した)とポーリン・カーは「協調的安全保障の要素のなかで,国家レベルでは,共通の安全保障と予防外交が関連がある」と指摘

したが,公式のオーストラリアの政策のなかでも「いずれの概念も修辞学上の関心しか受けていない」と記述されていることが問題をいっそう複雑にしている[13]。

エバンスの 1993 年の著書 *Cooperating for Peace* は,多次元的なアプローチの重要性を強調し,経済の発展の遅れ,人口問題,環境劣化,国際犯罪や人権侵害等の要素も関心を払うに値する脅威だと位置づけている。*Cooperating for Peace* は,協調的安全保障の理想が包摂的な多国間協力であることを強調している。対話プロセスの創設,透明性,信頼醸成,そしてよりオーソドックスな軍事面での交流や公式制度の創設までのメカニズムが,協調的安全保障の目標を達成する手段であると論じている[14]。

オーストラリアとカナダの協調的安全保障の概念にはかなりの共通点があることは,その発生語源からみても驚くには値しない。しかし,エバンスの協調的安全保障概念は,カナダの学者や政府関係者の用いている概念とは,個人を安全保障の対象とするか否かという点において異なっている。アメリカの雑誌『フォーリン・ポリシー』へ寄稿した論文でエバンスは協調的安全保障を新たに生まれた「人間の安全保障 (human security)」の概念と結びつけている。エバンスは「安全保障は,……国家の領土の保全と同様に個人の保護の問題でもある」と論じている[15]。 ボールとカーは,「オーストラリア外務貿易省 (DFAT) が安全保障の概念によってどの程度導かれ,これに従っているかを評価するのは時に難しい」と記述しているが,エバンスの異なった概念やオーストラリア外務貿易省とより伝統的な立場をとるオーストラリア国防省との間には緊張関係が生まれる可能性があるとも指摘している[16]。

オーストラリアとカナダの協調的安全保障の概念は,共通の安全保障と重なる部分がかなりあるが,協調的安全保障の主唱者は協調的安全保障の方が多国間機構創設にあたってもより実践的で漸進的であると論じている。協調的安全保障は,幅広い安全保障問題に取

り組むにあたって公式,非公式,バイ,マルチの手段を組み合わせて用いることを可能にするものである。この側面は,協調的安全保障の概念が最初に提案されたときには,特に重要であった。なぜならば,協調的安全保障は,米国およびそのアジア太平洋地域の重要な同盟国にとっては2国間関係を基軸とする「ハブ・アンド・スポーク」のシステムと並行して多国間協力が進む道を切り開くことになったからである[17]。しかしながら,協調的安全保障が疑いもなく実践的で漸進的である一方,共通の安全保障との区別は,誇張されたきらいがあった。パルメ委員会(The Palme Commission)は,共通の安全保障について平和と軍縮を促進する「漸進的プロセス」と記述していた[18]。共通の安全保障に関する有数の学者であるジョフリー・ワイズマン(Geoffrey Wiseman)も「共通の安全保障は,長期的な実践的プロセスであり,究極的には考え方を変えることにより平和と軍縮に到達するものである」と述べている[19]。

協調的安全保障の推進者は,この概念が地域に「固有」のものであるという主張ができるときには,より強力な基盤に立っているといえる。地域の外から輸入された概念ではないといえるならば,「ヨーロッパ」の目標やアイデアをアジアの戦略的環境に押し付けようとするものだとみなされなくともすむ。ここでも人気がなかった(とみなされている)カナダとオーストラリアの1990年のCSCA提案と結びつけられた結果,協調的安全保障はイメージが悪くなったうえで共通の安全保障と対比されているきらいがある[20]。協調的安全保障が,アジア太平洋地域でより幅広く受け入れられている証左として,CSCAPの「総合安全保障と協調的安全保障検討ワーキング・グループ」という名称の設定を挙げることができる。ただしこのワーキング・グループの最近の刊行物は,総合安全保障に力点を置く傾向がある。

協調的安全保障の第3の解釈は,ジョン・スタインブルナーが最初に提示した概念を発展させて,ワシントンのブルッキングス研究

所の学者たちが示しているものである。ジェーン・ノーラン (Janne Nolan) が編集した書物 *Global Engagement* に収載されている論文で説明されている協調的安全保障の概念は、カナダやオーストラリアにおける概念と「安全保障の特徴が最近変化した」という点において共通している一方、新しい安全保障上の課題に対する米国のグローバル戦略を構築することに主眼がおかれている[21]。著者によると「協調的安全保障は、紛争が発生すると予想される場合の国家関係のモデルであるが、関係国は合意された規範や確立された手続きの範囲内で行動することが期待される」[22]。協調的安全保障は、集団安全保障とは「予防医学が救急治療と違うほどに異なっている。協調的安全保障は、組織的侵略が開始できないか、大規模な形では遂行できないことを確保するように設計されている」と論じている[23]。

実際には、ブルッキングス研究所の協調的安全保障システムの考え方は、「排他的な国家軍事目標として自国領土の防衛を相互に受け入れ、支援する」ことに基づいている。著者たちは、十分に発達した協調的安全保障システムは「展開している軍隊の規模、集中度、技術的な構成、オペレーションの方法等について適切な基準を設定し、実施するものである。その主要な目的は、抑止や封じ込めにかわり、安心感を高めることにある」[24]。著者たちが特に関心をもっているのは、大量破壊兵器や高度運搬システム等の兵器の拡散を制限するレジームや機構である。例えば、国際原子力機関 (IAEA) や核不拡散条約 (NPT)、ミサイル関連技術輸出規制 (MTCR) 等への言及が随所に見られる[25]。ブルッキングス研究所の協調的安全保障の概念は、軍備管理や信頼醸成措置等を用いて互いの安心感を高める目標を達成するという点において、パルメ委員会の共通の安全保障の概念に似ている。

Global Engagement のなかの「アジア太平洋における協調的安全保障」の章で、ハリー・ハーディング (Harry Harding) は、協調

的安全保障を軍事的な安全保障と非軍事的な安全保障の両方に対して微妙な概念として説明している[26]。ハーディングは，アジア太平洋地域の対話のメカニズムであるASEAN地域フォーラム（ARF）やアジア太平洋安全保障協力会議（CSCAP）等の創設を賞賛している。しかしながら，ハーディングの協調的安全保障の解釈は，重要な面でカナダやオーストラリアの学者や政府関係者とは異なっている。例えば，他の共同執筆者と同様にハーディングは，兵器，特に大量破壊兵器の拡散を制限する国際的なレジームにおけるアジアの役割が，地域のなかのもっとも緊急の課題の1つであると論じている。ハーディングは中国と北朝鮮に軍備管理体制の1つであるミサイル関連技術輸出規制（MTCR）や核不拡散条約（NPT）を遵守させることが，協調的安全保障を提唱するものにとって「重要な優先課題」であろうと主張している[27]。

同様に，トラック・ツーの安全保障対話が，広がることを支持し，ハーディングもARFに「匹敵するフォーラム」を北東アジアに創設することを提案している。そして，ハーディングは，このようなフォーラムは地域安全保障の「中核の問題」である「アジア太平洋地域に台頭しつつある軍拡競争」に関与すべきであると指摘している[28]。この解釈は，漸進的に地域安全保障対話を育成しようというカナダやオーストラリアの協調的安全保障の概念とは，はっきりと対照を成すものである[28]。また，カナダやオーストラリアは，機構づくりに対するハーディングの形式的なアプローチは，強調しない。この意味でカナダとオーストラリアの協調的安全保障の概念は，軍備管理問題を取り上げることに対する幅広い反感が存在するアジア太平洋地域の戦略的な文化に，より適合しているといえる[30]。

---

1) Dora Alves, ed., *Cooperative Security in the Pacific Basin : The 1988 Pacific Symposium* (Washington, D.C.: National Defense University Press, 1990).

2) John D. Steinbrunner, "The Prospect of Cooperative Security", *Brookings Review* (Winter 1988/89) pp. 53-62.
3) 2000年5月，著者との電子メールの通信に基づく。
4) Steinbrunner, "The Prospect of Cooperative Security", p. 53.
5) Ashton Carter, William J. Perry, and John D. Steinbrunner, *A New Concept of Cooperative Security* (Washington, D.C.: The Brookings Institution, 1992).
6) 北太平洋協力安全保障対話の活動に関する要約としては，David Dewitt and Paul M. Evans, eds., *The Agenda for Cooperative Security in the North Pacific : Conference Report* (Toronto : York University, NPCSD, July 1993) 参照。
7) David B. Dewitt, "Common, Comprehensive and Cooperative Security", *Pacific Review* 7, no.1 (1994): passim.
8) David B. Dewitt and Amitav Acharya, "Cooperative Security and Developmental Assistance : The Relationship between Security and Development with Reference to Eastern Asia", *East Asian Policy Papers*, No. 16, University of Toronto-York University Joint Centre for Asia Pacific Studies, Toronto, 1994, pp. 9-10.
9) Gareth Evans and Bruce Grant, *Australia's Foreign Relations in the World of the 1990s*, 2nd ed. (Melbourne: Melbourne University Press, 1995) pp. 79-81, 116-17.
10) Pauline Kerr and Andrew Mack, "The Future of Asia-Pacific Security Studies in Australia" *in Studying Asia pacific Security : The Future of Research, Training and Dialogue Activities*, edited by Paul M. Evans (Toronto: University of Toronto-York University Joint Centre for Asia Pacific Studies, 1994) p. 38. カーとマックによると「エバンスの概念は，カナダの概念とそれほど違わないが，集団安全保障と予防外交に力点をおいている。」p. 57, note 14. ローラーは，「協調的安全保障の概念はどこかに源泉があるということならば，オーストラリアよりはカナダであろう」と記述している。Peter Lawler, "The Core Assumptions and Presumptions of 'Cooperative Security" in *The New Agenda for Global Security : Cooperation for Peace and Beyond*, edited

by Stephanie Lawson (St Leonards, NSW : Allen & Unwin, 1995) pp. 39–57, 39 参照。

11) これを Andrew Mack, "Concepts of Security in the Post-Cold War World", Working Paper No.8, Department of International Relations, Australian National University, Canberra, 1993, p. 15 と Dewitt, "Common, Comprehensive and Cooperative Security", pp. 7–9 と比較するとデューイットが明らかに引用元になっている。その著書は、引用部分に脚注は付されていないが、文献リストには収載されている。Kerr and Mack, "The Future of Asia-Pacific Security Studies in Australia", p. 57, note 15 参照。

12) Gareth Evans, *Cooperating for Peace: The Global Agenda for the 1990s and Beyond* (St Leonards, NSW : Allen & Unwin, 1993) p. 16.

13) Kerr and Mack, "The Future of Asia-Pacific Security Studies in Australia", pp. 33–59, 38. 実際、マックによると「私の意見では概念は一度も明確には説明されていない……一方、他の国々とともに安全保障を確保するという考え方を用いながら、……一方で抑止の考え方も残されている。したがってオーストラリアは協力しようとしている国に対しても武装もしているということになる」。2000年6月15日、著者との電子メールの通信に基づく。

14) Evans, *Cooperating for Peace*, passim.

15) Gareth Evans, "Cooperative Security and Intrastate Conflict", *Foreign Policy*, No. 96 (Fall 1994) pp. 3–20.

16) Desmond Ball and Pauline Kerr, *Presumptive Engagement : Australia's Asia-Pacific Security Policy in the 1990s* (St Leonards, NSW : Allen & Unwin, 1996), p. 77.

17) 例えば、1992年にNPCSDに参加したカナダ政府関係者は「協調的安全保障概念を北太平洋に適用しようとすることは、伝統的な安全保障取極（集団および相互防衛取極は今後とも国家主権維持のためには中心的なものとして残るであろう）の代替策としようということではない。むしろすべての懸念事項を取り上げ、そのうえで多国間のアプローチを進めることができるという合意が成立する分野に焦点をあてようというものである」と説明している。Stewart

Henderson, "Canada and Asia Pacific Security : The North Pacific Cooperative Security Dialogue : Recent Trends", NPCSD Working Paper No. 1, York University, Toronto, 1992, p. 1 参照

18) Palme Commission, *The Report of the Independent Commission on Disarmament and Security Issues under the Chairmanship of Olof Palme-Common Security : A Blueprint for Survival* (New York : Simon & Schuster, 1982) p. xiii.

19) Geoffrey Wiseman, *Common Security and Non-Provocative Defence Alternative Approaches to the Security Dilemma* (Canberra : Peace Research Centre, Australian National University, 1989) p. 7.

20) 米国アラン・クランストン上院議員 (D-CA) も CSCE のアジア版を提案した。1991 年 10 月 30 日の上院外交委員会東アジア太平洋問題小委員会公聴会における「アジアにおける米国の安全保障政策」に関する証言参照。

21) *Ibid.*

22) *Ibid.*

23) *Ibid.*

24) *Ibid.*

25) 特に第 3 章と第 5 章参照。

26) Harry Harding, "Cooperative Security in the Asia-Pacific Region", in *Global Engagement*, edited by Nolan, pp. 419-46. ハーディングは，NPSCD の席上でデーヴィッド・デュウイットとポール・エバンスから協調的安全保障のアイデアを紹介された。

27) *Ibid.*, p. 427.

28) *Ibid.*, p. 443.

29) デーヴィッド・デュウイットは特にこの違いを強調している。"Common, Comprehensive and Cooperative Security" pp. 7, 14, note 34 参照。

30) The statement by Indonesian Foreign Minister Ali Alatas, "Alatas Denies Buildup Threat", *South China Morning Post*, Internet Edition, 〈www.scmp.com/news〉, 3 December 1997. 軍備管理に関する議論としては，Panitan Wattanayagorn and Desmond Ball, "A regional Arms

Race?", in *Journal of Strategic Studies* 18, no.3 (September 1995), Special Issue on "The Transformation of Security in the Asia/Pacific Region", edited by Desmond Ball, pp. 147-74 参照。

協調的自主主義
Concerted Unilateralism

　船橋洋一によると「協調的自主的措置（Concerted Unilateral Action : CUA）」の語源は，国際通貨基金（IMF）にあり，「大国がやりたいことをやる」という軽蔑的な意味をもっている[1]。しかし，アジア太平洋安全保障対話における協調的自主的措置の意味は，かなり違っている。この用語は，1994年のボゴールのAPEC非公式首脳会合に至る議論のなかで幅広く使われ，96年の大阪行動指針（the Osaka Action Agenda）で正式に導入されたものである。

　協調的自主的措置は，協調に参加する国々が共通の目標を設定するプロセスだが，これらの目標の達成にあたり，各国が一方的に自主的措置を決めるというものである。これらは，複雑かつ拘束力のある多角的な交渉プロセスを経た譲歩によるNAFTAやGATTのような経済自由化の方法とは，異なるものである。経済産業省においてAPECを担当した今野秀洋によると協調的自主的措置は，「同列の国々の圧力による貿易自由化の新しいタイプのプロセス」である[2]。

　実際の協調的自主的措置の例は，1984年のボゴールAPEC非公式首脳会合に至る貿易自由化の議論のなかに見出すことができる。APEC参加メンバーが自由化のスピードや調整の必要性やただ乗り防止のための見直しについて合意できず，議論が行き詰まった。その時の解決策になったのが，「協調的自主的措置」である。長期的な自由化達成目標日は，先進国は2010年，途上国は2020年と決定

されたが，貿易投資自由化政策のペースは，APEC参加国がそれぞれの国内経済および政治情勢にあわせて決定することになった。協調的自主的措置によって，目標自体も非拘束的になり，「希望」的なものとして設定された。これは「ASEAN方式」もしくは「アジア太平洋方式」(「ASEAN方式」参照) に沿ったものといえる[3]。この概念は一般的にいって米国よりもアジア諸国から強く支持された。米国は，個別に自由化計画を立てた場合の整合性について懸念を表明し，このプロセスは「長期的には実践的ではなく，欧州連合 (EU) に対する地域としての交渉能力を後退させることにもなりうる」と主張した。サンドラ・クリストフ (Sandra Kristoff) 米国大使は「協調的自主的措置 (CUA) のCとAは，説得力をもたずUだけが残ることになり，米国にとってはUだけではあまり価値がない」と述べた[4]。

札幌における高級事務レベル会合 (SOM) において，米国はAPECのなかの一方的な措置はAPECのなかでは必要だと認めるが，協調的自主的措置という用語には反対した。米国は，協調的自主的措置を「協調的個別行動 (concerted individual action)」とすることを主張した。後にCUAが「協調的自由化 (concerted liberalization)」に代わって用いられるようになったが，船橋洋一が指摘しているように，基本的な考え方は変わらなかった[5]。協調的自主的措置は，単に自由化を2つの路線に分けたものである。第1トラックは，基準の調和のような集団で取り扱える分野を対象とする。第2トラックは，規制緩和や関税の引き下げなど個別に自主的に行う分野を対象とする。この2つのトラック方式は，明示的に大阪行動指針に記述されている。

---

1) Yoichi Funabashi, *Asia Pacific Fusion : Japan's Role in APEC* (Washington, D.C.: Institute for International Economics, 1995), p. 98.
2) *Ibid.*, p. 96.

3) Amitav Acharya, "Idea, Identity, and Institution-Building : From the ASEAN Way to the Asia-Pacific Way?", *Pacific Review* 10, no. 3 (1997) p. 337.
4) *Straits Times*, 1 April 1995.
5) Funabashi, *Asia Pacific Fusion*, p. 98.

共通の安全保障
Common Security

　共通の安全保障は，少なくともその現代的な形では，冷戦時代のヨーロッパにおいて考案された。まず，1982年にスウェーデンのオロフ・パルメ（Olof Palme）首相が委員長を務めた「軍縮と安全保障問題に関する委員会」報告のなかで「共通の安全保障」が初めて詳細に規定された[1]。西ドイツのブラント（Willy Brandt）首相顧問であったエゴン・バール（Egon Bahr）委員が，この表現の生みの親は自分だと主張している[2]。ジョフリー・ワイズマン（Geoffrey Wiseman）によると「共通の安全保障は，超大国の軍拡競争を生み出し，軍備管理と軍縮を妨げ，通常兵器による紛争を続けさせた考え方を平和と軍縮に向かわせようという長い実践的なプロセスのために考案されたものである」[3]。

　パルメ委員会報告 "Common Security : A Blueprint for Survival" では共通の安全保障は，競争的なパワー・ポリティクスよりも協力によって安全保障を確保するという前提に立つとしている。同報告書は，共通の安全保障の6原則を打ち出している。すなわち，(1) すべての国は安全保障への正当な権利を有する。(2) 軍事力は，国家間の紛争を解決する正当な手段ではない。(3) 国家の政策を表現するには，抑制が必要である。(4) 安全保障は，軍事的優位によっては達成できない。(5) 兵器の削減と質的な制限が，共通の安全保障のためには必要であり，(6) 軍備管理交渉と政治的な出来事とのリンクは，避けなければならない[4]。

共通の安全保障

　また、パルメ委員会報告は、安全保障を一方的に達成できるゼロサム現象とみなすことを否定している。同報告書は、偶発的な戦争が一方の国の防衛準備が仮想の敵国によって攻撃を意図したものとみられる時や相互安全保障ジレンマの構図から発生しうることを認めている[5]。このようなシナリオを避けるために共通の安全保障は、潜在的な敵に対して安心感を与えることの重要性を強調している。パルメによると、「国家は、相手を犠牲にして安全保障を達成することはできない」。安全保障は「敵に対してではなく敵とともに」達成しなければならない。報告書はさらに「現在の抑止という手段を［共通の安全保障］に置換していなければならない」と述べている[6]。そして、パルメ委員会は、軍備管理、多国間協力ならびに国連の安全保障機能強化を訴えた。

　共通の安全保障は、東西の緊張を低減するための信頼醸成措置（CBMs）の発展と密接に関連があり、大規模軍事演習への双方のオブザーバーの参加、透明性の向上および情報交換が含まれる。あわせて、奇襲への恐怖感を低下させるという幅広い目的がある。しかしながら、概念の中核には一定の緊張がある。アンドリュー・マック（Andrew Mack）が指摘するように、共通の安全保障は、潜在的な敵の安心感を高めることによって「安全保障のジレンマ」を避けながら、侵略者を抑止しなければならない。抑止の必要性と安心感を高めることの適切なバランスを保つことは極めて難しい[7]。

　パルメ委員会は、「安全保障」を多次元的な概念と考えているが、最近の多くの共通の安全保障に関する文献ではこの点が見過ごされている[8]。パルメ委員会の報告は、安全保障は経済問題も軍事的な脅威もともに含めた幅広いものとして考えなければならないと示唆している。さらに報告書は共通の安全保障と共通の繁栄との関係を強調している。「安全保障は経済的な進歩と恐怖からの解放を必要としている」と宣言し、北と南のより公正な資源の配分も訴えている[9]。

アジア太平洋地域では、共通の安全保障はソ連のミハエル・ゴルバチョフ（Mikhail Gorbachev）書記長が、1986年ウラジオストックならびにクラスノヤルスクにおいて、ヘルシンキ・プロセス（CSCE）のアジア版（CSCA）を提案した時に最初に紹介された[10]。これらの提案は、米国やその同盟国からは、米国の海軍が優勢である北太平洋地域においてソ連が海軍軍縮をねらったものとして一蹴された[11]。

その後、このCSCA概念は、オーストラリアとカナダ政府によって再び提案された。エバンス（Gareth Evans）オーストラリア前外務大臣は、このアイデアをいくつかのスピーチで言及するとともに『インターナショナル・ヘラルド・トリビューン』にも「What Asia Needs is a Europe-Style CSCA（アジアが必要としているのはヨーロッパスタイルのCSCAか）」という見出しで寄稿した。この記事のなかでエバンスは、「旧敵国の間でのヨーロッパ式の協力パターンが、この地域（アジア太平洋地域）で生まれても不合理ではない」と明言している[12]。

エバンスの提案は、記事の見出しよりは慎重な内容であった。エバンスは、漸進的アプローチの必要性を認識し、CSCEの構造をそのままそっくり輸入するのではなく、「同様の機構的枠組み」をつくることを呼びかけた[13]。しかしながら、この提案は、アジア太平洋地域からの反発を受けた[14]。CSCA構想は（その支持者からは、アジア太平洋安全保障対話「APSD」と言及されたが）拒絶されたが、共通の安全保障概念には共鳴者もいた。1992年にナジブ・ツゥン・ラザク（Najib Tun Razak）マレーシア元国防大臣は、共通の安全保障の原則を支持して、「パルメ委員会の主たる懸念は核の対立であったが、これらの原則は非核の条件下でも同様に有効だと思う」と述べた[15]。

エバンスが、CSCAを提案したとほぼ同じ頃、ジョー・クラーク（Joe Clark）元カナダ外務大臣も共通の安全保障の言葉を用いて

「太平洋において対話機構をつくる時期がきた」と述べている。カナダ、日本、インドネシアにおける演説で、クラークは、CSCEの「太平洋版」をつくることを提唱している[16]。エバンス提案もカナダ提案もアメリカ、日本、そしてASEANから拒絶された。アジアの学者や政府関係者の共通の批判は、オーストラリアの提案もカナダの提案も不適切な「ヨーロッパ中心的」な安全保障モデルに基づいているというものであった[17]。

オーストラリアとカナダの外務大臣は、その後地域外から「輸入した」とみられることがなく、また、CSCAの呼びかけと連想されることがないという利点をもつ協調的安全保障概念(「協調的安全保障」の項目参照)を支持した。しかしながら、共通の安全保障の影響は、アジア太平洋地域で確立されている安全保障概念のなかに明らかに認められ、例えば地域の多国間安全保障枠組みにおける信頼醸成措置のような具体的なプロセスのなかにも認められる。

---

1) Palme Commission, *The Report of the Independent Commission on Disarmament and Security Issues under the Chairmanship of Olof Palme-Common Security : A Blueprint for Survival* (New York : Simon & Schuster, 1982).
2) バールは、1987年のオックスフォードにおける共通の安全保障に関する有数の学者と言われているジョフリー・ワイズマンとのインタビューにおいて共通の安全保障という用語を考え出したと主張した。Geoffrey Wiseman, *Common Security and Non-Provocative Defence : Alternative Approaches to the Security Dilemma* (Canberra : Peace Research Centre, Australian National University, 1989) p. 5, note 41 参照。
3) *Ibid*., p. 7.
4) *Common Security*, pp. 8-11.
5) 安全保障のジレンマのまとまった定義としては、John Herz, "Idealist Internationalism and the Security Dilemma", in *The Nation-*

State and the Crisis of World Politics, by John Herz (New York : David McKay, 1976) pp. 72‒73 参照。

6) *Common Security*, p. xiii

7) Andrew Mack, "Concepts of Security in the Post-Cold War World", Working Paper No. 8, Department of International Relations, Australian National University, Canberra, 1993, p. 9.

8) 例えば，マックは，「『共通の安全保障』政策は，安全保障を損なう原因として経済的・政治的・社会的な問題は取り扱わない。」と論じている。*Ibid.*, p. 8. 共通の安全保障では，経済の低開発からの圧力や資源や富の分配の悪さからストレスが国家間あるいは国内で発生することも視野に入れる。飢餓，栄養不良，貧困，大量の疾病が政治的な変化を求めることがあり，時には暴力的に変化が求められることもある。*Common Security*, p. 11, p. xv; Geoffrey Wiseman, "Common Security in the Asia-Pacific Region", *Pacific Review* 5, no. 1 (1992) pp. 42‒59, 43 参照。

9) *Common Security*, p. xvi.

10) ゴルバチョフのウラジオストック提案については，Ramesh Thakur and Carlyle A. Thayer, *The Soviet Union as an Asian Pacific Power: Implications of Gorbachev's 1986 Vladivostok Initiative* (Boulder : Westview Press 1987) 参照。ワイズマンは，ヨーロッパの文献を引用しつつ，オーストラリアとニュージーランドの平和運動の果たした役割と，「社会民主主義」政党が別の国防政策をとっていることを強調し，地域による違いを示している。Wiseman, "Common Security in the Asia-Pacific Region", p. 43.

11) Andrew Mack, "Why the Navy Hates Arms Control", *Pacific Research* (November 1989).

12) *International Herald Tribune*, 27 July 1990.

13) 『インターナショナル・ヘラルド・トリビューン』に記事が掲載された日にジャカルタで開催された ASEAN 拡大外相会議においてエバンスは，アジアにおいて「全く新しい機構」ができる可能性に言及した。Gareth Evan, "ASEAN's Past Success a Prelude to the Future", reproduced in Australian Department of Foreign Affairs and

Trade's *The Monthly Record*, July 1990, p. 430 参照。また，エバンスがブルース・グラントと共著で著した本のなかでエバンスは CSCA というアイデアは対話と相互の信頼醸成のプロセスの比喩として用いたものだと述べている。Gareth Evans and Bruce Grant, *Australia's Foreign Relations in the World of the 1990s*, 2nd ed. (Melbourne : Melbourne University Press, 1995), p. 117.

14) 例えば，インドネシアのアリ・アラタス前外務大臣，シンガポールのウオン・カン・セン外務大臣の発言参照。"ASEAN Wary of Pacific Security Plan", *Australian*, 8 October 1990, p. 8 ; 米国はこの提案に強く反対した。当時のジェームス・ベーカー国務長官からエバンス外務大臣に宛てた 1990 年 11 月 19 日の書簡の写しが漏れ，91 年のオーストラリアの新聞に掲載された。"Security, In Letter and Spirit", 『オーストラリアン・ファイナンシャル・レビュー』, 2 May 1991, p. 12.

15) Datuk Seri Mohammed Najib Taun Razak, Minister for Defence, Malaysia, "Regional Security : Towards Cooperative Security and Regional Stability", Speech at the Chief of the General Staff Conference, Darwin, Australia, 9 April 1992.

16) Joe Clark, "Canada and Asia Pacific in the 1990s", Speech at the Victoria Chamber of Commerce, Victoria, British Columbia, 17 July 1990 ; Speech at the Foreign Correspondents' Club of Japan, Tokyo 24 July 1990 ; Speech at the Indonesia-Canada Business Council and the Canada Business Association, Jakarta, 26 July 1990.

17) ヨーロッパ中心の 1980 年代末の共通の安全保障に関する議論については Kevin Clements, "Common Security in the Asia-Pacific : Problems and Prospects", Alternatives XIV (1989) pp. 49-76, 52-54 参照。

建設的介入
Constructive Intervention

　建設的介入とは，設立以来内政不干渉を原則としてきた東南アジア諸国連合（ASEAN）のなかで，必要に応じ，加盟国の内政にも干渉することを念頭に提案された概念である。

　1997年7月にカンボジアの連立政権が武力行使によって崩壊した後，アンワル・イブラヒム（Anwar Ibrahim）マレーシア元副首相は，ASEANに対し地域安全保障問題の解決についてより能動的な役割を果たすように呼びかけた[1]。『ニューズウィーク』の記事のなかでアンワルは，ASEANは問題が本格的な危機に発展する前に「建設的介入」と「建設的関与」を検討するように呼びかけた[2]。

　アンワルは，建設的関与の例として「選挙プロセスへの直接の支援，法律的・行政的改革へのコミットメントの拡大，人づくりと市民社会と法による支配の強化」をあげた。また，アンワルはカンボジアの自由で公正な選挙への関与やミャンマーの国家法秩序回復評議会（SLORC）政権への関与に対する前向きの姿勢を例にあげて，ASEANがすでに建設的介入のアプローチをとっていると指摘した[3]。アンワルのこの意見は，東南アジアで議論を呼び，特にASEANの伝統的な内政不干渉，不介入の原則と建設的介入の整合性をどのようにとるかが議論された[4]。

　『ニューズウィーク』誌の記事はかなりの議論をよんだが，「建設的介入」という用語は，新しいものではない。1983年に米国の元駐フィリピン大使であったウィリアム・H．サリバン（William H.

Sullivan)が『ニューヨーク・タイムズ』紙に寄せた記事のなかで，レーガン大統領にマニラへの訪問を進言したときに，フィリピンの平和で民主的な政治への移行を促す「建設的介入の好機」と説明したと記述している[5]。「建設的介入」は，国際政治でより確立された概念といえる「人道的介入」「平和構築」「建設的関与」等の考え方と共通する部分がある。ある報告では「建設的介入」を「建設的関与と制裁の妥協である」と論じている[6]。最近では，建設的介入の語源が，東南アジアにおけるトラック・ツーの安全保障対話や戦略研究関係者とつながりのある学者や政策分析家に繋がっているともみられている[7]。

アンワルが，東南アジアにおいて建設的介入の台頭に役割を果たしたといわれているが，アンワルは『ニューズウィーク』誌の取材以降，この概念の発展にはあまり貢献しなかった。むしろ，ピッワン・スリン（Pitsuwan Surin）タイ前外務大臣と次官であったスクンバンド・パリバトラ（Sukhumbhand Paribatra）が「建設的介入」の主唱者として知られるようになった。

1998年にクアラルンプールで開催されたアジア太平洋円卓会議において，スリンは，経済危機がアジア太平洋地域に経済と政治の基礎を再構築するユニークな機会を提供したと述べた。特にスリンはASEANに新しく加盟した諸国は，この危機を「グローバルに急速な変化が起きているなかでそれぞれの経済および政治の発展過程を再評価する好機」と考えうると述べた。スリンはさらに「ASEANが加盟国の内政へ干渉しないという長年の方針を再考する時期がきたのだろうか」とも問い，「ASEAN加盟国は単に不干渉というだけで加盟国で発生する事態に対して関わらない姿勢を貫き，なんらの判断も示さないということで済ませることはできなくなっているのかもしれない。……特に加盟国の国内で発生した事柄が他国の平和や繁栄などの国内情勢に悪影響を与えるという場合などである。ASEAN諸国が，国内問題にもより積極的な役割を果た

した方がよいこともある」[8]と述べた。さらにスリンは，1998年6月12日に母校であるタマサット大学における演説のなかで建設的介入の概念にふれ，「国内問題が地域の安定への脅威となる場合，友好的なアドバイスを適当な時期にすることは役に立つ」とも述べた[9]。

このスリンのコメントは，明らかに個人的なイニシャティブであった。クアラルンプールでの演説における建設的介入へ言及は，タイ外務省関係者に知らせずに挿入されたといわれている[10]。その後協議し，この用語の意味がさらに発展していった。

『ネーション』紙の報道によると，スリンは，1998年6月22日の外務省の局長会議において「建設的関与は，政府が開かれた社会，民主主義，人権を尊重しているタイでは必要である。……我々は自分たちに対して誠実でなければならない。ASEANの加盟国であることとASEANの内政不干渉の原則があるからといって，我々が尊重する考え方を発言できないということであってはならない」と述べた[11]。

その後まもなくタイの提案を表現する用語が変わった。タイ外務省関係者は建設的関与という表現が「過激すぎる」として，より受け入れやすい用語として「柔軟な関与（flexible engagement）」という表現を導入した[12]。バンコク駐在のASEAN各国の大使が懸念を表明し，ヤンゴンとビエンチャンに駐在していたタイの外交官が呼びもどされ，タイの政策について尋ねられた後，「建設的介入」という表現上の譲歩が行われた[13]。

「建設的介入」と「柔軟な関与」に関する議論は，1998年7月にマニラで開催された第31回ASEAN閣僚会議のときにピークになった。タイはこの問題を会議で取り上げようとしたが，マレーシアとシンガポールに反対された。この対立に解決策を提示したのがアリ・アラタス（Ali Alatas）インドネシア元外務大臣であった。アラタスは，内政不干渉の原則を変更することには強く反対しながら，

妥協の表現として「強化された協働（enhanced interaction）」なら受け入れ可能であると述べた。その後の会議の演説で介入の問題が取り上げられた。ジョゼフ・エストラーダ（Joseph Estrada）フィリピン前大統領は，開会式の演説でASEAN加盟国に対して「お互いに開放しよう」と述べ，そして「問題がいかに対立をはらんでいようとも自由かつ率直に意見を交換しよう」と述べた[14]。この会議におけるスリンの演説はかなりソフトになった。建設的介入あるいは柔軟な関与という表現は用いずに，変革を求めて次のように述べた。

> グローバル化した今日の世界では問題はますます複雑で多次元化しており，新しいビジョンが必要になっている。……これは他の国の内政に干渉するかどうかという問題ではない。むしろ地域に影響を与えるような問題についてお互いにもっとオープンになれるかどうかということである。お互いにより積極的に前もって懸念を取り上げ，必要なときにはお互いに助け合えるかどうかということである。全体の益のために協働を強化するかという問題である[15]。

ドミンゴ・シアゾン（Domingo Siazon）フィリピン元外務大臣は演説のなかで，「他国に影響を与えるような問題が発生した場合に，地域レベルで行動を起こす強固な基盤を構築するためにより自由に話し合うことができるようにしなければならない」[16]と述べた。

スリンもシアソンも柔軟や関与や建設的介入という用語は用いず，あまり対立的ではない形で提案したが，同じ会合で強い反対意見が表明された。アブドラ・バダウィ（Abdullah Badawi）マレーシア元外務大臣は，変化を呼びかけることは誤りだと主張してこの問題に演説のほとんどの時間を割いた。「コンセンサス原則を破棄することは，ASEANを分断することになり，結果的にASEANを弱体化させることになる」と主張した。しかし，バダウィは，ASEANの

伝統的な内政不干渉の原則は，懸念の表明の仕方の問題だとも論じた。バダウィは不干渉の規範が他の国の行動についてコメントすることを妨げたことはないとも述べた。同氏は，

> 我々は，意見を述べ，批判をし，必要ならば留保もしてきた。しかし，静かに行っているのであり，ASEANの友人は協力の絆で結ばれており，この関係を断ち切ることはASEANが地域全体としてうまく生きていくために重要な問題についての行動力を損なうことになる。我々は，声高に批判し，敵対姿勢をとり尊大に構えて批判することは成果が上がらず，百害あって一利なしと考えるから静かにやっているのである[17]。

さらに表現をひねって，バダウィは「マレーシアは建設的協働（constructive interaction）という方がより説得力があり，我々のなかでの変革も起こしやすいと信ずる」と結んだ[18]。ジャヤクマール（S. Jayakumar）シンガポール外務大臣も建設的介入問題について言及した。ジャクマールは，「不干渉はお互いがうまくいくことについて無関心ということではない。……国内の政治的な展開が，ASEAN全体を分裂させる遠心力をもつ可能性がある場合は，特に微妙な問題となる」と述べた。ジャクマールは，タイの建設的介入に関する提案を「ASEANを駄目にする確実で手っ取り早い方法」と呼んだ[19]。アラタス（Ali Alatas）インドネシア前外務大臣も直截に，アンワルとスリンのアプローチを，確立したASEANの政策と対比した。アラタスは，ある通信社に対して，建設的介入は「ASEANの政策ではない。ASEANは今後とも建設的関与という同じ政策をとる」と語った。さらにアラタスは「これ以上大きな問題にするな。これは単にアンワル・イブラヒム（Anwar Ibrahim）の意見であり，ASEANの意見ではない」[20]とも述べた。

アンワルの建設的介入と建設的関与の区別をする学者や政府関係

者もいる。『ストレーツ・タイムズ』のインタビューで，何人かのアジア太平洋地域の政治家や分析家が「介入」という言葉は強制された行動という意味があるので落とすべきだと語った[21]。これはアンワルのもともとの提案の意図と一致している。「介入」という言葉は用いたものの，アンワルの記事では深刻な国内危機に直面した政府が，ASEAN の隣国の手助けを要請するものとしている。また，アンワルは，そのような支援は軍事的な形態をとらず，むしろ政治的，経済的な支援になろうと示唆した[22]。

---

1) アンワルが，建設的介入を呼びかけたときには，アンワルはマハティール首相外遊中のため首相代行であった。
2) Anwar Ibrahim, "Crisis Prevention", *News Week*, 21 July 1997, p. 13.
3) *Ibid*.
4) ASEAN の不干渉原則との関係における建設的介入については，Amitav Acharya, "Sovereignty, Non-Intervention, and regionalism", CANCAPS Papier No. 15, Canadian Consortium on Asia Pacific Security (CANCAPS), York University, Toronto, 1997 参照。
5) William H. Sullivan, "Applying to Manila the Lesson of Teheran", *New York Times*, 3 October 1983, p. A23.
6) Oon Yeoh, "Myanmar a Test for ASEAN's 'Constructive Engagement'", Kyodo News Service, 26 July 1997.
7) アジア太平洋地域の学者によると　スクンバンド・パリバトラが初めてこの表現を用いた。Interview with Kusuma Snitwongse, Chulalongkorn University, Bangkok, 8 September 1998.
8) Surin Pitsuwan, "Currency Turmoil in Southeast Asia : The Strategic Impact", Speech delivered at the Twelfth Asia-Pacific Roundtable, Kuala Lumpur, Malaysia, 1 June 1998.
9) Surin Pitsuwan, "Thailand's Foreign Policy During the Economic and Social Crises", Keynote Address at the Seminar in Commemoration of the Forty-ninth Anniversary of the Faculty of Political Science,

Thammasat University Bangkok, 12 June 1998.
10) Interview with Kobsak Chutikul, Thai Foreign Ministry spokesman, Bangkok, 20 September 1998.
11) "Thailand Opposes ASEAN Non-Interference Policy", *Nation*, 23 June 1998.
12) Interview with Kobsak Chutikul, Thai Foreign Ministry spokesman, Bangkok, 20 September 1998 ; "Thais Retract Calls for ASEAN intervention", *Straits Times*, 27 June 1998.
13) Kavi Chongkittavorn, "Good Ideas Need Discreet Lobbying", *Nation*, 29 June 1998, p. A4.
14) Joseph Estrada, "Towards an ASEAN Community", Keynote Address at the Opening Ceremony of the Thirty-first ASEAN Ministerial Meeting, Manila, 24 July 1998.
15) Opening Statement by Surin Pitsuwan, Minister for Foreign Affairs of Thailand, at the Thirty-first ASEAN Ministerial Meeting, Manila, 24 July 1998.
16) Domingo Siazon, Jr., "Winning the Challenges of the 21st Century", Address of the Chairman of the Thirty-First ASEAN Ministerial Meeting, Manila, 24 July 1998.
17) Opening Statement of Abdullah Badawi, Minister for Foreign Affairs, Malaysia, at the Thirty-first ASEAN Ministerial Meeting, Manila, 24 July 1998.
18) *Ibid.*
19) Cited in "ASEAN Ministers Urge Making All Members Prosperous", Kyodo News Service, 28 July 1997.
20) "Indoneshia Says No to 'Constructive Intervention'", Kyodo News International, 4 August 1997.
21) Brendan Pereira, "Time for ASEAN to Play a More Active Role in Members' Affairs", *Straits Times*, 24 July 1997, p. 26.
22) Acharya, "Sovereignty, Non-Intervention, and Regionalism", p. 13 ; Kusuma Snitwongse, "Thirty Years of ASEAN : Achievements through Political Cooperation", *Pacific Review* 11, no. 2 (1998) p. 193.

集団安全保障
Collective Security

　集団安全保障は，グループの加盟国が攻撃を受けた場合に他の加盟国が自らへの攻撃とみなし，その防衛のために必要な措置をとるという概念である。集団的防衛体制の場合には，仮想敵国が予め特定されているのに対して，集団安全保障体制の場合には敵国は不特定である。しかし，集団安全保障と集団的防衛が混同されることが多い（「集団的防衛」の項目参照）。集団安全保障体制の具体的事例は，国際連合である。

　集団安全保障概念は，勢力均衡体制が失敗したと受け止められたこともあり，第1次世界大戦中及び直後に浮上した。集団安全保障を早い段階から主唱した人としてウッドロー・ウィルソン（Woodrow Wilson）が挙げられる。欧州における戦争の勃発を嘆き，1914年末にウィルソンは，「各国はお互いの領土保全のために結束しなければならない。いかなる国もこの結束を破るものは自らが戦争にまみえることになる。いわば自動的に処罰される」ようにしなければならないと決めた[1]。ウィルソンは，平和執行のための連盟を創設することを呼びかけ，自ら「諸国連合（an association of nations）」の創設を公に約束した[2]。1917年の有名なドイツに対する参戦を呼びかける米国上院における「勝利なき平和」と題した演説のなかで，ウッドロー・ウィルソン大統領は，欧州の平和を維持できなかった勢力均衡体制を「粗末な陰謀（crude machinations）」と一蹴した[3]。ウィルソンは，いったん戦争が終われば勢力均衡に

かわる「諸国共同体（community of power）」をつくるべく努力すると約束した[4]。これが後の集団安全保障の概念に発展し，失敗をする運命を辿ったが国際連盟の創設へと繋がっていった。

米国は，国際連盟への参加を拒否し，集団安全保障体制に背を向けたが，この概念はルーズベルト大統領の時代に再浮上した。1943年に国際連盟の後継となった国際連合の構想をつくった1人であるコーデル・ハル（Cordell Hull）は，国際的な集団安全保障の組織をつくることは「もはや影響力の勢力圏の拡大や勢力均衡，あるいは不幸な過去において特定の取極を結んで各国が自らの安全保障を守ろうとしたようなことが不要になる」と宣言した[5]。1945年のサンフランシスコ会議の後，アーサー・ヴァンデンバーグ（Arthur Vandenberg）上院議員は，国連憲章の批准を支持するとして「平和は，集団で確保するチャンスがあることを見過ごしてはならない……我々は，次の戦争ができれば始まる前に食い止める集団安全保障体制をもたねばならない。戦争がいったん始まれば速やかにこれを終わらせる集団安全保障体制をもたねばならない。組織としての忠告にもかかわらず戦争が始まれば，集団的行動で戦争に終止符を打たねばならない」と述べた[6]。

集団安全保障の基礎は，全員対1の構図である[7]。集団安全保障体制に参加する国家は，外交政策においてかなりの自主性をもちつつも，侵略者になりうる者に対しては連合を組んで対応することを約束する。集団安全保障体制の参加者に対する攻撃は，全参加国に対する攻撃とみなす。集団安全保障は「未知の犠牲者のかわりに未知の敵に対して潜在的かつ恒久的な同盟」を組むことであるとの表現もある[8]。イニス・クロード（Inis Claude）は，集団安全保障は「任意にそのパワーを使って既存の秩序を壊そうとする国に対してすべての国家が行動することにより，すべての国家の安全保障を守ろうとする」ものであるとしている[9]。集団安全保障体制の目的は，純粋に無秩序な環境のなかで勢力の「均衡」を図るよりも，より効

果的に侵略を抑止することである。集団安全保障の提唱者たちは，いかなる侵略者になりうる者も圧倒的な勢力の対抗に遭遇するために，時間の経過とともに武力を使うことの効用が下がることを知り，国際関係はより協力的になり，紛争が少なくなると主張している[10]。

集団安全保障体制は，クロードがいうところの「理想的な集団安全保障体制」から「協調を基礎とした取極」まで様々である[11]。「理想的な集団安全保障体制」は，世界中の国家がすべて参加し，すべての地域を網羅し，いつどこで侵略が行われようともこれに対応するというメンバーのコミットメントを法律的に拘束力がある形で成文化することである。このような体制は，明らかに国家間の共通利益が強いことが前提となる。実際には，この理想的な集団安全保障体制の要件を満たした組織はこれまでなかった。国際連盟と国連がこれに最も近いものであった[12]。協調に基づく体制は，この理想的な集団安全保障体制のスペクトラムの対極にあるものである。集団安全保障体制は全員対1ということを前提にしたものであるが，大国間の協調の参加国は，より制限されており大国が中心である。協調に参加する国は定期的に情勢を非公式に協議し，必要ならば集団的な行動を決定する。決定はコンセンサスに基づく。競争的なパワー・ポリティックスは完全には排除されないが，協調に基づく集団安全保障体制は，参加国が平和を維持したいという強い関心をもっており，影響力拡大を求める競争が実際の紛争になることを防止することを前提としている[13]。

チャールズ・クプチャン，クリフォード・クプチャンによると，集団安全保障体制が効果的に機能するためには，3つの前提条件がある。

第1に，どの1国も最強の連合軍も圧倒的な力を集結して集団安全保障体制を凌駕する力を有しないことである。換言すれば「体制内の国家は，全て集団的制裁に対して脆弱でなければならない」[14]。集団安全保障体制に参加する国家は，侵略者に進んで抵抗しなけれ

ばならない。

　第2に，すべての主要国は何が安定的で，かつ，受け入れられる国際秩序かということについて，基本的に共通の認識をもっていなければならない。実際上はケネス・トンプソン（Kenneth Thompson）が記述するように「集団安全保障体制がつくられたときの領土の現状を守るもの」でなければならない[15]。集団安全保障は，イデオロギー上の理由にせよ，勢力関連の理由にせよ，現状を変更したい国家が国際秩序を転覆しようとしている状況では機能しない。

　第3の関連条件は，主要国がケネス・トンプソンが言うところの「政治的連帯と道徳的社会」という価値観を最低限共有していなければならない[16]。そして，政策決定者は，国際体制についての共通のビジョンをもち，「政治的な結束を守り促す」努力が，ビジョンを実現するために必要であると信じていなければならない。さらに，国家のエリートは，他の国のエリートも相互安全保障と協力に同様の価値観を認めていると信じていなければならない[17]。

　集団安全保障の意味は，この数十年にわたってますます混乱し，不明確になってきている。最もよく知っている学者のなかにも集団安全保障を集団的自衛と同義に使っている人がいる（「集団的防衛」の項目参照）。イニス・クロードは，その著書 *Swords Into Plowshares* のなかで，この集団安全保障の「意味の堕落（semantic debasement）」を嘆き，「集団安全保障は，政治家や学者により，平和や秩序に繋がるとみるか，みなしたいと願うあらゆる多国間の活動を指す栄誉ある表現だ」と考えられていると指摘している[18]。クロードは，「集団安全保障システムは，もともと競合する同盟への反応として，同盟のかわりになるものを提供しようとして考案されたということを無視して」，「集団安全保障」というラベルが，同盟を指して用いられているのは，「特に運命のひねり」だったとしている[19]。

　もう1つ有名な集団安全保障と集団的自衛を比較した論文のなか

で,クロードは集団安全保障という表現の不正な濫用は,意図的な戦略の一部かもしれないと記述している。

> 米国の政治家が,この2つの表現を同義に用い,「集団安全保障」という用語を北大西洋条約(NATO)や東南アジア条約機構(SEATO)のような集団的自衛機構や韓国や中国との2国間軍事条約にも用いている理由がわかる。意識的か無意識にか,米国の政治家は,これらの取極をウッドロー・ウィルソンが戦争の主因として非難した「パワー・ポリティックス」的な手段として同盟に反対する人々に受け入れやすいようにしようとしている[20]。

このような濫用が広がっており,集団安全保障という確立された用語が本来の意味を失っている。

---

1) Richard N. Current, "The United States and Collective Security : Notes on the History of an idea", *Isolationism and Security*, edited by Alexander DeConde (Durham : Duke University Press, 19577) p. 36.
2) *Ibid.*, p. 37. 現代的な集団安全保障の議論については以下を参照。Marin David Dubin, "Toward the Concept of Collective Security : The Bryce Group's 'Proposals for the Avoidance of War' 1914-1917", *International Organization* 24, no. 2 (Spring 1970) pp. 288-318.
3) John Gerard Ruggie, "Contingencies, Constraints, and Collective Security : Perspectives on United Nations Involvement in International Disputes" *International Organization* 28, no. 3 (Summer 1974) pp. 493-520.
4) John Gerard Ruggie, "The Past as Prologue : Interests, Identity, and American Foreign Policy", *International Security 21,* no. 4 (Spring 1997) pp. 89-125,95 ; さらに詳細の議論については,以下を参照。John Gerard Ruggie, *Winning the Peace : America and World Order in*

the New Era (New York : Columbia University Press, 1996).

5) Alfred Vagt, "The Balance of Power : The Growth of an Idea", *World Politics* 1, no. 1 (October 1948) pp. 82-101, 82.

6) Kenneth W. Thompson, "Isolationism and Collective Security : the Uses and Limits of Tow Theories of International Relations", in *Isolationism and Security*, edited by DeConde, p. 172.

7) Charles A. Kupchan and Clifford A. Kupchan, "Concerts, Collective Security and the Future of Europe", *International Security* 16, no. 1 (Summer 1991) pp. 114-61.

8) John Gerard Ruggie paraphrasing Sir Arthur Salter, cited in Ruggie, "Multilateralism: The Anatomy of an Institution", *International Organization* 46, no. 3 (Summer 1992) p. 569.

9) Inis L. Claude, Jr., *Power and International Relations* (New York Random House, 1962), p. 110.

10) Kupchan and Kupchan, "Concerts, Collective Security", pp. 118, 125.

11) Claude, *Power and International relations*, pp. 110, 168.

12) Kupchan and Kupchan, "Concerts, Collective Security", pp. 120-23.

13) *Ibid.*, pp. 119-20.

14) *Ibid.*, p. 124. Thompson, "Isolationism and Collective Security", pp. 175-76 も参照。

15) Thompson, "Isolationism and Collective Security", p.175

16) Kenneth Thompson, "Collective Security Re-examined", *American Political Science Review* 47, no. 3 (September 1953) pp. 753-72, 758-62, cited in Kupchan and Kupchan, "Concerts, Collective Security", p. 124 ; see also Howard Johnson and Gerhart Niemeyer, "Collective Security : The Validity of an Ideal", *International Organization* 8 (February 1954) pp. 19-35.

17) Robert Jervis, "Security Regimes", *International Organization* 36, no. 2 (Spring 1982) pp. 173-94, 176-78, Kupchan and Kupchan, "Concerts, Collective Security", p. 125 に引用。

18) Inis L. Claude, Jr., *Swords into Plowshares : The Problems and Progress of International Organization* (New York : Random House, 1971) p.

247.

19) *Ibid.*

20) Claude, "Collective Defense versus Collective Security", p. 185. ラギーは，NATO は集団安全保障体制の「分断された一部分」を反映していると論じている。ラギーは，NATO は2つの多国間主義の原則を内包しており，同盟というよりも伝統的な集団安全保障体制により近いものになっていると指摘している。まず，NATO は「集団にとっての脅威が不可分であり，攻撃されるのがドイツであろうが英国であろうが，オランダであろうが，ノルウェーであろうが関係ない。また，理論的には誰から攻撃されようとも関係がない。また第2に必要条件は，無条件の集団による反撃である」と論じている。Ruggie, "Multilateralism : The Anatomy of an Institution", pp. 570-71 参照。 1954 年のマニラ協定までは SEATO は，加盟国からの侵略に対して「自動的な」反撃を要求していなかった。

集団的自衛
Collective Defence

　集団的防衛または集団的自衛（collective defence）は，歴史的に国家の安全保障政策の「自助（self-help）」に次ぐ最も重要な要素の1つである。端的に言うと，この概念は，国家が（実際上もしくは仮想）の敵からの脅威を阻止するために協力することに合意することを指す。このような協力は常に同盟関係，連合（coalition）または相互援助協定（pacts of mutual assisstance）の形式をとり，侵略者となるものを抑止することを目的としている。冷戦時代に最も知られていた集団的自衛取極は，北大西洋条約機構（NATO）とワルシャワ条約機構（WTO）であった。なお，「個別的または集団的自衛の固有の権利」は，国連憲章第51条において認知されている[1]。

　集団的自衛は，きわめて単純な概念であるが，実践上は集団安全保障（collective security）と往々にして混乱される。名称がよく似ているだけではなく，その内容についても共通の基盤がある。集団安全保障も集団的自衛も，他国が攻撃を受けた場合，支援することを約束する。いずれの場合も侵略された国は，自国の防衛力がその他の国々の力と支援で補完されることを期待する。しかしながら，この2つの概念の基本的な違いは，その敵の考え方にある。アーノルド・ウォルファース（Arnold Wolfers）によると集団的自衛取極の場合には，国家は「ある特定国または一連の国々を，主たる実際上もしくは仮想上の敵である」とみなし，そこから生まれる国家の安全保障の脅威を防止しようとして協定に参加する[2]。これに対して

集団安全保障取極は,「同盟国,友邦国を含むいかなる国でも侵略行為を行った場合」発動されるものである[3]。換言すれば,集団的自衛は,ある特定の外的な敵に対するものであるのに対し,集団安全保障は,グループ内も含めて誰から攻撃されようとも侵略または侵略の脅威に対してその集団に参加している全員で立ち向かおうというものである。

アジア太平洋地域における一連の集団的自衛取極は,第2次世界大戦後から始まった。米国は,戦前の孤立主義では戦争を回避することができなかったことから,孤立主義には戻らなかった。むしろ米国は国連の創設に代表される集団安全保障に熱意を示した後,共産主義の拡張を封じ込めるための集団的自衛構造の構築を手がけた。1947年3月に打ち出されたいわゆるトルーマン・ドクトリンは,米国が外的な侵略や武装した少数の国家からの脅威に対決すべく,友邦国を支援することを約束したものであった。49年には北大西洋条約機構(NATO)が創設され,西欧において集団的自衛体制が整った。このNATOが後に米国を中心とするアジアや太平洋を含む多角的防衛取極の原型となった。

米国とアジアの非共産主義国の集団的自衛機構の基礎は,1951年9月に生まれた「サンフランシスコ体制」であり[4],この時米国は日本と相互安全保障条約を,フィリピンと相互防衛条約,オーストラリア,ニュージーランドとANZUS条約を締結した。54年のインドシナ問題に関するジュネーヴ会議においてジョン・フォスター・ダレス(John Foster Dulles)国務長官は,フィリピン,オーストラリア,ニュージーランドとの集団的自衛条約は「地域のより包括的な集団安全保障体制をつくるための最初の一歩にすぎない」と演説した[5]。米国は,韓国(1953年),台湾(1954年締結,79年破棄),タイ(1962年 ラスク・タナットの間で合意したコミュニケに基づき)と2国間の同盟条約を締結し,同盟ネットワークを拡大していった。さらに54年には東南アジア集団防衛条約(マニラ条約)を

結び,さらに多角的な東南アジア条約機構(SEATO)が創設されることに繋がっていったが,SEATO は呪われた運命を甘受する結果となった[6]。

SEATO は,アジア太平洋地域の集団的自衛条約であった。加盟国は,米国,オーストラリア,ニュージーランド,英国,フランス,パキスタン,フィリピンおよびタイであった。しかし,SEATO は成果を上げることができないままに,1977 年に正式に解体された。もうひとつの多国間同盟として ANZUS 条約が,米国,オーストラリア,ニュージーランドの間で締結されたが,86 年 8 月に米国はニュージーランドが核搭載,もしくは核燃料で航海する船舶の寄港を禁止したことに抗議して,ANZUS 条約の効力を停止したためにトラブルに陥っている[7]。しかしながら,多角的取極としての SEATO や ANZUS は,アジア太平洋地域では例外的である。アジア太平洋地域における集団的自衛体制は,2 国間の形のものであり,米国はオーストラリア,日本,韓国,フィリピン,タイとの正式の 2 国間防衛関係を維持し続けている。冷戦中は,米国とアジアをつないだこれらの協定は,車輪に喩えられ多くのスポーク(車軸)のハブが米国であるとして,「ハブ・アンド・スポーク体制」といわれてきた[8]。

これらの協定の共通目標は,アジアの多くの国々を米国との同盟関係にし,特定の敵の攻撃を抑止し,封じ込めることであった。この敵とは「共産圏」であり,米国とその同盟国による集団的自衛体制は,ソ連,中国,北朝鮮,北ベトナム(後にベトナム社会主義共和国)に対するものであったが,成果の上がったものもあまり成功しなかったものもまちまちであった。しかしながら,共産主義の脅威のみが集団的自衛体制構築への触媒ではなかった。例えば 1951 年に締結された ANZUS 条約は,オーストラリアとニュージーランドが日本の再台頭を恐れたために設けられたと言われている[9]。

旧共産主義国も集団的自衛体制および同盟関係を維持してきた。

ソ連と中国は1950年に相互防衛条約に調印し、これは60年に中ソ関係に亀裂が入るまで続いた。ソ連は、ベトナムやモンゴルとともに正式の同盟関係を維持した。

冷戦の終焉は、2国間の集団的自衛取極の必要性に対する疑問を醸し出したものの[10] 多くの国々にとって集団的自衛協定は依然魅力をもち続けている。米国は、韓国、日本、オーストラリアや東南アジア諸国と2国間の軍事関係を継続している[11]。さらに1995年12月18日にはオーストラリアとインドネシアが極秘裏に交渉し、「安全保障維持協定(Agreement on Maintaining Security)」に調印している[12]。とりわけこの協定の第2条において「両国の一方の、または共通の安全保障上の利益が脅かされる場合には協議し、適切な場合には個別にまたは共同でそれぞれの当事者の所有する兵力に応じた手段を検討する」ことを約束している[13]。このオーストラリア・インドネシア安全保障維持協定で用いられている表現は、驚くほどANZUS条約の表現に類似しており、名称は異なるが実質的にこの安全保障維持協定は集団的自衛の範疇に入るものである[14]。しかしながら東ティモールが危機に陥ったことをめぐって両国の関係が悪化し、インドネシア政府はこの協定を停止している[15]。

---

1) 国連憲章の条文については、以下参照。Inis L. Claude, Jr., *Sords into Plowshares : The Problems and Progress of International Organization* (New York : Random House, 1971) pp. 463–94.
2) Arnold Wolfers, "Collective Defence Versus Collective Security," in *Discord and Collaboration : Essays on International Politics*, edited by Arnold Wolfers (Baltimore : Johns Hopkins Press, 1962) p. 183.
3) *Ibid.*
4) Douglas T. Stuart and William S. Tow, *A U.S. Strategy for the Asia-Pacific*, Adelphi Paper No. 299 (London : International Institute for Strategic Studies, 1995) p. 4.

5) ジュネーブ会議におけるジョン・フォスター・ダレス国務長官の挨拶。Robert L. Branyan and Lawrence H. Larsen, *The Eisenhower Administration : 1953–1961–A Documentary History*, vol. 1（New York : Random House, 1971）pp. 336–43, 336 に収載。

6) 条約の条文は, *American Foreign Policy 1950–55*, vol. 1, Parts I-IX（Washington, D.C.: Department of State, 1957）に収載。

7) ANZUS の議論の様々な側面については, Jacob Bercovitch, ed., *ANZUS in Crisis : Alliance Management in International* Affairs（London : Macmillan, 1988）参照。

8) 1992 年の *Foreign Affairs* 誌の記事のなかで, ベーカー元国務長官はアジアにおける米国の安全保障政策を説明するのに扇の比喩をやや違う意味で用いた。ベーカーによると扇の要に北米があり, 西の太平洋に向かって広がっている。米国の主要同盟国（日本, 韓国, フィリピン, タイそしてオーストラリア）が扇の 1 つ 1 つの梁（spoke）になっている。梁を結んでいるのが「アジア太平洋経済協力（APEC）プロセスによって形となった共有している経済便益という布」であると記述している。James A. Baker III, "America in Asia : Emerging Architecture for a Pacific Community", *Foreign Affairs* 70, no. 5.（Winter 1991–92）pp. 4–5 参照。

9) ANZUS 条約の発案者としてのアメリカの役割を強調したものとしては David MacLean, "ANZUS Origin: A Reassessment", *Australian Historical Studies* 24, no. 94（April 1990）pp. 64–82 参照

10) 中国は, 特に域内の同盟に対して批判的であり,「冷戦思考」のアナクロ的残滓としている。Chinese Vice-Foreign Minister Chen Jian cited in Mary Kwang, "ARF Talks End with No Consensus on Bilateral Alliances", Japan Economic Newswire, 10 March 1997.

11) Jacqueline Rees and Nigel Holloway, "Cold Comfort", *Far Eastern Economic Review*, 8 August 1996, p. 18.

12) オーストラリア政府とインドネシアの安全保障維持協定については, Desmond Ball and Pauline Kerr, *Presumptive Engagement : Australia's Asia-Pacific Security Policy in the* 1990s（St Leonards, NSW : Allen & Unwin, 1996）, Appendix 5, pp. 143–44 参照。本協定のルーツについ

ては, Rizal Sukma, "Indonesia's *Bebas-Aktif* Foreign Policy and the 'Security Agreement' with Australia", *Australian Journal of International Affairs* 51, no. 2 (July 1997) pp. 231-49 参照。協定の分析と ARF への意味については, Michael Leifer, *The ASEAN Regional Forum : Extending ASEAN's Model of Regional Security*, Adelphi Paper No. 302 (London : International Institute of Strategic Studies, 1996) pp. 50-51 参照。

13) Ball and Kerr, *Presumptive Engagement*, p. 144.
14) インドネシアのアリ・アラタス外務大臣は協定について,「これは防衛協力ではない。これは安全保障協力である。これには違いがある」と述べた。John McBeth, Michael Vatikiotis, and Jacqueline Rees, "Personal Pact", *Far Eastern Economic Review*, 28 December 1995, pp. 18-19, and 4 January 1996, p. 18.
15) Chua Lee Hoong, "Can the U.N. Finish What It has begun? ", *Straits Times*, 18 September 1999.

柔軟なコンセンサス
Flexible Consensus

　コンセンサスは，多国間主義に対する「ASEAN 方式」や「アジア太平洋方式」の中核的な要素とされている。アジア太平洋地域におけるコンセンサスの概念には，メンバーの満場一致を必要としないという特別の解釈がある。これを「柔軟なコンセンサス」と呼ぶ。「柔軟なコンセンサス」という表現は，1994 年にボゴールで開催された APEC 非公式首脳会議の際にインドネシアのスハルト大統領（Soeharto）によって導入されたという意見もある[1]。また，95 年 11 月に大阪に開催された APEC 非公式首脳会議に先立つパシフィック・ビジネス・フォーラムの作業の過程で生まれたという説もある[2]。いずれの意見も柔軟なコンセンサスは，満場一致の支持によるのではなく幅広い支持によって成立するという点で一致している。具体的な措置について幅広い支持がある場合，反対する参加者の声は，その提案が最も基本的な利益を損なわないかぎり，斟酌するにとどめるという考え方である。

　船橋洋一によると，ボゴール宣言においてインドネシアは，2020 年までにアジア太平洋諸国がすべて貿易を自由化することを提案した。マレーシアがこの提案に反対し，拘束的な時間枠に従うことを拒絶した。インドネシアは，この問題を解決するために満場一致とコンセンサスを慎重に使い分けて，コンセンサスの概念を提示した。マレーシアは，時間枠を公式には認めなかったが，2020 年という目標年は，その基本的な利益を脅かすものではなかった。したがっ

て，マレーシアは，後からAPECの貿易自由化目標年はあくまで「示唆的」であり，「非拘束的」であると発表したが，目標年を達成するべく必要な関税引き下げの計画を既に立てていた[3]。パシフィック・ビジネス・フォーラムの定義では，柔軟なコンセンサスは「前進する用意があるメンバーは進み，まだ準備ができていないメンバーは後から参加する」ことを許すことを意味する。このようなプロセスは，APEC参加国の間の「相互尊重」を促進する[4]（協調的自主的措置への関連も明白である）。このような柔軟なコンセンサス方式は，メンバーのなかで基本的なあるいは深い意見の齟齬がないときにのみ機能する[5]。

しかしながら，柔軟なコンセンサスは，実践において問題が発生する。弱点の1つが曖昧さである。船橋が指摘しているように，オーストラリアはチリのAPEC加盟に反対したとき，チリの加盟についてはコンセンサスがないと他のメンバーと共に発言した。これに対してラフィーダ・アジズ（Rafidah Aziz）マレーシア貿易産業大臣は，「チリの加盟については反対するコンセンサスがなかったのだ」と答えた[6]。船橋は「『コンセンサス』についてAPEC諸国のなかで明確な定義がない。ましてや『柔軟なコンセンサス』についても定義はない」と結論づけている[7]。アリステール・イアン・ジョンストン（Alistair Iain Johnston）は，柔軟なコンセンサス方式は主要な役割を議長に与えるものであるとしている。コンセンサスが成立したか否かを決めるのは議長であり，したがって，議長が全参加者から正当な人物とみなされることが重要である[8]。

柔軟なコンセンサスは，ASEANの「10-X原則」を説明するのにも用いられている。これは1ヵ国以上が他のメンバーの立場に賛同しない場合に使われるコンセンサスの概念である。この場合多数を占める10ヵ国は，新しい方針が反対する国々の基本的な利益を脅かさないかぎり進めてもよいというものである。一般的な原則として，このような柔軟なコンセンサスは，根本的な政治や安全保障問

題には適用されない,またハジ・ソエサストロ（Hadi Soesastro）によると「AFTAには適用されない」[9]。

---

1) Yoichi Funabashi, *Asia Pacific Fusion* : Japan's Role in APEC (Washington, D.C.: Institute for International Economics, 1995) p. 146.
2) Amitav Acharya, "Ideas, Identity, and Institution-Building: From the ASEAN Way to the Asia-Pacific Way?", *Pacific Review* 10, no.3 (1997) p. 337.
3) Funabashi, *Asia Pacific Fusion*, pp. 146–47.
4) *The Osaka Action Plan: Roadmap to Realizing the APEC Vision*, Report of the Pacific Business Forum 1995 (Singapore : APEC Secretariat, 1995) p. 10.
5) ヨーロッパ諸機関では「variable geometry」という表現が,類似のものに用いられている。Gerald Segal, "Overcoming the ASEMetries of Asia and Europe", *Asia Times* (Bangkok), 19 November 1996 参照。
6) Quoted in Funabashi, *Asia Pacific Fusion*, p. 147. Emphasis added.
7) *Ibid.*
8) Alastair Iain Johnston, "The Myth of the ASEAN Way? Explaining the Evolution of the ASEAN Regional Forum", in *Imperfect Unions: Security Institutions Over Time and Space*, by Helga Haftendorn, Robert O. Keohane, and Celeste A. Wallander (New York : Oxford University Press, 1999) p. 299.
9) Hadi Soesastro, "Challenges to AFTA in the 21st Century", in *One Southeast Asia In a New Regional and International Setting*, edited by Soesastro (Jakarta : Centre for Strategic and International Studies, 1997) p. 87.

信頼安全保障醸成措置
Confidence-and Security-Building Measures

　信頼安全保障醸成措置（CSBMs）の目的が，不確実性，誤解や疑念などを減少させ，武力紛争の可能性を低減することにあるという点では幅広い合意があるが，信頼安全保障醸成措置に何が含まれるかについては，共通に受け入れられている定義がない。さらに混乱の度合を深めているのは，信頼醸成措置（CBMs）やその他の表現と互換的に使われていることである。例えば，CSCAPの報告では信頼安全保障醸成措置は「信頼感醸成措置（TBMs），相互に安心感を高める措置，相互に更に安心感を高める措置，共同体構築措置やその他の信頼醸成を求める提案の精神と意図」[1]を包含するものであると記述されている。現在，公式に信頼安全保障措置という表現が用いられているのは，下記に述べるように欧州安全保障協力機構（OSCE）においてである。

　信頼醸成措置と同様に信頼安全保障醸成措置の語源は，冷戦時代の欧州にある。「信頼醸成措置」が最初に1975年のヘルシンキ最終合意文書に繋がった交渉のなかで用いられた。83年にマドリッドで開催されたCSCEのヘルシンキ・プロセス・フォローアップ会合では，欧州軍縮会議（CDE）の開催が議論されたが，その際の総括文書のなかで「信頼安全保障醸成措置（CSBMs）」という用語がはじめて用いられた。ビクター・イブ・ゲバリ（Victor-Yves Ghebali）によると，この用語の語源は，ユーゴスラビアが軍事問題に関する非公式討議の時に提出した提案のなかにある[2]。この提

案は,「安全保障醸成措置」を別の概念として「信頼醸成措置」に追加するというものであった。しかしながら,この提案は西側には受け入れられないものであったので,最終的にはこれを一緒にしてマドリッド・プロセスで設定された新しい措置を表現するものとして「信頼安全保障醸成措置」という用語が使われることが,決定された。これらの措置はヘルシンキ・プロセスで合意された信頼醸成措置とは対照的に,信頼と安全保障が互いに独立したものではなく,相互補完的なものとして考えられた[3]。

ラルフ・カッサ（Ralph Cossa）によると信頼安全保障醸成措置の定義は,「大変狭義の（ほとんど排他的に軍事的措置だけをみる）ものから信頼を醸成するものならほとんどなんでも網羅する広義解釈まで」様々である。ASEAN 自身は,「古典的な」信頼安全保障醸成措置であると記述されている[4]。CSCAP の信頼安全保障醸成措置に関するワーキング・グループでは,信頼安全保障醸成措置について「公式,非公式の措置で,一方的,2 国間,多国間に関わりなく,軍事的政治的要素を含めた国家間の不確実性を取り上げ,防止,解決しようとする措置」という定義が,好ましいとされている[5]。信頼安全保障醸成措置に関する 1995 年の米国のペーパーは,ほぼ同じ表現で信頼安全保障醸成措置について記述したうえで,「安全保障共同体を構築するための長期的な作業に関係した軍事的および政治的要素を含む」ものと付言している。米国の報告書は,信頼安全保障醸成措置を国家間の信頼と安全保障を生み出すことのできる他の関係とははっきり区別し,「同盟や安全保障の保証など……は信頼安全保障醸成措置」とは定義できないと述べている[6]。

信頼安全保障醸成措置が,アジア太平洋地域でうまく機能するためには,満たされなければならない要件がいくつかある。まず,信頼安全保障醸成措置では,参加者が協力したいと思うことが必要である。すなわち,地域のアクター（主体）の間で信頼安全保障醸成措置に参加することのメリットが,リスクやデメリットよりも大き

いという信念を共有することが必要である。次に信頼安全保障醸成措置は，地域の規範によって導かれることが最も効果的である。1つの概念が単に世界の他の地域からパラシュートで別の地域に降下するわけにはいかない。信頼安全保障措置は，地域の地政学的な環境と戦略的な文化に合っていなければならない。アジア太平洋地域が，多様性に富んでいることから，学者のなかには信頼安全保障醸成措置に対して準地域（サブ・リージョン）に適用した方が成果が上がるという意見もある。第3に，軍事的な信頼安全保障措置について合意が成立するためには，現実的かつ実践的ではっきり定義された目的が必要である。最後にあまり野心的な目的であってはならず，漸進的な非公式のアプローチがコンセンサスを形成するうえで成功率が高いようであるという意見が大勢を占めている[7]。

---

1) Ralph A. Cossa, "Asia Pacific Confidence and Security Building Measures : A CSCAP Working Group Report", Paper presented at the Ninth Asia-Pacific Roundtable, Plenary Session Four, Kuala Lumpur, 5 – 8 June 1995, p. 7.
2) Victor-Yves Ghebali, *Confidence-Building Measures within the CSCE Process: Paragraph-by-Paragraph Analysis of the Helsinki and Stockholm Regimes* (New York: UNIDIR, 1989) p. 28.
3) *Ibid.*, p. 30.
4) Cossa, "Asia Pacific Confidence and Security Building Measures", pp. 6–7.
5) *Ibid.*, p. 6.
6) Brad Roberts and Robert Ross, "Confidence and Security Building Measures : A US CSCAP Task Force Report", *Asia Pacific Confidence and Security Building Measures*, edited by Ralph A. Cossa (Washington, D.C.: Center for Strategic and International Studies, 1995) p. 138.
7) *Ibid.*, pp. 7–11 ; Liu Huaquin, "Step-by-Step Confidence and Security

Building for the Asian Region : A Chinese Perspective", in *Asia Pacific Confidence and Security Building Measures*, edited by Cossa, pp. 124–25.

信頼感醸成措置
Trust-Building Measures（TBMs）

　信頼感醸成措置（TBMs）は，信頼醸成措置（CBMs）と信頼安全保障醸成措置（CSBMs）に関連した概念である。信頼感醸成措置（TBMs）自体は新しい用語ではなく，中東に関するキャンプ・デービッド・プロセスのなかでも用いられたものである。学者のなかには，信頼醸成措置（CBMs）あるいは信頼安全保障醸成措置（CSBMs）に代わって，アジア太平洋に一層固有な概念として信頼感醸成措置を提案する向きもある[1]。

　信頼感醸成措置は，1994年11月にキャンベラで開催された第1回ASEAN地域フォーラム（ARF）インターセッショナル・セミナーのテーマとして取り上げられた。この用語は，同セミナーの議長を務めたポール・ディブ（Paul Dibb）オーストラリア国立大学戦略問題研究所所長によって使われた。ディブによると，アジア太平洋において「対話および政治的な信頼が，安全保障措置を講ずるのに必要な前提となる」[2]。ディブは，信頼感醸成措置に軍事的，非軍事的措置も含んで考えている。ディブは，「多国間安全保障対話自体が，最も重要な地域的信頼感醸成措置である」と述べている[3]。

　ディブは，ARFとARF高級事務レベル会合（SOM）が議論した具体的な信頼感醸成措置は，情報共有を対象とした措置と規制を対象としたものの2つに分けられると示唆している[4]。さらにディブは，この2つの信頼感醸成措置を3つのバスケットに分けて論じている。第1バスケットに入る措置は，戦略概観についての意見交換，

軍関係者の接触,軍事演習への自主的なオブザーバー派遣,国連通常兵器移転登録への参加などである。これらの信頼感醸成措置は,合意が「比較的成立しやすい」はずである。第2バスケットは,地域の武器移転登録制度,地域安全保障研究センターの設立,防衛白書の出版,海上情報データベースの構築などを含む。ディブは,これらの措置は「やや容易ではない」とし,中期的に実行する必要があると述べている。第3バスケットは,一番実行が難しいものであり,主要な軍事演習の通知と海上監視協力を含む[5]。

信頼醸成措置や信頼安全保障醸成措置は,信頼を促進し,地域の不確実性や誤算,猜疑心を減らし,武力紛争発生の可能性を低減するという幅広い目的をもつ。信頼感醸成措置は,信頼醸成措置とは異なり,目をみはるような突破口を開くよりも,国家間の政治的な信頼感を醸成するような漸進的なアプローチに力点を置く[6]。また信頼醸成措置ほど形式的でもなく,より柔軟なものでコンセンサスに基づくという説もある。ウィリアム・トウ(William Tow)とダグラス・スチュアート(Douglas Stuart)は,信頼感醸成措置は,「個人的な政治的接触や関係により醸成される」と付け加えている[7]。

しかし,このような違いは強調されすぎる嫌いがある。信頼感醸成措置が,信頼醸成措置(CBMs)よりもアジア太平洋地域に「固有」の選択肢としてどれだけのものを提供できるかを見極めるのは難しい。この用語は,アジアで使われるはるか以前から中東で使われている。信頼感醸成措置の推進者が用いている表現も,例えばディブが用いた「いくつかの措置のバスケット」にしても,ヘルシンキ・プロセスの用語に習ったものである。

1997年のカナダ・中国セミナーで発表された中国の視点は,「Trust」と「Confidence」を微妙に区別している。「西洋の学者の論文では「Trust」と「Confidence」が互換的に用いられている。……中国語では信任(xinrén),と信頼(xinlài)がほぼ「confidence」と「trust」に相当するが意味が少し違う。Xinlài は,誰かが信ずる

に足るばかりではなく,頼りにできるということを意味する。これに対して,Xìnrén は誰か,何かを信じられるかどうかという方に力点がある。「Confidence」と「Trust」も信じ方の程度に違いがあるとの指摘がなされ,「Confidence」は最終的な「Trust」へ向けてのプロセスの積み重ねであり,「Confidence が手続き的で心理的な保障であるのに対して,「Trust」はより約束された行動により生まれる結末である」との見解が中国側参加者によって示された[8]。

---

1) 信頼感醸成措置（TBMs）を提案するオーストラリアのペーパーの前書きで,ガレス・エバンス前オーストラリア外務貿易大臣は,「オーストラリアの外務貿易大臣としてこの6年間,私は予防外交と信頼感醸成措置の必要性を強く説いてきた。まず,冷戦時代の表現や概念はアジア太平洋地域の政治,文化そして戦略的信頼醸成にふさわしくない。したがって,ディブ教授に新しいアプローチや表現を考えてくれるように依頼した。新しいけれども地域の安全保障の実態や期待に添ったものでなければならない」と記述している。
See Gareth Evans and Paul Dibb, *Australian Paper on Practical Proposals for Security Cooperation in the Asia Pacific Region* (Canberra : Department of Foreighn Affairs and Trade and Strategic and Defence Studies Centre, 1994) p. 1.
2) Paul Dibb, "How to Begin Implementing Specific Trust-Building Measures in the Asia-Pacific Region", Working Paper No. 288, Strategic and Defence Studies Centre, Australian National University, Canberra, p.1. Emphasis in original.
3) *Ibid.*, p.3.
4) *Ibid.*, p.4
5) *Ibid.*, p.7
6) Evans, in Evans and Dibb, *Australian paper*, p.1.
7) Douglas T. Stuart and William S. Tow, *A U.S. Strategy for the Asia-Pacific*, Adelphi Paper No. 229 (London : International Institute for

Strategic Studies, 1995) p.73, note 5.
8) これは 1998 年 1 月にトロントで開催された第 2 回カナダ中国セミナー（CANCHIS II）において中国側参加者が発言したものである。この内容がどこまで中国当局の考え方であるかは不明である。

信頼醸成措置
Confidence-Building Measures

　信頼醸成措置（CBMs）の概念は，最初に1973年1月に欧州安全保障協力会議（CSCE）の議題を決定するためのヘルシンキ準備会合の席上においてベルギーとイタリアによって提案された。長時間にわたった議論ではかなりの意見の違いがあったが，最終的には次のような形で信頼醸成措置の概念が合意された。

　　信頼を強化し，安定と安全保障を高めるために，委員会・小委員会は，CSCEの定めるところの主要な軍事演習の事前通知，相互に受け入れられる条件に基づく軍事演習へのオブザーバーの交換等の信頼醸成措置に関する適切な提案をCSCEに提出するものとする[1]。

　1973年から75年までのCSCEのジュネーブ交渉では，3つの信頼醸成措置へのアプローチがとられた。西側諸国は，信頼醸成措置を軍事的な意味よりは政治的なものと考えた。NATOはヨーロッパにおける軍事活動をより「オープン」にすることを求めた。一方，ワルシャワ条約機構（WTO）諸国は，信頼醸成措置についてほとんど提案しなかったが，軍事的な意味合いをもたせることを提案し，情報を「オープン」にするという呼びかけは「合法的な諜報活動」の手段とみなしてこれを拒絶した[2]。中立諸国や非同盟諸国（およびルーマニア）は，中間の道をとった。すなわち，西側の信頼醸成

措置に関する立場をその精神においては支持しつつも,軍事予算を公開する,軍事活動に制約を課す,具体的な軍縮措置をとる,CSCEと中欧相互均衡兵力削減交渉(MBFR)をリンクする等,具体的な追加的信頼醸成措置を提案した。しかしながら,多くの西側諸国とワルシャワ条約機構全加盟国(ただしルーマニアを除く)は,軍縮問題を信頼醸成措置に取り込むことに反対したために,ヘルシンキ最終議定書では軍縮への言及が少なくなった[3]。

交渉の結果採択された「信頼醸成措置ならびに安全保障および軍縮の一定の側面に関する文書「the Document on Confidence-Building Measures and Certain Aspects of Security and Disarmament」では,信頼醸成措置の一般的な目的は,緊張の原因の排除と平和と安全保障の強化であるとしている。信頼醸成措置は,「武力紛争の危険性を低減し,参加国が軍事行動などについて明確かつ時宜を得た情報を得ていない場合に,不安から誤解や誤算を生む可能性を低減することに必要な」措置とされている[4]。

2つの信頼醸成措置が,明示的にヘルシンキ最終文書で謳われることになった。すなわち,軍事演習の際のオブザーバーの交換および主要な軍事演習の事前通報である。後者は,ヘルシンキ体制の信頼醸成措置の要となった。

キャサリン・フィッシャー(Cathleen Fisher)は,ヨーロッパのプロセスを分析して,ヨーロッパの信頼醸成における経験を「前段階」,第1世代,第2世代,第3世代の信頼醸成の4つの段階に分けた。前段階には,ヘルシンキ合意に先立って結ばれた米ソ合意も含まれる。フィッシャーが「新機軸」と形容する第1世代の信頼醸成措置は,ヘルシンキ体制から始まる。第2世代は,フィッシャーによると「安全保障醸成措置」であり,ストックホルムおよびウィーン合意に始まる一連の信頼醸成措置である。最後に第3世代の信頼醸成措置は,冷戦の終焉直前および直後の「協調的安全保障措置」を指す[5]。

上述の「信頼醸成措置ならびに安全保障および軍縮の一定の側面に関する文書」からヘルシンキ・プロセスの参加者が，ヨーロッパに戦争が起きる最大の危険性は，誤算や誤った判断によるエスカレーションによると考えていたことは明白である。

アジア太平洋地域は，戦略環境が冷戦時代のヨーロッパとかなり異なることから，ヨーロッパ的な公式の介入な信頼醸成措置は，適切ではないとの指摘が行われてきた。佐藤行雄は，信頼醸成措置は明確に定義できる敵がいる環境で生まれたものだと指摘し，東アジアではこのような状況はなく，「複雑な感情と懸念をアジア諸国同士がもっており，状況はより曖昧である」としている[6]。佐藤は，信頼醸成措置の代わりに「安心感を高める措置（measures for reassurance)」という概念が好ましいと論じている。この概念は，日本政府のARFに対する予備的ペーパーのなかで用いられている[7]。

同様にポール・ディブ（Paul Dibb）は，「信頼感醸成措置（trust building measures）」を実際的な信頼醸成措置の代案として提案している。これらの留保や代案にも関わらず，信頼醸成措置という用語は，結局現在アジア太平地域の安全保障対話でも使われている。ARFの第1段階の議題として信頼醸成措置が取り上げられ，インターセッショナル・サポート・グループ（ISG）の焦点の1つとなった[8]。

アジアの学者や政府関係者のなかには，信頼醸成措置という用語は使われていてもアジア太平洋地域においてはその意味は狭いとの議論がある。1995年12月にARFの信頼醸成措置に関するインターセッショナル会合（ISM）に提出されたインドネシアの信頼醸成措置に関するペーパーでは，（信頼醸成措置，信頼安全保障醸成措置，信頼感醸成措置等の）用語の選択は特に重要ではないとしたうえで，信頼醸成措置はアジア太平洋地域では，欧州とは異なった意味があるとし，「信頼醸成措置は制度として考えるのではなく，踏み台というか1つの礎石だと考えるべきである」と述べている。このペー

パーは，また，個人の交流や関係が信頼を促進するのに重要であることを強調している。さらに信頼醸成措置は，「紛争解決や予防外交が必要となるような危機の解決を図ろうとするメカニズムは含まない」としている[9]。同様に信頼醸成措置に関する中国の視点を記述した1995年のペーパーで，劉華清（Liu Huaquin）は，アジア諸国はヨーロッパの経験を参考にすることができるが，「アジア地域のユニークな文化，歴史，政治，経済的な条件」に適応させていかなければならないと論じ[10]，信頼醸成への漸進的なアプローチを強く支持している。

ARFの第1段階で取り上げられるべき信頼醸成措置の議題に含まれるのは，防衛政策上の立場についての自主的な発表を含む参加国の安全保障観に関する対話，防衛白書等の防衛関連文書の公表，国連の通常兵器移転登録への参加の慫慂ならびに防衛関係者および軍関係者のための年1回のセミナーの実施である[11]。

1998年11月および99年3月のARFの信頼醸成措置に関するインターセッショナル・サポート・グループ（ISG）の会合では，追加的に3つの信頼醸成措置が議論された。ISGは，ARF参加国が透明性と信頼の促進のために海軍の船舶による訪問を慫慂すべきであり，軍の施設への訪問や信頼醸成措置に関する出版物と専門家のリストを各国が作成し，ARF参加国に回覧することを提言した。また，「中期的に」検討すべき信頼醸成措置についても提言した。これらの措置のなかには，その他の地域機関とARFの連携，第2回ARF高級事務レベル会合と麻薬問題に関するセミナーの連携（いずれも米国提案），小型武器の非合法な貿易の防止と取り締まり（EU提案），ARFのライフル射撃手による「射撃大会」（フィリピン提案）等が含まれた。さらに中国は議論の対象として新たに5つの信頼醸成措置として民間の船舶や漁船への武力行使，軍民転換，軍事的な環境保護に関する意見交換，相互法的支援の調整，国際テロや国際犯罪に関する協力を提案した。

2000年のバンコクにおけるARFでは,閣僚は信頼醸成措置に関するISGに信頼醸成措置と予防外交(「予防外交」の項目参照)の重複およびすでに合意されている4提案すなわちARF議長国の役割強化,ARF専門家・賢人リストの登録,自主的な地域安全保障問題に関するバックグランド・ブリーフィングについて,引き続き検討することを求めた。また,同ISGに対して予防外交の概念と原則についてさらに作業を進め,ARF高級事務レベル会合(SOM)およびARF閣僚会議の次回会合に提言を提出するように求めた。2001年の第8回ARF閣僚会議において「予防外交の概念と原則」ペーパー,「ARF議長の役割の強化」ペーパー,「ARF専門家・著名人登録制度」ペーパーが採択された。

---

1) Paragraph 23 of the "Final Recommendations of the Helsinki Consultations", cited in Victor-Yves Ghebali, *Confidence-Building Measures within the CSCE Process : Paragraph-by-Paragraph Analysis of the Helsinki and Stockholm Regimes* (New York : UNIDIR, 1989), p. 3, note 5. その名前のとおり,ゲバリの著作は信頼醸成措置と信頼安全保障醸成措置の語源とその発展過程に対する詳細の研究である。文献リストも充実している。本項は,この文献を参考にした。
2) Ghebali, *Confidence-Building Measures*, p. 5.
3) *Ibid.*, p. 14, note 28.
4) "Document on Confidence-Building Measures and Certain Aspects of Security and Disarmament", paragraph 4, cited in Ghebali, *Confidence-Building Measures*, p. 6.
5) Cathleen S. Fisher, "The Preconditions of Confidence-Building : Lessons from the European Experience", in *A Handbook of Confidence-Building Measures for Regional Security*, edited by Michael Krepon (Washington DC : Henry Stimson Center, 1993).
6) Yukio Satoh, "Emerging Trends in Asia-Pacific Security : The Role of Japan", *Pacific Review* 8, no. 2 (1995) pp. 267−82, 273.

7) "Japan's View Concerning the ASEAN Regional Forum (ARF)", in the Summary Record of the ASEAN Regional Forum Senior Officials Meeting (ARF-SOM), Bangkok, 23–25 May 1994, Annex 1 参照。このペーパーでは「相互の安心感を高める措置（MRMs）」の必要性が言及されており，「信頼醸成措置は必要な措置を全てカバーする概念としては狭すぎる」との記述がある。
8) "ASEAN Regional Forum : A Concept Paper", para. 8, Desmond Ball and Pauline Kerr, *Presumptive Engagement: Australia's Asia-Pacific Security Policy in the 1990s* (St Leonards, NSW : Allen & Unwin, 1996), Appendix 2 に収載されている。
9) "Confidence-Building Measures", 1995 年 12 月にジャカルタで開催された信頼醸成措置に関するインターセッショナル・サポート・グループに提出されたインドネシアのペーパー，pp. 2–3
10) Liu Huaquin, "Step-by-Step Confidence and Security Building for the Asian Region : A Chinese Perspective", in *Asia Pacific Confidence and Security Building Measures*, edited by Ralph A. Cossa (Washington, D.C.: Center for Strategic and International Studies, 1995), pp. 119–36, 120.
11) Ball and Kerr, *Presumptive Engagement*, p. 29.

人道的介入
Humanitarian Intervention

　人道的介入とは，国連憲章上国内管轄権が認められているので他国に介入することができない原則があるが，一定の状況下において国際法の下で国家が当該国の政府の了解なしでも人道的な被害を防止するためには，他国の領土内に介入し，武力行使をすることが認められるという考え方である。この考え方は，幅広く文献で取り上げられているが，政府のなかには強く反論しているところもある。法学者の間では，人道的介入の範囲と中身において意見が異なっている。

　ピーター・マランチュク（Peter Malanczuk）によると「『人道的介入』に関する文献には，様々な時に対立するような定義があり，なかには事実上の作業定義と思われるものもあれば，定義自体が合法性，非合法性の基準をつくっている場合もある」。法学者のウィル・ヴェルウェイ（Wil Verwey）は，法的概念として人道的介入の「正統な定義」と呼べるものをつくろうとしたが，「主要な分析上の障害に直面する。関連手段や文献を比較分析すると，今日の国際法において概念的に曖昧で法律的に議論を呼ぶ人道的介入のような用語の例は，少ないことがわかる」[2]と結論づけている。ヴェルウェイは，「介入」と「人道的」の両方の用語の法的な意味についてコンセンサスがないことを原因としてあげている。バジラー（M. J. Bazyler）も「人道的介入というドクトリンを定義することは，ほとんど役にたたない」[3]と合意している。ヴェド・ナンダ（Ved Nanda）

も人道的介入のドクトリンが「論議」を呼んでおり「規範的な曖昧さ」の問題があり，「定義について全般的なコンセンサスがないことから……国際法上容認されるかどうかを判断する基準がなく，乱用を防止するのに必要なセーフガードがない」と記述している[4]。

具体的な定義を示した学者のなかで　フェルナンド・テソン（Fernando Téson）の研究が頻繁に引用されている。テソンは，人道的介入とは「他国において，基本的な人権が剥奪されるような抑圧的政府に対して，合理的に反発する意思をもっている個人に対して政府が提供しうる越境的な，場合によって武力をともなう援助である」と主張している[5]。トーマス・フランク（Thomas Franck）とナイジェル・ロッドリー（Nigel Rodley）は，人道的介入を「人道法違反の行為に対し国家が国際的なコントロールのために軍事力を行使する権利を認めた理論」と記述している[6]。これはフランスのアントワヌ・ルジエ（Antoine Rougier）を源とする定義である[7]。

他の学者はグロシウス（Grotius）や人道的介入のより草分け的な古典を引用している[8]。ショーン・マーフィ（Sean Murphy）は，人道的介入に関する思慮深い包括的な研究のなかで，人道的介入は「国家，国家群または国際機関が，主に対象国の国民が国際的に認知されている人権を剥奪されることから守るために，武力行使の脅威もしくは行使を用いること」を指すという作業定義を用いている[9]。バクスター（Baxter）は，武力行使は「短期間」でなければならないことを強調している[10]。ヴェルウェイは「人道的」とみなされるためには，強制行動は「基本的人権の深刻な侵害，特に国籍に関係なく人命を脅かすことを防止あるいは停止する目的のためだけに」とられなければならないと主張している。同氏は，これらの違反を防止するためにのみ介入すべしと考え，これまで真にこれに該当する事例はなかったと記述している[11]。

その他の文献では，介入の形態の重要性が強調されている。すなわち，いかなる介入も多国間で実施し，単独介入はしないというこ

とである。マルサ・フィンモア（Martha Finnemore）が示唆しているように、1978年12月のカンボジアへのベトナムの侵攻後の国連での議論では、一方的な人道的介入の権利が存在することを支持する国はなく、国連の人道的介入に関する議論では賛成していた国もベトナムを非難する決議案に賛成の票を投じた[12]。マランチュクは、ニカラグア対米国の判例において「一方的な人道的介入のドクトリンを否定していることから……他国における人権状況を是正するためにある国が軍事力を一方的に用いること」[13]は禁止されているとの裁定が出されていると指摘している。

実際には、他国の国内問題に軍事的に介入することを人道の名において正当化するのは、新しい動きではない。19世紀には、人道的という理由が、さまざまな軍事的介入に用いられた。例えば、1821年から27年のギリシャ独立戦争へのロシア、英国、フランスの介入、1860年から61年の現在のレバノンにおけるマロン系キリスト教徒を守るためのフランスの行動、および1876年から78年のオットマン帝国からキリスト教徒を守るためのブルガリアへのロシアの介入等である[14]。

しかしながら、これらの事例のうちどれが真の人道上の行動であったか、どれくらいの事例が他の理由によって動機づけられていたかについては議論がある。マランチュクは「19世紀の国家の行動を厳密に検討すると人道的介入の原則が全般的に受け入れられていたと言い切れない」と結論づけている[15]。別の分析では、ビエリン（Beyerlin）は、第1次世界大戦前は、過半数の著者が「人道的介入の法律的な基礎やその範囲についてはかなり混乱していたが」[16]人道的介入は合法だと考えていたと指摘している。同氏は、非介入の原則を厳しく適用することを支持した法学者は「かなり少数派」であったことを踏まえ、人道的介入が1914年以前に国際慣習法として存在していたかどうかは議論の余地があるとしている。

1945年以降は、国連憲章において人権が成文化されたことに基

づき，人道的介入を支持する議論を展開することが可能になった。一見すると，国連憲章には折り合いが難しい原則が含まれているようにみえる。第2条では，国家の主権と不干渉の原則が強調されている。一方，第1条は人権の基本的な重要性を強調しており，世界人権宣言や様々な国際条約においてもこの点が強調されている。第2条第3項および第4項は紛争を平和裡に解決することを呼びかけており，いかなる国家もその領土に対して武力行使の脅威や行使を控えるべしとしている。人道的介入については，「国際関係の要諦と法律的にみなされている国連憲章に記述されている国家の領土主権の原則，国内管轄権への不干渉の原則，武力行使の禁止，人権が侵害されている場合の人権擁護，および国際平和と安全の維持をどのように折り合いをつけるか」が中心的な問題である[17]。どのような状況下であれば人権擁護の必要性のために主権を曲げられるのか。その答えははっきりしない。

　冷戦中，介入の様々な事例が，国際法律学者の間で議論された。一番よく知られている事例には，1964年の英国およびベルギーのコンゴへの介入，71年の東パキスタン（現在のバングラデッシュ）をめぐるインドとパキスタンの戦争，78年のザイールへのベルギーの介入，79年のタンザニアのイディ・アミン（Idi Amin）政権転覆のためのウガンダへの侵攻，78年のベトナムのカンプチアへの侵攻，83年の米国のグレナダ侵攻と89年のパナマ侵攻である[18]。

　これらの事例では，介入は国連において承認されておらず，一般的に一方的な介入であった。人道的介入は，当事者によって惹起されたものではないことが多かった。それぞれの介入において，介入の合法性は，介入した国の意図がどのようにみなされるかによる。人命を救うために行動したのか。単に国益を増進するために介入したのか。上記の事例において，法的意見は分かれているが[19]，曖昧さと乱用の可能性があることから国際法学者のイアン・ブラウンリー（Ian Brownlie）は，1973年に「人道的介入はあらゆる定義に基

づいて乱用の可能性のある手段である」と結論づけている。「覇権的な介入に訴えようとする思慮深い人にも日和見主義者にも免許」を与えてしまうことになるだろう[20]。

　冷戦終焉後，人道的介入は国際的な命題として大きく取り上げられるようになった。これは，東西緊張が緩和し，国連の安全保障理事会がこのような介入を承認する役割を果たすことができるようになったのが，大きな理由である。学者のなかには，国家主権の考え方も「変化」ないしは「進化」し，介入については容認できると主張するものが出てきた。歴代の国連事務総長も主権がしだいに狭く解釈されるようになってきたと主張している。1999年にジャヴィエ・ペレス・デクエアル（Javier Perez de Cuellar）は，「国家の国内管轄権への不干渉の原則は人権が大幅にあるいは体制的に侵害される場合の隠れ蓑とは考えられなくなってきている」と記述した。ブトロス・ブトロス・ガリ（Boutros Boutros-Ghali）は，92年に提出した「平和への課題」報告のなかで「絶対的・排他的主権の時代は終わった。その理論は，現実にあっていたことはない」と述べた。より最近では，コフィー・アナンが「国家主権は，脅迫や威圧に対する基本的な防波堤であるが，国境を越える問題や人間の尊厳を確保するための行動を阻止するために用いられてはならない」[21]と記述している。ナイジェル・ロドリーは，「関係する政府を中心に人権問題は，ほかならぬ当該国の懸念であると主張しつづけているが，しだいにこのような立場はエキセントリックになってきている」と結論している[22]。

　人道的介入と主権の限界についての議論が，いくつかの主要な事例をめぐって生まれている。ペルシャ湾岸戦争の際に，国連安全保障理事会決議688号（1991年4月5日）は，「イラクは，イラク全土で援助を必要としている人々に対して人道的組織が，即刻アクセスできるようにすること」を要求した。これは介入を正式に承認するには至っていないが，実質的にはこの決議は介入を許している。

米国と多国籍軍はイラクの北部の一部を占領し，クルド避難民に人道的援助を届けることができた。しかしながら，果たしてこの決議が，人道的介入の前例となるかどうかについては議論の余地が残る。決議688号は，強制的手段を明示的には承認しておらず，懸念の対象となっている平和への脅威が，イラクの国内情勢によるものか，隣国への大量難民流出によるものかをはっきり示していない[23]。

国連安全保障理事会において中国の代表は，「安全保障理事会は国内の問題について検討したり，行動をとるべきではない。そのような問題の国際的な側面については……適切なチャンネルを通じて解決されるべきである」と述べた。しかしながら，中国は688号の採択には反対せず，棄権した。その他の学者は，当時の国連総会の議論において発展途上国が強い反対意見を述べたことに言及して，介入への権利について国際的に合意があるだけでは，不十分であると論じている。なかにはイラク北部の事例は，人道的介入にはあたらないとしている。これはイラク政府が躊躇しながらとはいえ（ではあるが）介入に合意していたからである。

次によく引用される事例が，旧ユーゴスラビアである。国連保護隊（UNPROFOR）が紛争当事者の合意のもとにボスニア・ヘルツェゴヴィナに設立されたときは，その後の国連安全保障理事会の決議において当事者は，望むと望まないとにかかわらず人道的な使命のためにUNPROFORの展開を受け入れなければならないということが示唆された[24]。安全保障理事会決議770号（1992年8月13日）は，ボスニアの国内状況が「平和と国際の安全保障への脅威」にあたると明確に認定した。同決議は，紛争の犠牲者に援助を供給することを促進するために「あらゆる必要な手段」を用いる権限を付与したが，当時はこれは武力行使を容認したものとは解釈されなかった。当該国の同意の問題に付け加えて，多くの学者が平和維持と人道的支援は概念的に人道的介入とは異なり，UNPROFORのボスニア展開は人道的介入ではないと結論づけている。

第3の事例は，1992年の米国主導の軍隊のソマリアへの侵攻である。「希望回復作戦（Operation Restore Hope）」は，安全保障理事会決議794号（1992年12月3日）で承認された。同決議は，当該国政府の招聘なしに軍事的な活動の展開が承認されたはじめての事例である。決議はソマリアの国内情勢が平和と国際の安全への脅威となると確認している。「人道的救援活動のための環境をできるだけ早く確保するためにあらゆる必要な手段を加盟国がとる」[25]権限を与えている。マランチュクは，ソマリアを「人道的介入に関する安全保障理事会の規範的な里程標」となると呼んでいるが，「将来，人道的介入の前例として考える場合には」ソマリアには機能する政府がなかったことを「過小評価してはならない」と注意を喚起している[26]。アダム・ロバーツ（Adam Roberts）は「これは「人道的介入の古典的な事例とはほとんど呼べない」と述べて，この意見に同意している[27]。逆に，英国外務省は，コソヴォ紛争当時「安全保障理事会の人道的目的のための武力行使の承認は，幅広く受け入れられている（ボスニアとソマリアが確固たる法的前例を提供している）」[28]として意見書を回覧した[29]。

キャサリン・グイチャード（Catherine Guicherd）によると，決議794号の論理は，カンボジアとハイチへの介入，フランスの東ザイールとルワンダへの限定的介入（トルコ石作戦）[30]，および1997年のアルバ作戦においてアルバニアへの人道的援助のために多国籍軍をつくることをイタリアに承認した[31]安全保障理事会の決議でも確認されている。しかしならが，人道的介入の限界についての議論を惹起した最近の事例では，99年のセルビアに対する北大西洋条約機構（NATO）による軍事作戦がある。NATOは，コソヴォにおける人道的な被害を防止する目的で99年3月24日に連合軍作戦（Operation Allied Force）を開始した。しかし，これは国連安全保障理事会の承認を求めずに行われた。にもかかわらず，ロバーツは，NATOの行動は「国際法の明快な違反とはいえない」[32]と論じてい

る。ロバーツは, セルビアが国連の要求に従わない場合には「さらなる行動」がとられることを示唆した安全保障理事会決議1199号 (99年9月23日) と NATO が「コソヴォ問題に直接の利害を有する」ことを認めた決議1203号 (98年10月24日) から「安全保障理事会が, これらの決議において武力行使に特定の権限を与えることができなくとも, 軍事的な行動にある法的根拠を与えた」と論じている[33]。また, ロバーツは, 99年3月26日に安全保障理事会においてNATOの軍事行動を批判するロシアの決議案が敗北を喫したことは, その行動が「明白に非合法」ではなかったことを示していると論じている。しかし「決議案が成立しなかったことが, 軍事行動の合法性の強い根拠になるわけではない」とも認めている[34]。

さらに, ロバーツは, このような介入に関する一般的な国際法の根拠があったと論じている。同氏はNATOの指導者は「圧倒的な人道的必要性」があれば, 安全保障理事会の決議なしに武力を行使することができるという意見であることを指摘している。このような権利は, 3つの条件に制約される。すなわち「大規模かつ極端な人道的抑圧があり, 即時に緊急の救援が必要であることを国際社会全体が受け入れるに足る説得力のある証拠があること」, 第2に「人命を救うためには, 武力行使に代わる実際的な代替策がないこと」, 第3に「武力行使が必要であり, (人道上の救援のためという) 目的に対応したものであり, 時間的にも範囲も制限された介入であること, すなわち, 目的達成のための最小限必要な武力行使であること」[35]である。にもかかわらず, ロバーツは人道的介入の濫用の可能性を含めて, このようなドクトリンには, 政策上の議論が残っていることを留意している。ロバーツは「連合軍作戦が行われたユニークな状況, 作戦から出てきた問題, 人道的介入について単純な結論を導出することへの反対……作戦が短期的には人道的な被害を回避するという意図された形では失敗したこと, ……人道的介入のモデルとして疑問が残った」と結論づけている[36]。

人道的介入

　別の面でも NATO の行動には共感を覚えつつも，グイチャードは「圧倒的に人道的な必要性」を拒否し，「犠牲者の援助を受ける権利と軍事的な手段による人道的介入を容認する安全保障理事会の権利を組み合わせても，単独国家あるいは集団としての国家による人道的介入の権利にはあたらない。事実，国際法学者の大多数が，このような権利は国連憲章の武力行使を禁ずる条項に違反するので認められないとの立場をとっている。しかし，「この状況が今後進化しないという理由はない」[37]ともグイチャードは論じている。

　人道的介入の不可欠の要素について次第に意見が一致してきているが，まだ強力な批判も残る。1999 年の会合において中国の江沢民主席とロシアのボリス・エリツィン（Boris Yeltsin）前大統領は，人道的介入について「独立国家の主権を破壊する」ための単なる「口実」であるとして強く反対した[38]。中国外務省のスポークスマンは，中国は「人道的介入を国内政治に干渉する口実として用いることには反対する。国連安全保障理事会による制裁を求める前に人道的介入に言及することに反対する」と述べた[39]。同年 10 月のフランスの新聞『ル・フィガロ』の取材で，江沢民主席は「ある国が国連に援助を求めるまでは，いかなる国家も国際的な組織も介入する権利はない」と述べた[40]。2000 年 4 月，グループ 77 の発展途上国の首脳会議においても人道的介入が非難された。首脳会議の共同宣言では，人道的介入は国連憲章においても人権の一般原則においても根拠がなく「人道的援助と他の国連活動の違いを明らかにする必要性」[41]を主張した

　人道的介入の概念は，アジア太平洋地域でも様々な受け止め方をされている。ASEAN の創立規範の 1 つは，加盟国の国内問題への不介入の理念である。したがって，1999 年 9 月の東ティモールへの介入は，当初 ASEAN 加盟国によって反対された。ニュージーランドのオークランドで開催された APEC 非公式首脳会議では，何ヵ国かが，部隊の派遣はインドネシア当局によって招聘される必要

があることを主張した[42]。中国の政府関係者は，招聘されているかどうかが，コソヴォにおける NATO の行動と東ティモールにおける作戦とを区別するものであると強調した[43]。

しかし，ASEAN 諸国のなかには，ある程度実践主義がある。サイド・ハミド・アルバー（Syed Hamid Albar）マレーシア外務大臣は，人道的介入の原則は「不安にさせる」と述べた。同氏は国連事務総長が国連総会において人道的介入を呼びかけたことが「心配」であったとも述べた[44]。別の機会に同外務大臣は「人道的介入の名のもとにまたグローバル化の名のもとに他国の国内管轄権に介入し，主権を損なう新しい概念や新しい考えがでてくることには，我々はいつもうんざりしている」と述べた[45]。しかし，コソヴォ戦争においては，同氏はやや違う立場をとった。アルバは「マレーシアは繰り返し国内管轄権への不干渉の原則を強調しているが……極端な状況下では不干渉の政策の例外を認めている。セルビア人がコソヴォ人に対して流血の惨事や大虐殺という残虐な事件を引き起こしたことは，我々の良心を揺り動かし，マレーシアも NATO の軍事行動を支持した。コソヴォの特殊な状況が，問題解決への国連の中心的な役割を認識しつつも人類の利益のために実践的なアプローチをとることを求めた」[46]。

1990 年代には，特にコソヴォと東ティモールへの介入以来，学者や政府関係者のなかに人道的な目的のために軍事的な介入を必要とする場合の具体的な条件を整理することへの関心が高まった[47]。99 年 11 月の国連総会における演説でシンガポールのジャヤクマール外務大臣は，介入の新しいルールをつくらなければ，人道的介入問題への関連性を失うと述べた[48]。「なぜコソヴォや東ティモールであって，アフリカではないのか？ 人権とは普遍的ではないのか？ 数多い紛争のなかで介入する事例をどのように選ぶのか？」。ジャクマールは，コフィー・アナン事務総長の「客観的な基準」を緊急に設ける必要性があるとの呼びかけに賛同した[49]。別のスピー

チでは，キショール・マブバニ (Kishore Mahbubani) シンガポール駐国連代表部大使は，コソヴォの場合のように安全保障理事会が麻痺した場合には国連総会が問題を検討することができるようにと提案した。マブバニ大使は，さらに「総会の決定は，拘束力がないが……正当性を与え，コンセンサスを形成するのに役立つであろう。あるいは国連総会の方が，安全保障理事会よりも普遍的なメンバーシップであるのでより役立つだろう」と指摘した[50]。王傑 (Wang Jie) 中国国際組織研究評議会代表は，外国の介入が容認できる場合を2つ挙げた。1つは当該国が国連安全保障理事会に直接依頼した場合であり，もう1つは地域の国家グループによるものであっても国連安全保障理事会の承認のある場合である。同女史は，国連のカンボジアにおける活動を介入の成功例とよびNATOのコソヴォにおける行動を惨憺たるものであったとした[51]。

---

1) *Peter Malanczuk, Humanitarian Intervention and the Legitimacy of the Use of Force* (Amsterdam : Het Spinhuis, 1993).
2) Wil, Verwey, "Humanitarian Intervention Under International Law", *Netherlands International Law Review*, No. 31 (1985) p.357.
3) M.J. Bazyler, "Re-examining the Doctrine of Humanitarian Intervention in Light of the Atrocities in Kampuchea and Ethiopia", *Stanford Journal of International Law*, No.23 (1987) p. 547.
4) Ved P. Nanda, "Tragedies in North Iraq, Liberia, Yugoslavia and Haiti : Revisiting the Validity of Humanitarian Intervention-Part 1", *Denver Journal International Law and Politics*, No. 20 (1992) p.305.
5) Fernando Téson, *Humanitarian Intervention* : An Inquiry into Law and Morality, 2nd ed. (Irvington-on Hudson, New York : 1997) p.5.
6) Thomas M. Franck and Nigel S. Rodley, "After Bangladesh : the Law of Humanitarian Intervention by Military Force", *American Journal of International* Law, No. 67 (1973) p. 275.
7) Sean D. Murphy, Humanitarian Intervention : *The United Nations in a*

Evolving World Order（Philadelphia : University of Pennsylvania Press, 1996）.

8) Hersch, Lauterpacht, "The Grorian Tradition in International Law", *British Yearbook of International Law*, No. 23 (1946) p.46 ; Nigel Rodley, "Collective Intervention to Protect Human Rights and Civilian Populations : The Legal Framwork", in *To Loose the Bands of Wickedness : International Intervention in Defence of Human Rights*, edited by Rodley（London : Brasseys, 1992）pp. 14-42, 18.

9) Murphy, *Humanitarian Intervention*, pp. 11-12.

10) Cited in Ian Brownlie, "Thoughts on Kind-Hearted Gunmen", in *Humanitarian Intervention and the United Nations*, edited by Richard Lillich（Charlottesville : University of Virginia Press, 1973）p. 139.

11) Cited in Oliver Rambotham and Tom Woodhouse, *Humanitarian Intervention in Contemporary Conflict*（Cambridge : Polity Press, 1996）p.8.

12) Martha Finnemore, "Constructing Norms of Humanitarian Intervention", in *The Culture of National Security : Norms and Identity in World Politics*, edited by Peter J. Katzenstein（New York: Columbia University Press, 1996）p. 180.

13) Malanczuk, *Humanitarian Intervention*, p. 27. See also, "Unilateral Military Action Defies U.N. Principles : Annan", Deutsche-Presse-Agentur, 20 September 1999.

14) Finnemore, "Constructing Norms of Humanitarian Intervention", p. 161.

15) Malanczuk, Humanitarian Intervention, p. 11.

16) Cited in Malanczuk, Humanitarian Intervention, p.11.

17) Malanczuk, *Humanitarian Intervention*, p.1.

18) 冷戦中, 冷戦後の介入事例別の要約については, Murphy, *Humanitarian Intervention*, Chapters 4 and 5 参照。国連憲章採択前の介入への賛成, 反対の議論の要約は, Malanczuk, *Humanitarian Intervention*, pp. 10-11 を参照。For an assessment of Grenada, see Scott Davidson, Grenada : A Study in Politics and the Limits of

International Law (Aldershot : Averbury Press, 1987); on Panama and Grenada, see Max Hilaire, International Law and the United States Military Intervention in the Western Hemisphere (Hague : Kluwer Law International, 1997).
19) より幅広く介入として認められているバングラデッシュをめぐるインドとパキスタンの紛争については，Téson, *Humanitarian Intervention*, pp. 179-88, with Franck and Rodley, "After Bangladesh", pp. 275-305 参照。
20) Brownlie, "Kind-Hearted Gunmen", pp. 147-48.
21) Kofi A. Annan, "Peacekeeping, Military Intervention, and National Sovereignty in Internal Armed Conflict", in Hard Choices : Moral Dilemmas in Humanitarian Intervention, edited by Jonathan Moore (Lanham : Rowman and Littlefield, 1998) pp. 58-69.
22) Rodley, "Collective Intervention to Protect Human Rights", pp. 21-22.
23) Catherine Guicherd, "International Law and the War in Kosovo", *Survival* 41, no. 2 (Summer 1999) pp. 19-34, 22.
24) Adam Roberts, "The Road to Hell…A Critique of Humanitarian Intervention", *Harvard International Review*" XVI, no. 1 (Fall 1993), Special Issue on Humanitarian Intervention, p. 24.
25) Guicherd, "International Law and the War in Kosovo", p. 23.
26) Malanczuk, *Humanitarian Intervention*, p. 24.
27) Roberts, "The Road to Hell…", p. 12.
28) Cited in Adam Roberts, "NATO's Humanitarian War'over Kosovo", *Survival* 41, no. 3 (Autumn 1999) pp. 102-23, 106. これは1986年の英国外務省のメモランダムとは好対照である。メモランダムは「現代の法的意見の大多数が，人道的介入の権利の存在に反対している。それには3つの理由がある。第1は国連憲章と近代の国際法がこのような権利を具体的には取り入れていないこと。第2には，この2世紀特に1945年以降国家の慣例では純粋に人道的介入の事例は5例程度である。ほとんどの場合は人道的介入にはあたらない。再度この様な権利が濫用されることへの懸念から，これを権利として設け

るのに強い反対がある」と述べている。

29) Security Council Resolution 940 (31 July 1994).
30) Security Council Resolution 929 (22 June 1994).
31) Security Council Resolution 1101 (28 March 1997).
32) Roberts "NATO's Humanitarian War", p. 105.
33) *Ibid.*
34) *Ibid.*
35) *Ibid*, p. 106. The quotation from the British Foreign Office document cited above.
36) *Ibid*, p. 120.
37) Guicherd, "International Law and the War in Kosovo", p. 23.
38) Conor O'Cleary, "Yeltsin and Jiang Reject West Stance on Human Rights", *Irish Times* (Lexis-Nexis), 11 December 1999, p. 15.
39) Mary Kwang, "Country's Sovereignty First", *Straits Times*, 21 November 1999, pp. 38–39.
40) "Jiang Slaps Intervention under the Pretense of Humanitarianism", Xinhua News Agency, 25 October 1999.
41) "G-77 Criticizes Humanitarian Intervention Rights", Xinhua News Agency, 10 April 2000.
42) Allan Thompson, "APEC Meeting Divided over Peacekeepers", *Toronto Star*, 9 September 1999 ; Seth Mydans, "Indonesia Invites a U.N. Force to Timor", *New York Times*, 13 September 1999, p. A1.
43) See "Jiang Slaps Intervention".
44) "The Malaysian Human Rights Commission-Aims and Objectives", Address by Datuk Seri Syed Hamid Bin Syed Jaafar Albar, Minister for Foreign Affairs, Malaysia, at the Bar Council Auditorium, Kuala Lumpur, 28 October 1999.
45) "Malaysia Opposes U.N. Probe of East Timor Atrocities", Agence France Presse, 7 October 1999.
46) "Malaysia's Foreign Policy", Address by Datuk Seri Syed Hamid Albar, Minister for Foreign Affairs, Malaysia, at the Strategic Issues Forum (SIF) organized by the Asian Strategy and Leadership

Institute (ASLI), 22 July 1999. A copy of the speech is available at the Malaysian Ministry of Foreign Affairs'website at http://domino.kln.gov.my./KLN/statemen.nsf.

47) See also the so-called "Providence Principles on Humanitarian Action in Armed Conflict" published by the Humanitarian and War Project. These are reproduced in "Humanitarian Intervention A Review of Theory and Practice", Hearing Before the Select Committee on Hunger, U.S. House of Representatives, 102nd Congress, Washington D.C., 1993 ; see also Gary Klintworth, "International Community Has a Right and a Duty to Intervene", *Straits Times*, 8 September 1999 ; Bernard Rouchner, "Humanitarian Intervention : New Global Moral Code Must Emerge", *Toronto Star*, 20 October 1999.

48) Lee Siew Hua, "UN Intervention Needs New Rules, Jaya Says", *Straits Times*, 26 September 1999.

49) Felix Soh, Walking a Tightrope" *Straits Times*, 21 November 1999. For the Secretary-General's ideas on sovereignty, see Kofi Annan, "Two Concepts of Sovereignty", *Economist*, 18 September 1999. A version is also available online at http://www.un.org/Overveiw/SG/kaecon.htm.

50) *Ibid.*

51) Quoted in Kwang, "Country's Sovereignty First".

勢力均衡
Balance of Power

　ケネス・ワルツ（Kenneth Waltz）によると，「国際政治の理論というものがはっきりあるとすれば，勢力均衡理論である」[1]。勢力均衡は，ワルツ自身が認めているように安全保障に関する論文では当たり前のこととされているが，常に論争を呼んできた概念である。「自然の法則と解釈する人もあれば，単なる暴挙とみる向きもある。政治家にとっての指針となるのが，勢力均衡だという説もあれば，帝国主義的政策の隠れ蓑という説もある。勢力均衡が，国家の最善の安全保障であり，世界平和を確保するものであるという説に対し，戦争の原因となり，国家を破滅させた」[2]という意見もある。勢力均衡は，常識で理解できるのだと示唆する学者もいるが，勢力均衡の概念は，明確に異なる概念で使われる場合があり，また往々にして混乱されたり，ひとつにまとめて用いられる傾向がある[3]。アーネスト・ハース（Ernst Haas）は，その書物のなかで8つの勢力均衡に関する定義を示し，マーティン・ワイト（Martin Wight）は9つの定義を示した[4]。アメリカの現実主義の父であるハンス・モーゲンソー（Hans Morgenthau）は4つの意味を示した。このような混乱があることから，ハースは1953年の著作に「勢力均衡：その処方箋，概念　あるいはプロパガンダ」というテーマを付した[5]。

　イニス・クロード（Inis Claude）によると，勢力均衡には「平衡状態」と「関係国間で勢力関係が競合的に操作される国家間システム」の2つの意味がある[6]。同様にモーゲンソーは，勢力均衡を

「ある特定の状況をねらった政策」と「実際の状況」に峻別している[7]。このような峻別があるにもかかわらず、クロードは「勢力均衡のチャンピオンたちは、この重要な表現をほとんど定義しようとしない」と嘆く。学者がどの定義を用いているかを明らかにしないかぎり、「結果を歓迎しろと言われているのか、あるメカニズムがその結果に確実に繋がるという主張を受け入れよといわれているのかわからない」と論じている[8]。

条件として勢力均衡「状態」は、2つ以上の国家の間で勢力がほぼ均一に分配されていることであると論じている。さらに勢力均衡状態は、ヘドリー・ブル (Hedley Bull) が呼ぶところの「単純」もしくは「複雑」均衡に分けることができる。単純勢力均衡 (simple balance of power) は、2つのパワーから構成されている状態であるのに対し、複雑勢力均衡 (complex balance of power) は、3つ以上のパワーから構成されている場合である。ブルによるとこの2つの重要な違いは、単純均衡が主体（アクター）間の勢力の同等性を必要とするのに対し、複雑均衡の場合はこれを必要としない。強い勢力をもつものが幅を利かすわけではない。残りの勢力が結集すれば、十分に対抗できるからである[9]。

ブルは、また「全般的勢力均衡 (general balance of power)」と「局地的」もしくは「局部的」勢力均衡を峻別している。全般的均衡は、国際システム全体のなかでいずれの主体も卓越したパワーをもたないときに成立する。他方、世界のなかでも、東南アジアなどの地域では、「局地的」勢力均衡が成立している。その他の地域では、例えば、ブルはカリブ地域を例に挙げているが、局地的なパワーが存在している。しかしながら、いずれの場合も国際システム全体としては、全般的勢力均衡が成立しうる[10]。

ある特定の国際秩序のなかで勢力均衡が成立しているか否かを決める精密な方法はない。相対的な勢力分布を測定する精密な科学的手法はなく、勢力が均衡しているか否かをある特定の時期に決定す

る確実な方法はない。しかしながら，アーノルド・ウォルファース（Arnold Wolfers）が述べているように，「2つの対立国家またはグループが，他の勢力全体に挑戦することから抑止されている場合に，既存の勢力均衡，またはその近似が存在する」と述べている[11]。アジア太平洋地域における勢力均衡の研究では，ポール・ディブ（Paul Dibb）が「いかなるパワーも他者の運命を決定する立場にないときに」[12]勢力均衡は存在すると論じている。ブルは，「客観的に」物理的な均衡が成立するだけでは十分ではないと述べている。そういう勢力均衡が，分野横断的に成立していると「全般的に信じられていなければ」ならないと述べている[13]。

「均衡や平衡状態」が望ましいように聞こえるが，この定義は東西が互いの能力を試すことから抑止されたレスター・ピアソンの（Lester Pearson）言うところの「恐怖の均衡（the balance of terror）」があった冷戦時代の状況を適切に表現している。また，たとえ超大国の勢力均衡が，世界戦争を抑止したとしても地域紛争を防止できたかというのは疑問であるということも留意しなければならない。さらに勢力均衡の概念が，現状維持を中心としたものであるため，正義の問題を無視していると批判されてきた[14]。にもかかわらず，ウォルファースは，2つのブロックの均衡の方が「平和愛好勢力圏」のはずの側が，覇権をもつよりは（平和を維持するという意味では）良いと述べている。勢力均衡は，主体間に抑制を働かせ，冒険主義への誘惑，力の濫用を防止すると述べている[15]。

これに対して勢力均衡が，国家間の相対的に同等の勢力均衡を必要とするため，侵略国家になる国を十分に抑止することができないとの意見を述べる人もいる。（おおよその均衡として理解されているところの）勢力均衡が，平和を維持できるかということについての主要な批判は，1946年のミズーリ州フルトンにおけるウィンストン・チャーチル（Winston Churchill）の有名な「鉄のカーテン」演説のなかに見出すことができる。チャーチルは，英語圏の英連邦が，

米国と協力すれば,「微妙な勢力均衡下では野心や冒険心への誘いはうまれない。震撼することはない。むしろ,圧倒的なパワーの保証となろう。」と述べた[16]。

勢力均衡のもう1つの考え方は,勢力均衡とは国家が追求する政策もしくは行動だとする考え方である。この解釈を用いる学者は,「勢力均衡システム」とか「国家行動の均衡化」とよんでいる。政策としての勢力均衡は,国家が目的遂行のために国内,対外政策努力を行うことを指す。自助とよばれることの多い国内努力のなかには,「経済的な能力を増大しようとし,軍事的な能力を高め,懸命な戦略をたてる」ことが含まれる。対外的な努力としては,「新しい同盟を結ぶ,既存の同盟を強化する,敵対する同盟を弱体化する」ことが含まれる[17]。このような政策あるいは戦略は,「パワー・ポリティックス」とも呼ばれる。

勢力均衡論の批判者は,安全保障のジレンマを悪化させ,軍備拡大につながり,場合によっては戦争に発展することもあると指摘している。事実,ロバート・ジャービス(Robert Jervis)は,勢力均衡が成立する前提の1つは,「戦争は,国家の正当な手段でなければならず……国家は有効だと信ずるとき,武力に訴えることができると信じなければならない」と述べている[18]。ブライアン・ジョブ(Brian Job)によると歴史的に勢力均衡システムは,安定性を保つうえではあまり成果を上げていない。また,急速な変化に対応できず,「必ずしも平和的なサブシステムとは言いがたい」と述べている[19]。ジョン・ヴァスケス(John Vasquez)は,パワー・ポリティックスと勢力均衡行動を最も体系的に批判して,「勢力を均衡させようと試みること自体が,戦争に繋がる」と結論づけている[20]。

ヘンリー・キッシンジャー(Henry Kissinger)は,勢力均衡が最もよく機能する状況が2つあると述べている[21]。1つは,国家が自由にその時の状況に合わせて同盟を組んだり,組み直すことができる状況である。イデオロギー的な連携に頼るのではなく,国家が自

己利益やリアルポリティークに従って計算し行動できる状況である。ジャービスの言葉を借りれば,「今日の敵は,明日の同盟国かもしれないし,逆も真なり」と認識している場合である[22]。この例は,冷戦中のニクソン政権の「三角」外交 (triangular diplomacy) であろう。すなわち,1972年以降はかつての敵であった中国との関係を用いてソ連との均衡を図ろうとしたのである[23]。

もう1つは,一方の勢力が「バランサー (balancer)」の役割を果たす勢力均衡システムの修正版といえるものである[24]。「バランサー」は,通常他の国々と離れた立場をもてる(往々にして地理的にも離れている)強力な国家で同盟や紛争で決定的な役割を果たす能力をもっている国である。要は「どの1国も同盟も他の国々に対して覇権を行使することができず,支配権を確立することもできない」ようにする責任が,バランサーにはある[25]。リチャード・ローゼクランス (Richard Rosecrance) は,バランサーを「レギュレーター」と呼び,システムの規範にそった秩序を維持するために撹乱要素に対抗する安定した勢力であるとしている[26]。パーマーとパーキンスは,これは「大国が果たすもっとも望ましい役割」であるとしている[27]。

学者のなかには,ヨーロッパにおいて17世紀末から19世紀まで英国がフランスの覇権を防ぐべく「バランサー」の役割を果たしていたとする意見もある。すなわち,フランスの拡張主義に対して,英国が弱い国や脅威に晒されている側に力を貸していたというものである。これらの学者たちは,英国がいろいろな意味で理想的なヨーロッパの「バランサー」国家だったと主張する。英国は,ヨーロッパが1国の支配に牛耳られることを防ぐ以上のことを求めなかった。また,英国は,ヨーロッパ大陸の沖にある島国として大陸の覇権帝国の犠牲にならないように均衡を図るインセンティブをもっていた。

米国が,冷戦後のアジア太平洋地域において同様の「バランサ

ー」の役割を果たしているという意見もある。19世紀の英国のように，現在米国が将来の通常兵器による紛争に対してバランスを回復するために十分な軍事力，経済力をもっていることは疑いもない。また，地理的にも離れているという利点がある。したがって，アジア太平洋域内政府の1つが，米国が既にアジア太平洋の安全保障について「バランサー」として行動しているといっているのも驚くに値しないのかもしれない。

1992年米国国防省報告「アジア太平洋地域の戦略的枠組（A Strategic Framework for the Asian Pacific Rim)」は，米国の前方展開が「米国を地域の重要なバランサーにした」と記述している[28]。同様に，韓国の1996-97年防衛白書は，「米国の北東アジアへの前方展開は，地域の重要なバランサーとしての役割を果たしており，韓国と日本の防衛を補完している」と記述している[29]。しかしながら，米国のバランサーとしての役割を主張している人たちが，見過ごしているのは，米国の日米安全保障条約を含む同盟義務関係が，バランサーの役割と並立しうるかということである。本当に独立したバランサーになるためには，米国は個々のアジアの勢力との義務関係を廃棄することが前提となろう。

バランサーの考え方を批判する人は，ある国が他の国々とは異なった望みで動機づけられるという欠陥のある前提を用いていると指摘する。オルガンスキ（Organski）は，「バランサーなどというものはなく，これまでもなかった。どの国家も均衡を維持したいという動機をそもそももっていない」と主張する[30]。これに対して，スターリング（Sterling）は，伝統的な英国の外交政策を支持する人と勢力均衡システムを支持する人との間には高い相関関係があると指摘している。この相関は，バランサーの役割を重視するところからくるのかもしれない[31]。

このような勢力均衡に対する2つのの考え方は，現在のアジア太平洋安全保障状況にあてはまるのだろうか？（1国による覇権が欠如

している状態として理解されるところの）勢力均衡の条件は，アジア太平洋地域の多くの学者や政府関係者から望ましいと考えられているようである。しかしながら，冷戦後の「新しい均衡」が台頭してくるときに，誤解や誤算が出てくる危険性についての懸念が残る。かなりの文献，特に現実主義者やネオリアリストの国際関係論の文献では，中国の「台頭」や米国が撤退した場合の「力の真空」状態から出てくる勢力分布の変化への懸念が強い[32]。これには，よく歴史的な比喩が用いられるが，中国の台頭はドイツそして後に日本が国際システムに入ったときに発生した勢力分布の変化に喩えられている[33]。

　目標として勢力均衡を達成する必要性があることには，意見の一致があっても，伝統的な勢力均衡政策の効用に対しては必ずしも各国が足並みを揃えて受け入れているわけではない。多くの国が，武器の近代化と自助戦略を追求しているが，マイケル・リーファー（Michael Leifer）は，

> 個々の兵力の近代化を超えて多国間防衛協力に向かって努力しようという考えは，域内では明らかに欠落している。その理由はいろいろあるが，なんといっても伝統的な勢力均衡手段を新しい多角的な形で表現した場合，特に中国について，守るより挑発することになるという判断があるからである[34]。

チャールズ・クラウトハマー（Charles Krauthammer）のような強硬派の現実主義者は，はっきりと米国による中国を「封じ込める」ための同盟を主張しているが，このグループは少数派である[35]。勢力均衡を主張する人たちは，一部兵器の近代化や米国とそのアジアの友好国の密接な関係の継続やASEAN地域フォーラム（ARF）などの多国間機構の活用などに基づく将来の不確実性に対するヘッジ戦略の展開を強調している。前述のように勢力均衡政策は，通常自

助か同盟または集団的自衛関係のいずれかで展開されている。勢力均衡政策は，競合的な権力政治が中心になっていることが前提であるため，協調的な多国間制度に対しては積極的ではない。事実，ジョン・ミアシャイマー（John Mearsheimer）等の勢力均衡を支持する理論家は，紛争を防止し，協力を促す多国間の試みを「偽りの約束」と一蹴している。ミアシャイマーは，多国間制度は効率が悪いか，不要な誓約を個々の国家戦略に課すものだと論述している[36]。

多国間主義と勢力均衡の関係は，複雑なものである。マイケル・リーファーのような現実主義者は，ARFのような機構は，地域の勢力分布の現実を反映するだけだと信じる。リーファーは，ARFを「勢力均衡に付随する貴重な機能として，潜在的に覇権になるような地域勢力の台頭を否定する」ものとしている。リーファーは，「ARFは，伝統的な手段よりも他の手段でアジア太平洋の勢力分布の有効な均衡に貢献すると考えた方が現実的である」[37]と結論づけている。これと対照的に社会構成主義者（social constructivists）は，ARFのような機構は国家の行動を形成することを手助けし，対話のプロセスを通じて国家の利益を変え，行動規範遵守を促すことができるだろうとする[38]。そして，時間が経過するとともにARFが，アジア太平洋地域の勢力均衡の目標に貢献できるであろうとしている。アミタフ・アチャリャは，ASEAN諸国がARFにこの役割を期待していると述べている。ASEANのARFへの熱意は，

> 勢力均衡メカニズムの要であった大国による安全保障に対して深い積年の不信を［ASEANがもっていることを］反映している。これは，米国の軍事的プレゼンスと安全保障の傘への信頼性が下がってきていることを反映しているばかりではなく，勢力均衡アプローチの限界や危険に対する認識をも反映している[39]。

同時にアチャリャは，ASEAN は完全に勢力均衡行動を拒否しているのではないと認識している。最近の動き，例えば兵器近代化のパターンやミャンマーの ASEAN 加盟や現在停止中のオーストラリア・インドネシア間の安全保障協定は，勢力均衡政策と考えることができるが，一方アチャリャは，以下の様に述べている。

> ASEAN 諸国は，ARF を短期的な勢力均衡メカニズムの代替と考えており……軍事的均衡は，地域安全保障の十分な保障とはいえない。個々にもしくは集団で，自立を希求できないために，軍事的均衡政策の場合は，外の軍事力に頼ることになる。これを防ぐために，勢力均衡アプローチは，多角的安全保障対話と協力によって補完されなければならないのである[40]。

最後に，勢力均衡の概念は，アジア太平洋で用いるには適切ではないかもしれないという意見も学者のなかにはある。勢力均衡は，ルネッサンス時代のヨーロッパの歴史的，文化的な環境のなかで生まれてきた概念であるとして，ニコラ・ベーカー（Nicola Baker）とレオナルド・セバスチャン（Leonard Sebastian）は，アジア太平洋地域における勢力均衡の関連性を疑問視する。すなわち，アジアとヨーロッパの安全保障環境には，文化的，地理的および戦略的な違いがあり，ヨーロッパの勢力均衡の概念をそのままアジアに持ち込むことは慎重にするべきだと主張している[41]。スジャティ・ジワンドノ（Soedjati Djiwandono）は，ヨーロッパは，地政学的な喩えとしてはまずく，アジアは簡単な勢力「均衡」ではなく，勢力の「モザイク」というユニークな戦略環境にあるとしている[42]。

---

1) Kenneth N. Waltz, *Theory of International Politics* (New York : Random House, 1979) p. 117.
2) *Ibid.*

3) ディブは,その経験から「勢力均衡の概念は,外交政策ならびに防衛関係者の間よりも学者や知識人の間で議論を呼んでいる」と述べている。Paul Dibb, *Towards a New Balance of Power in Asia*, Adelphi Paper No. 295 (London : International Institute for Strategic Studies, 1995), p. 75, Chapter 1, note 1. 参照。

4) Martin Wight, "The Balance of Power", in *Diplomatic Investigations: Essays in the Theory of International Politics*, edited by Herbert Butterfield and Martin Wight (London : Allen and Unwin, 1966).

5) Ernst B. Haas, "The Balance of Power : Prescription, Concept or Propaganda?", *World Politics* 5, no. 4 (July 1953) pp. 442-77.

6) Inis L. Claude, Jr., "The Balance of Power *Revisited*", *Review of International Studies* 15 (1989) pp. 77-85, 77.

7) Hans J. Morgenthau, *Politics Among Nations : The Struggle For Power and Peace*, 5th ed., (New York : Alfred A. Knopf, 1978) p. 173.

8) Claud, "The Balance of Power Revisited", p. 77.

9) Hedley Bull, "The Balance of Power and International Order", in *The Anarchical Society : A Study of Order in World Politics*, 2nd ed. (London Macmillan, 1995) pp. 97-121, 98.

10) *Ibid.*, pp. 89-99.

11) Arnold Wolfers, "The Balance of Power in Theory and Practice", in *Discord and Collaboration : Essays on International Politics*, edited by Arnold Wolfers (Baltimore : Johns Hopkins Press, 1962) pp. 117-31, 118.

12) Dibb, *Towards a Balance of Power*, p. 6.

13) Bull, *The Anarchical Society*, p. 99.

14) Wolfers, "The Balance of Power", p. 119.

15) *Ibid.*

16) William Safire, *Safire's New Political Dictionary : The Definitive Guide to the New Language of Politics* (New York : Random House, 1993), p. 38 に引用。同じようなチャーチルとリチャード・ニクソンの引用については Claude, "The Balance of Power Revisited", p. 79 参照。

17) Waltz, *Theory of International Politics*, p. 118.

18) Robert Jervis, "From Balance to Concert : A Study of International Security Cooperation", *World Politics* 38, no. 1 (October 1985) pp. 58–79, 60.
19) Brian L. Job, "The Evolving Security Order of the North Pacific Subregion : Alternative Models and Prospects for Subregionalism", Paper presented at the Ninth Asia-Pacific Roundtable, Kuala Lumpur, 5–8 June 1995, p. 4.
20) John Vasquez, *The Power of Power Politics : A Critique* (London : Frances Pinter, 1983), p. 220.
21) Henry A. Kissinger, *Diplomacy* (New York : Simon & Schuster, 1994), pp. 17–21.
22) Jervis, "From Balance to Concert", p. 59.
23) Kissinger, *Diplomacy*, pp. 703–32.
24) Martin Sheehan, "The Place of the Balancer in Balance of Power Theory", *Review of International Studies* 15 (1989) pp. 123–34 ; Jervis, "From Balancer to Concert", p. 60.
25) Sheehan, "The Place of the Balancer", p. 124.
26) Richard Rosecrance, *Action and Reaction in World Politics* (Boston : Little Brown, 1963) p. 229.
27) N. Palmer and H. Perkins, *International Relations* (Boston : Houghton Mifflin, 1953) p. 312.
28) U. S. Department of Defence Report, *A Strategic Framework for the Asia Pacific Rim*, Report to Congress, Washington D.C., 1992.
29) *Defence White Paper 1996–97*, Ministry of National Defence, Republic of Korea, p. 39. バランサーとしての米国については, Douglas T. Stuart and William S. Tow, *A U. S. Strategy for the Asia-Pacific*, Adelphi Paper No. 299 (London, International Institute for Strategic Studies, 1995) pp. 8–11 参照。
30) A. F. K. Organski, *World Politics* (New York : Knopf, 1968) p. 288.
31) Richard Sterling, *Macropolitics : International Relations in a Global Society* (New York : Knopf, 1974) p. 55, Sheehan, "The place of the Balancer", p. 126 に引用。

32) 例えば，以下の文献参照。Aaron Friedberg, "Ripe for Rivalry : Prospects for Peace in Multipolar Asia", *International Security* 18, no. 3 (Winter 1993-94): pp. 5-33 ; Richard Betts, "Wealth, Power and Instability", *Internatonal Security* 18, no. 3 (Winter 1993-94) pp. 34-77 ; Denny Roy, "Hegemon on the Horizon? China's Threat to Asia-Pacific Security", *International Security* 19, no. 1 (Summer 1994) pp. 149-68.

33) Genrald Segal, "The Giant Wakes : The Chinese Challenge to East Asia", *Harvard International Review* XVII, no. 2 (Spring 1996) pp. 26-71 ; John Garver, *Will China Be Another Germany?* (Carlisle Barracks, U. S. Army War College, National Strategy Institute, 1996); see also Friedberg "Ripe for Rivalry", p. 30 ; Michael Leifer, *The ASEAN Regional Forum : Extending ASEAN's Model of Regional Security*, Adelphi Paper no. 302 (London : International Institute of Strategic Studies, 1996) pp. 53-54.

34) Leifer, *The ASEAN Regional Forum*, p. 53.

35) Charles Krauthammer, "Why We Must Contain China", *Time*, 31 July 1995, p. 72.

36) John Measheimer, "The False Promise of International Institutions", *International Security* 19, no. 3 (1994-95) pp. 5-59.

37) Leifer, *The ASEAN Regional Forum*, p. 57.

38) 代表的な文献例としては，以下が挙げられる。Alexander Wendt, "Anarchy Is What State Make of It : The Social Construction of Power Politics", *International Organization*, 41 (Summer 1995); also "Constructing International Politics", *International Security* 20, no. 1 (Summer 1995) pp. 71-81 ; "Collective Identity Formation and the International State", *American Political Science Review* 88, no. 2 (June 1994): 381-96 ; and *Social Theory of International Politics* (Cambridge : Cambridge University Press, 1999); Jutta Weldes, "Constructing National Interests", *European Journal of International Relations* 2, no. 3 (1996) pp. 275-318.

39) Amitav Acharya, *Avoiding War in Southeast Asia*, manuscript.

40) *Ibid.*
41) Nicola Baker and Leonard C. Sebastian, "The Problem with Parachuting : Strategic Studies and Security in the Asia/Pacific Region", *Journal of Strategic Studies* 18, no. 3 (September 1995), *Special Issue on* "The Transformation of Security in the Asia/Pacific Region", edited by Desmond Ball, pp. 15-31.
42) Sedjati Djiwandono, "Non-provocative Defence Strategy", in *Non-offensive Defence: A Global Perspective*, by UNIDIR (New York : Taylor and Francis, 1990) p. 120.

相互安全保障
Mutual Security

　相互安全保障の概念の語源は，冷戦中の米ソ対立にある。1980年代後半に米ソ超大国の学者と政府関係者が，このテーマについていくつかのワーキング・グループをつくり，90年に「相互安全保障：米ソ関係への新しいアプローチ（Mutual Security : A New Approach to Soviet-American Relations）」と題した報告書を発表した[1]。

　名称が示唆するように相互安全保障は，1982年にパルメ委員会によって提示された「共通の安全保障」の概念と共通点が多い。リチャード・スモーク（Richard Smoke）によると，80年代の大半において「相互安全保障」と「共通の安全保障」という用語は同義語として使われていた[2]。その他の安全保障概念とも類似性がある。スモークとビクター・クレメニュク（Victor Kremenyuk）は，「相互安全保障アプローチは『協調的安全保障』アプローチと呼ぶことができる」[3]とも付言している。相互安全保障は，安全保障への競合的，一方的ならびにゼロ・サム・アプローチを比較している。

　スモークとクレメニュクによると，相互安全保障は紛争中の当事者に特に関係があるアプローチである。これらのグループは，国家または北大西洋条約機構（NATO）やワルシャワ条約機構（WTO）のようないくつかの国家からなる同盟の場合がある。相互安全保障は「［当事者］が『お互いの』安全保障を高めることにより，それぞれの安全保障を確保しようとする」[4]ことである。相互安全保障は，紛争当事者が行動をとることにより同じ時期に双方がより安全だと

感じるようにすることができることを前提としている。これらの行動には，防衛的な防衛戦略，信頼感醸成，軍備削減，検証政策が含まれる。

これらの幅広い枠組みのなかで，スモークは3種類の相互安全保障を論じている。第1は，「技術的な」相互安全保障である。この相互安全保障へのミニマリスト的なアプローチとして，一方の安全保障と他方の安全保障の間に相関関係があることを認識している。相互安全保障は，危機が発生するのを予防しようとする中程度の信頼安全保障醸成措置を支持している。敵対するものの間で「不可逆的に（紛争が）エスカレート」する危険を防止することに努力を傾注するもので，どちらの当事者も望まないレベルまで危機が発展しないようにするという考え方である。スモークによって示されている具体的な政策のなかにはワシントンとモスクワのホットラインの使用，安全保障対話の促進等が含まれる。しかしながら，技術的な相互安全保障の提唱者たちは，より踏み込んだ措置は現実的でも，実践的でもないと考えている。軍拡や政治的競争は本質的に敵対者間の深い相違に根ざしていると信じている[5]。

相互安全保障の第2の概念として「脅威低減 (threat-reduction)」があり，不可逆的にエスカレートするリスクを単に除くよりも，もっと多くのことができるとしている。この提唱者たちは，敵対するもの同士の間で様々な脅威を程度でも種類でも低減する措置がとれるはずだと論じている。超大国は，潜在的な危機分野である「ヨーロッパ，ペルシャ湾と朝鮮半島」等の「緊張を和らげる（さらに，自ら離脱する）」ことができるはずだと示唆し，戦略兵器削減条約 (START) で話し合われた以上の核兵器削減やヨーロッパの「精力的」な通常戦力削減交渉を支持している[6]。

第3のアプローチは，相互安全保障のもつ「相互を支えあう」という概念である。一方の安全保障は，相手側の危険の範囲により低減し，危うくさえもなるという考え方である。例えば，一方が経済

崩壊や社会崩壊,テロなどに脅かされているとこれらの危機は,相手側の安全保障をも低減せざるをえない。自らの安全保障を守るためには,このような危険が発生することを食い止めることが必要で,それが自らの利益に繋がる。この第3の考え方を推進する者は,前述の報告書が執筆されていた時にペレストロイカが崩壊することを防止するために,西側とソ連の経済協力を呼びかけていた。また,科学者,芸術家やその他のグループの交流や東西の環境的,生態学的なリスクと戦うための協力を提唱していた[7]。

アジア太平洋地域では最近「相互安全保障」という言葉が多く使われるようになっている。例えば,中国政府関係者によると中国,ロシア,キルギス,タジキスタン,カザフスタンで調印した1996年上海協定は,相互安全保障の考え方に基づいている。この協定では関係国間の軍備削減および信頼醸成に焦点が当てられている[8]。

中国のある学者によると,相互安全保障は安全保障が権利であるという認識に始まる。「関わっているすべての国は,平等の立場に立っており,それぞれの国家安全保障の維持のために同じ権利を享受している」という考え方である[9]。第2に相互安全保障は,安全保障が相互依存的であり,いかなる国も相手の安全保障を犠牲にして国家安全保障を追求できないし,「合理的な必要性を越えて一方的な軍事的優位性を維持したり,求めようとするべきではない」と認識している。第3に,相互安全保障は,ユニラテラルやバイラテラルな信頼醸成措置か,その組み合わせを必要としている。中国が2国間の信頼醸成措置を好むことは,1997年11月のブルネイにおける信頼醸成措置に関するARFのISG会合に提出したペーパーで強調されていた。このペーパーでは,相互安全保障は「関連の精神と原則」の見出しのもとに記述されていた[10]。

多くの面で相互安全保障の中国の解釈は,共通の安全保障の概念に似ている。国境における兵力削減と信頼醸成が,上海協定に正式な要件として設定されているが,これらの要件は冷戦時代のヨーロ

ッパのためにパルメ委員会が考えた非脅威的,非挑発的防衛提案に驚くほど似ているとともに,OSCE のヘルシンキ,ストックホルム,ウィーンの信頼安全保障醸成体制のもとで進められてきた具体的イニシャティブの一部にも似ている。

---

1) Richard Smoke and Andrei Kortunov, *Mutual Security : A New Approach to Soviet-American Relations* (New York : St. Martin's Press, 1990).
2) Richard Smoke, "A Theory of Mutual Security", *ibid.*, p. 59.
3) Viktor Kremenyuk and Richard Smoke, "Joint Introduction to Mutual Security", in *Mutual Security*, by Smoke and Kortunov, p. 6.
4) Smoke and Kortunov, *Mutual Security*.
5) *Ibid.*, pp. 78-79.
6) *Ibid.*, pp. 79-81.
7) *Ibid.*, p. 82.
8) "Agreement between the Russian Federation, the Republic of Kazakhstan, the Kyrgyz Republic, the Republic of Tajikistan, and the People's Republic of China on Confidence Building in the Military Field in the Border Area", a translation of which is reproduced in "The ASEAN Regional Forum : Confidence-Building", a Background Paper circulated by the Canadian Government at the March 1997 ARF ISG on CBMs in Beijing.
9) この定義は,1996 年 1 月トロントで開催された第 1 回カナダ中国セミナー (CAWCHIS) に参加した中国代表団のメンバーから著者に手交されたメモに基づく。
10) Keynote Statement, "Chinese Paper at the ARF-ISG-CBMs in Burnei", mimeographed, 3-5 November 1997, pp. 3-4.

総合安全保障（包括的安全保障）
Comprehensive Security

　総合安全保障は，アジア太平洋地域で最も幅広く用いられている安全保障概念の1つである。ムタイヤ・アラガッパ（Muthiah Alapappa）によると，この表現は最初に1970年代の大平政権時に日本で公式に定義されたが，その後東南アジア諸国，特にインドネシア，マレーシアとシンガポールに強力に支持された[1]。

　一方，冷戦終焉後，安全保障に対する包括的なアプローチが，アジア太平洋の他の諸国にも広がった。例えば，1994年に発表されたモンゴルの国家安全保障の考え方も総合安全保障の概念を取り入れたものになっている[2]。総合安全保障では，大前提として国家の福祉全体に対する軍事的，非軍事的脅威の両方が含められている。しかしながら，総合安全保障も他の多くの安全保障概念と同様に地域のなかで場所によって様々に異なった形で使われ，解釈されている。さらには，ヨーロッパにおいて冷戦後OSCEも「comprehensive security」を対象としているが，これは「包括的安全保障」と邦訳されている。

　日本の「総合安全保障」概念は，第2次世界大戦中の拡張主義と侵略と結びつけられる国家安全保障概念に代わるものとして生み出された[3]。日本政府の研究会における議論を経て「総合安全保障に関する報告書」が1980年7月に伊藤正義総理代行に提出された[4]。この報告書は，研究会の座長の名前をとって「猪木報告」と称されるが，この報告書では，安全保障を大変幅広く定義し，軍事的な準

備態勢を整えると共にエネルギーや食料の供給も確保する,あるいは地震対策を充実するというこれまでに無かった目標も安全保障の一部として設定した。日本の総合安全保障の考え方には,現代の脅威が多次元的になっており,国家の安全保障上の課題は,経済問題,貿易の中断から自然災害そして武装敵国まで広範囲に及んでいるという認識である[5]。

日本の総合安全保障では,脅威の多次元化を強調し,軍事力だけでは国家の安全保障を確保するには十分ではなく,様々な非軍事的な政策が必要であると解釈されている。したがって,様々な非軍事的な政策対応をとることを強調する。そのためには,政治的,経済的,外交的および軍事的な資源を全面的に活用する。日本が,総合安全保障を達成するために使う主たる手段は,その膨大な経済力である。外国の学者のなかには,日本の政府開発援助(ODA)のかなりの部分を食料輸入の確保とエネルギー安定供給の確保のために使っているという意見もあり,アニー・ウォン(Anny Wong)は,これを「援助による総合安全保障」と呼んでいる[6]。

日本の総合安全保障へのアプローチは,非伝統的な安全保障の幅広い目標を掲げると同時に,伝統的な安全保障についても重要な役割を認めるものである。1984年に「国際国家日本の総合安全保障政策(Comprehensive Security Policy for the International State, Japan)」と題した報告書が,平和問題調査会(the Peace Issues Research Council)により中曽根総理大臣に提出された。この報告書では,前述の猪木報告書の主要な論点が含まれていたが,米国のパワーが相対的に下がってきたことから,日本は防衛費を引き上げる必要があるという点が追加された。具体的には,同報告書は,防衛費のGNP1%という上限を再検討することを提言した。この上限は,1987年1月に当時の中曽根総理大臣によって廃止された。学者のなかには,総合安全保障という概念は,日本政府がその安全保障政策のより伝統的な軍事面から関係者の注目をはずすのに役立ったと

の見方をする人もいる。すなわち,日本の自衛隊の発展と近代化を促進することに役立ち,防衛問題や自衛隊の役割についての議論をおさえることができたという見解である[7]。

一方,実際には総合安全保障の概念を用いることにより,日本の防衛政策の策定方法が変化したという見方がある。1986年に中曽根政権は国家安全保障会議(NSC)を創設し,安全保障政策策定機関とした。NSCは,軍事面での準備体制整備と安全保障政策の調整の責任を担わされたが,むしろ災害などを含む非軍事的な性格のものも取り扱うことになった。ピーター・カッツェンスタイン(Peter Katzenstein)と大河原良雄は,日本の総合安全保障の主要な特色として,安全保障政策の策定・実施に関わる政府の関連省庁の職員の出向の習慣を指摘している。具体的には大蔵省(現財務省),外務省や通産省(現経済産業省)の官僚が定期的に防衛庁のポストに出向しており,政策決定過程の中心にあってそれぞれの意見を述べるとともに「安全保障」の幅広い概念の構築を手助けしている[8]。

総合安全保障の概念は,ASEAN諸国でも熱意をもって取り上げられている。デービッド・デュウイット(David Dewitt)によると「少なくともASEANの3ヵ国,すなわちインドネシア,マレーシア,シンガポールは,軍事目標や手段を越えた安全保障概念を発展させてきたが,一方,フィリピンは最近安全保障へのアプローチとして同じようなドクトリンを生み出している」[9]。最近では,タイの学者が独自の総合安全保障の考え方を打ち出している[10]。しかしながら,ASEAN諸国の総合安全保障の解釈は,日本の解釈とはかなり異なる。マレーシア,インドネシア,シンガポールは,いずれも非軍事的脅威と政策手段を強調するものの,ごく最近まで日本の概念とは異なったところに焦点を絞ってきた。最も重要な相違点は,日本の総合安全保障概念が,外的な脅威を取り上げているのに対して,ASEAN諸国は伝統的に総合安全保障を国内の懸念に対するものとしている[11]。

インドネシアの総合安全保障概念は，「*Ketahanan Nasional*（国家強靭性（national resilience））」と表現されており，その語源はインドネシア独立後の新しい体制づくりの初期に遡る。この概念は，1968年から72年の間にインドネシアの国防委員会（National Defence Board）で議論され，73年に国家政策大綱（the Guidelines of State Policy）として正式に国家のドクトリンとして発表された。その重要性は，インドネシアの法律のなかで，総合安全保障が，

> インドネシアの国家アイデンティティと国民の総合的な生活を危険に晒すような外的，内的，直接的，間接的等あらゆる脅威に対抗し，克服するような国家の力を育成させる国家の決意の条件として正式に位置づけを与えられていることで立証されている[12]。

発展途上国の多くの安全保障概念のように，インドネシアの総合安全保障の解釈は国家建設の幅広い政策の一部とみなすことができる[13]。ムタイヤ・アラガッパは，インドネシアの総合安全保障は，オランダの植民地主義に対する国家強靭性と統一インドネシアの建設を結びつけている[14]。アラガッパは，インドネシア国軍（Angkatan Bersenjata Republik Indonesia : ABRI）の中心的な役割とインドネシアの政治システムにおける二重の機能を説明している。ABRIは，インドネシアへの直接的な軍事攻撃の可能性は低いと信じていたが，「代理戦争」の可能性を心配していた。したがって，総合安全保障の力点を「国内の安全保障と安定を維持し，侵略や転覆の機会をなくすことである。焦点は，民族，宗教または人種間の紛争，麻薬中毒ならびに密輸や犯罪行為等の国内脅威に置いていた」[15]。これは，経済開発を「最優先課題」とし，「イデオロギー，政治，経済，社会文化及び安全保障・防衛政策」によって，強靭性を実現することを意味するのである[16]。

アラガッパは,「国家強靭性のドクトリンは, 国際環境には言及していないが」インドネシアの 1960 年代の "Konfrontasi"(インドネシア語)の政策によって生まれた緊張を緩和する効果があったと述べている。"Konfrontasi" の時代には, インドネシアの近隣諸国との関係は, 歴史上未曾有のレベルまで悪化した。しかし, 国家強靭性の内向きの安全保障姿勢は, 主に経済開発と国内の安定の維持に焦点を絞ることによって, 近隣諸国の恐怖を和らげた。

マレーシアの総合安全保障の概念は, 同様に経済開発, 国家の均質性ならびに非軍事的脅威の緩和を優先しているが, 表面的には少なくともその概念はより外に向いた内容になっている。ノルディン・ソピー(Noordin Sopiee)によるとマレーシアの総合安全保障の解釈は, 1984 年 3 月にムサ・ヒタム(Datuku Musa Hitam)マレーシア元副首相が, シンガポールで行った「マレーシアの総合安全保障ドクトリン」と題した演説のなかで初めて示された[17]。同副首相は, 総合安全保障を 3 本のお互いに強化する柱で建てられた家に喩えた。第 1 の柱は, 安全な東南アジアである。第 2 の柱は「強力で効果的な ASEAN 共同体」の確保であり, 第 3 は「より基本的な」柱として「健全かつ安全で, 強力なマレーシア」をつくることである。ソピーは, この概念を「地域安全保障によってかなりの国家安全保障を確保する概念(そして, 国家の強靭性と安全保障によって地域安全保障のかなりの部分を確保する)」とまとめている[18]。

マレーシアの総合安全保障の国内向けの部分は, マハティール首相の 1986 年 7 月の国家安全保障に関する会議の冒頭演説で, より鮮明に要約されている。

> 国家安全保障というと, 武装した兵隊が国境警備に立ったり, ジャングルで戦うイメージである。……しかし, 安全保障は, 単なる軍事能力だけではない。国家安全保障は, 政治的安定, 経済の成功や社会の調和と不可分である。これらなしには, 世

界中の銃をもってしても敵に征服されることを防止することはできない。敵は、一発も発射せずして野心を全うすることができることもある。必要なのは、国家を扇動して傀儡政権をつくるだけのことである。経済的な困窮は明らかに国家安全保障への深刻な脅威である。この脅威を理解できないと不況が政治的な不安定、安全保障の脅威につながり、更なる不況をよぶことにもなりかねない。したがって、経済運営を巧みに行い、明解に考えることは、国家安全保障戦略の重要な一部である[19]。

マレーシアの総合安全保障へのアプローチの源は、政府が禁止していたマレーシア共産党（CPM）の勢力に対する内戦を戦っていたときに遡る。マレーシア政府は、共産主義的思想が相対的に豊かなマレーシアでは、共産党勢力はあまり共感を呼ばず、ゲリラは軍事的な勝利を収めるには弱すぎると考えていたが、マレーシア社会の水面下の民族、宗教、社会的な亀裂を利用するのではないかと懸念していた。したがって、国内の政治的なコンセンサスをつくることが、歴代のマレーシア政府の主たる目標であった。独立後、このコンセンサスは、マレー人への特権の付与と非マレー人への市民権の付与並びに華人社会の経済的な優位を認めることの間のトレード・オフに基づく、微妙な妥協として形成されてきた。1969年の民族暴動によって後退したにもかかわらず、マレーシア政府は貧困撲滅と経済へのマレー人の参加拡大という目標を立てた新経済政策（NEP）の策定によって、「国内矛盾」の排除という目標をさらに追求しようとした[20]。

このアプローチは疑いもなく多面的な安全保障概念を反映したものであるが、1970年代まではこのラインに沿った正式の国家安全保障ドクトリンをつくる試みはなされなかった。アラガッパは、70年代後半から80年代の初めまでは「国家強靭性」や「総合安全保障」という言葉は、マレーシアの語彙には入り込まなかったと指摘

し，これらの用語が正式に認められたのはもっと後であったとしている。アラガッパは国家の防衛における役割が減じると信じたマレーシア軍と警察がこれらの概念に懐疑的であったと述べている[21]。

マレーシアの学者や政府関係者が指摘する総合安全保障へのその他の具体的な脅威は，麻薬中毒の蔓延，宗教的過激論，違法移民，犯罪及び経済の停滞である。1986年の演説のなかでトゥン・フセイン・オン（Tun Hussein Onn）は，マレーシアの安全保障への脅威は，「政治的，社会文化的，心理的，そして経済的な次元にまで分野横断的に広がっている」と述べた[22]。

マレーシアの総合安全保障政策では，国内的次元が往々にして強調されているが，重要な外的，地域的な次元も含まれている[23]。1984年の記事のなかでソピーは，マレーシアにとって「強靭なASEAN諸国共同体」を通じて総合的な地域強靭性を確保することが必要だと強調している[24]。ソピーは，総合安全保障は「フィリピンとタイの領土保全へのコミットメント」，（マレーシアの場合は反乱分子と戦うことであった）「ASEANの強化」，「ASEAN諸国の間の相互信頼，親善を醸成」することを必要とすると述べている。ソピーは，またこれらの目標を達成するためには，地域への外からの介入を招かない原則を堅持し，「平和的な紛争解決のための組織，条約ならびに手続き等を確立すること」が必要であると述べている[25]。マレーシアが，武力侵略を受けた場合でも，ムサ・ヒタム元副首相は，毛沢東の人民解放戦争に似た戦略をとることを示唆している。

> いかなる外国の侵略者もマレーシアの強い市民の抵抗に遭うであろう……いかなる潜在的な侵略者に対してもマレーシア国民が，領土の最後の1インチまで全力で戦うことを保証できる。侵略者は，マレーシアは飲み込むことはできるかもしれないが，消化不可能な鋼の塊だといういうことがわかるであろう[26]。

シンガポールも「全体的防衛（total defence）」という概念を通じて，安全保障に対して総合的なアプローチをとってきた。これは，ゴー・チョク・トン（Goh Chok Tong）シンガポール首相とリー・シェン・ロン（Lee Hsien Loong）シンガポール副首相のアイデアとされている[27]。強靭性と同様に全体的防衛は，統一された国家のアイデンティティと持続的な経済開発によって国内の安定を図ることであると強調している。1996年のARF高級事務レベル会合（SOM）に提出されたシンガポールの国防政策ステートメントによると，この概念は「社会のすべてのセクターを動員し，シンガポールの安全保障のために役割を担わせる」ことである[28]。

全体的防衛は，5つの要素から構成されている。第1が「心理的な防衛」またはシンガポール人のなかに自国を防衛するという集団的な意思を育てることである。第2は，「社会的な防衛」で均質性の重要性を強調し，民族，言語や宗教に関係なく市民が融和することを求めている。第3は，「経済的な防衛」でボイコットや制裁やサボタージュ等の経済的な脅威に抵抗する能力である。第4は「市民防衛」またはシンガポール国民を国家緊急事態の際に守ることができるようにまとめて対応することである。最後の要素は「軍事的防衛」でよく装備されたプロの軍隊の維持を含むものである[29]。マレーシアの「鋼の塊」というアイデアの様にシンガポールの抑止の姿勢は，「毒海老」に喩えられてきた。

ASEAN諸国の総合安全保障の概念は，冷戦中は国内に向いたものであったが，アジア太平洋で多国間安全保障対話が生まれて以来，これを地域のレベルにも適用しようという関心が高まってきている。1つの可能性として議論されてきているのは，協調的安全保障の概念と結びつけたものである。1994年6月の *Sydney Morning Herald* の記事のなかで，ユスフ・ワナンディ（Jusuf Wanandi）は，ARFの創設は「ASEANの1971年の平和，自由及び中立のドクトリンと呼ばれるものに基づく総合安全保障の概念が変化」したことを示し

ていると述べた。ワナンディは，ASEAN は北東アジアや発想を同じくしない国家にも協力の手を差し伸べており，これは新しい「協調的安全保障のアプローチ」の一部であると述べている[30]。これは，デュウイットとアチャリャも同意見であり，「協調的安全保障は，東アジア諸国が主張してきた総合安全保障の概念のなかに包含される目標を達成する手段としてみることができる」としている[31]。

アジア太平洋安全保障協力会議（CSCAP）の総合・協調安全保障ワーキング・グループも，総合安全保障のアジア太平洋地域における役割を検討している。現在，マレーシア，ニュージーランドと中国が共同議長を務めているこのワーキング・グループは，1995年にニュージーランドのウェリントンで第1回会合を開催した[32]。そして，96年には「総合・協調的安全保障に関する CSCAP メモランダム No.3」を作成した[33]。このメモランダムでは，前述した総合安全保障の要素の多くが繰り返されているが，概念の意味をある重要な側面で顕著に拡大している。「すべての国家に受け入れられるような地域の安全保障管理の全体を網羅する概念」を打ち出したいとしている。そして，総合安全保障とその他の地域安全保障へのアプローチを対比して次のように述べている。

> 集団安全保障アプローチも勢力均衡アプローチもそれ自体はこの地域の安全保障の原則としては十分ではない。重要な利害の安全保障と中核となる価値観は，軍事的な分野を越えて広がっており，総合安全保障は共通の利害に基づく協力によってのみ達成しうる。集団安全保障や勢力均衡は，総合安全保障アプローチによって補完されたり，場合によっては代替される必要がある[34]。

メモランダムには，総合安全保障概念の「顕著な特徴」として6つの原則が示されている。すなわち，総合性，相互依存，協調的平

和と共有される安全保障の原則，自立の原則，包摂性と平和的関与原則，良き市民の原則である。これらは，明示的に信頼醸成措置，予防外交及び紛争の平和的解決を包含するものであり，軍事的能力はできうるかぎり「防衛的」で「非脅威的」であるべきだとしている。また「軍備管理と透明性措置は，総合安全保障の重要な要素である」と付け加えている[35]。この面でCSCAPのメモランダムに示されている総合安全保障の概念は，共通の安全保障に非常に似ている。

地域レベルで総合安全保障を実践するにあたって，メモランダムは，トラック・ワンとトラック・ツーの両方の路線を用いることを呼びかけており，ARFのような機関の役割を認識している。メモランダムは，総合安全保障は「『安全保障』プロセスだけで，明示的に取り組む必要はない。基本的な目的と整合性があるかぎりにおいてAPECや2国間もしくは準地域の経済協力プロセスでも取り扱うことができる」としている[36]。ARFは，「漸進的に強化していかなければならないだろう。その議題は……拡大し，非軍事的課題への余地を広げていく必要があろう」とメモランダムは締め括っている。しかしながら，メモランダムは，総合安全保障と地域内の2国間防衛関係については曖昧な記述になっている。自立の原則のもとに「非脅威的で互恵の防衛協力には，総合安全保障の関連のある要素が入るであろう」と認識している。しかし，包摂性の原則のもとでは，「同盟システムは，冷戦後のものも含めてはっきりと定義された敵はなく，地域内の総合安全保障管理のオプションとしての役割は減少している」とメモランダムは述べている[37]。

CSCAPのメモランダムに示されている総合安全保障の解釈は，重要な意味で日本やASEANで生まれた概念をこえたものになっている。「もし，安全保障が総合的ならばどこで線を引くのか」という質問に対して，「問題は，重要な利害，人間の中心的価値，国家や共同体の安全保障に対する脅威である，または，脅威を与える明

確なポテンシャルがあるとみなされた時には,総合安全保障の問題と認識される」と論じている[38]。潜在的な安全保障の対象として個人を含む幅広い範囲をもって解釈している CSCAP の総合安全保障概念は,新しい「人間の安全保障(ヒューマン・セキュリティ)」の考え方に近い。これは,もともと日本や ASEAN 諸国で考え出された総合安全保障の解釈とはかなり距離がある概念になっている。

---

1) Muthiah Alagappa, "Comprehensive Security : Interpretations in ASEAN Countries", Research Paper and Policy Studies No. 26, Institute of East Asian Studies, University of California, Berkeley, n. d.
2) 1994年6月30日にモンゴル国会で採択された国家安全保障の概念は,伝統的な安全保障上の懸念に加えて,経済的な独立,エコロジー,文化,科学技術,教育の要素への言及も含んでいる。また,情報の安全保障やモンゴルの国民と遺伝子プールの安全保障の重要性にも言及している。Ambassador J. Enkhsaikhan, "Human Security Factor in Mongolia's National Security Concept", Paper presented at the International Conference on Human Security in a Globalizing World, Ulan Bator, Mongolia, May 2000. ペーパーは UNDP のモンゴルのウエブサイトで入手可能。http://www. undp.org/rbap
3) J. W. M. Chapman, R. Drifte and I. T. M. Gow, *Japan's Quest for Comprehensive Security : Defence-Diplomacy-Dependence* (London : Fances Pinter, 1983) p. xiv.
4) 報告書の概要は,以下の文献に収録されている。Robert W. Barnett, *Beyond War: Japan's Concept of Comprehensive National Security* (New York Pergamon-Brassey's, 1984) pp. 1-6.
5) David B. Dewitt, "Common, Comprehensive and Cooperative Security", *Pacific Review* 7, no. 1 (1994) pp. 1-15, 2
6) Anny Wong, "Japan's Comprehensive National Security Strategy and Its Economic Cooperation with the ASEAN Countries", Research Monograph No. 6, Hong Kong Institute of Asia-Pacific Studies, Chinese University of Hong Kong, 1991, pp. 54-70, 54.

7) Chapman et al., *Japan's Quest for Comprehensive Security*, p. xvi.
8) Peter J. Katzenstein and Nobuo Okawara, "Japan's National Security, Structures, Norms, and Policies", *International Security* 17, no. 4 (Spring 1993) pp. 84-118, 92-95.
9) Dewitt, "Common, Comprehensive and Cooperative Security", pp. 3-4.
10) Panitan Wattanayagorn, "Thailand : The Elite's Shifting Conceptions of Security", in *Asian Security Practice: Material and Ideational Influences*, edited by Muthiah Alagappa (Stanford : Stanford University Press, 1998) pp. 417-44.
11) *Ibid.*
12) Alagappa, "Comprehensive Security", pp. 57-58.
13) Mohammed Ayoob, "Defining Security : A Subaltern Realist Perspective", in *Critical Security Studies: Concepts and Cases*, edited by Keith Krause and Michael C. Williams (Minneapolis : University of Minnesota Press, 1997) pp. 121-46, 131-32.
14) Alagappa, "Comprehensive Security", p. 58.
15) *Ibid.*, p. 60.
16) *Ibid.*, pp. 60-61.
17) Noordin Sopiee, "Malaysia's Doctrine of Comprehensive Security", *Journal of Asiatic Studies XXVII*, no. 2 pp. 259-65.
18) *Ibid.*, p. 259.
19) Speech by Mahatir Mohamad at the First ISIS National Conference on National Security, Kuala Lumpur, 15 July 1986, cited in Dewitt, "Common, Comprehensive and Cooperative Security", p. 4.
20) Alagappa, "Comprehensive Security", pp. 63-65, 68.
21) *Ibid.*, p. 67.
22) *Ibid.*
23) K. S. Nathan, "Malaysia: Inventing the Nation", in *Asian Security Practice : Material and Ideational Influences* (Stanford : Stanford University Press, 1998) p. 515.
24) Sopiee, "Malaysia's Doctrine of Comprehensive Security", p. 262.

25) *Ibid.*
26) Cited in *ibid.*, p. 261.
27) Alagappa, "Comprehensive Security", p. 75.
28) Republic of Singapore, "Defence Policy Statement", 1996年5月10-11日にインドネシア，ジョグジャカルタで開催された第3回ARF高級事務レベル会合のために準備されたペーパー。
29) *Ibid.*, pp. 1-2.
30) Lindsay Murdoch, "Australia : Towards Peace in Our Neighborhood", *Sydney Morning Herald*, 20 June 1994.
31) David B. Dewitt and Amitav Acharya, "Cooperative Security and Development Assistance : The Relationship between Security and Develo9pment with Reference to Eastern Asia", Eastern Asian Policy Papers No. 16, University of Toronto-York University Joint Centre for Asia Pacific Studies, Toronto, 1994.
32) この会議で発表された論文は，James Rolfe, ed., *Unresolved Futures: Unresolved Futures : Comprehensive Security in the Asia-Pacific* (Wellington : Centre for Strategic Studies, 1995) に収録されている。
33) メモランダムの本文は，David Dickens, ed., *No Better Alternative: Towards Comprehensive and Cooperative Security in the Asia-Pacific* (Wellington : Centre for Strategic Studies, 1997) pp. 161-67の付録に収載されており，以下の頁数は，付録のものである。
34) *Ibid.*, p. 163.
35) *Ibid.*, p. 167.
36) *Ibid.*
37) *Ibid.*, p. 166.
38) *Ibid.*, p. 165,

大国間の協調
Concert of Powers

　大国間の協調は，後述するように19世紀のヨーロッパにおいてナポレオン戦争後再び戦争が発生することを回避するべく設けられた協調体制をさして用いられる用語だが，冷戦終焉後アジア太平洋地域においても同様の協調が可能かどうかが論議をよんだ。

　大国間の協調の概念は，「委員会」による安全保障管理体制に喩えられてきた。ベンジャミン・ミラー（Benjamin Miller）の言葉を借りると協調は，

> その時点における大国間の高級レベルにおける外交的共同作業を進めるための国際的な制度もしくは安全保障レジームである。これは比較的耐久性があり，範囲が広く，複数の問題を対象として制度化された協力の枠組みである。この協調は，大国間の長期の安定した共同作業アプローチまたは戦略が収斂した結果である[1]。

　協調とは，大国間の関係を規制し，協力のために規範遵守を促進し，小国が大掛りな戦争を惹起するような紛争を引き起こすことを防止するために少数の大国が集まり，協力するものである。リチャード・ローゼクランス（Richard Rosecrance）とペーター・ショット（Peter Schott）は，大国間の協調とは「大国のクラブもしくはグループがある特定の地理的地域（地域の場合も世界全体の場合もあり

うるが)について安全保障のコストを下げることを集団として合意すること」[2]であると記述している。これは,アドホックな1つの問題に関する外交努力や,また,「デタントや協商のような大国間のより制度化されていない形の外交協力」,あるいは勢力均衡のための同盟とははっきり識別される[3]。

協調システムが機能するためには,協調に参加する国が一方的な行動はとらないことを合意しておくことが不可欠である。そのかわり,決定は大国間で協議した後コンセンサスで決定し,行動を起こす決定も集団で行う。協調の主たる目的は安定を維持することであり,国際秩序の現状を維持することである。そのため,大国間の協調にあたり,参加国が行動の共通の規範を受け入れることが重要である。協調の参加国は,安定した国際秩序について整合性のある見解を共有していなければならない。互いの安全保障の利害を認識し,互いの国内問題を尊重しなければならない。参加国は一方的に,あるいは協議なしに攻撃したり,武力を行使しないことに合意しなければならない。協調は,非公式な約束である場合もあり,複雑な制度や官僚メカニズムを必要としないという追加的なメリットがある[4]。

最もよく知られている協調は,ナポレオン戦争後に設けられたヨーロッパの大国間の協調であり,1815年からクリミア戦争が勃発した54年までヨーロッパの国家間の関係をつかさどった[5]。この協調に参加したのは,当時のヨーロッパの大国であり,プロシア,オーストリア,英国とロシアであった(フランスも1818年に参加した)。ヨーロッパの大国間の協調モデルが,冷戦後の世界にも当てはまるかも知れないという説を唱える学者もいる。チャールズ・クプチャン(Charles Kupchan)やクリフォード・クプチャン(Clifford Kupchan)は,米国,ロシア,英国,フランス,ドイツから構成される新しい協調が,安定した集団安全保障体制をヨーロッパにもたらし得ると論じている[6]。ローゼクランス(Rosecrance)は,同様

に米国,中国,ロシア,日本とヨーロッパ共同体から構成されるグローバルな協調を呼びかけている[7]。なかには,G7(現在はロシアが参加してG8)がすでにこの役割を果たしているとの意見もある[8]。

ミラーは,ヨーロッパの大国間の協調を見て,2つのタイプの協調があると論じている。1つは,協調のなかの大国間の関係が,相互に抑制を働かせることを中心とするものである。この場合,大国は,自らの利益をある程度全体の共通の利益を考えて決める。この受動的な協調(passive concert)では,大国は個々の主体として行動するが,合意に達しない場合でもより穏やかな形で行動し,他の参加国と行動を調整する[9]。もう1つの協調の概念は,大国が国際体制のより積極的な調整役になることとともに小国との関係に焦点を当てたものである。この協調では,大国が「平和と安定を維持し,紛争を解決するために共同の責任」[10]を担うことが,強調されている。このような協調では,集団性が強調され,より要求が厳しくなり,メンバーは小国が絡む問題についても協議する。また,「警察」的機能や管理の役割の一環として(集団安全保障手段の活用を含む)共同行動を調整することもある。

アジア太平洋地域に大国間の協調を適用する効用について議論を展開している学者も少なくない[11]。そのなかの1人がクリントン政権で国務省に在籍したスーザン・シャーク(Suzan Shirk)である。シャークは,協調は「政治的に正しくない」問題を取り扱わなければならないこともあると論じている[12]。したがって,アジア太平洋地域の機微な部分にふれないように,協調の目的は少なくとも最初は控えめなものにし,当初は,2つの目標に限るべきであろう。すなわち,第1の目標は「大国間の関係を規制すること」である。これは,安全保障のジレンマのリスクを低減するために,互いの軍事力と意図について情報を共有することで達成することができる。第2の目標は,大国間の大きな紛争を挑発しないように,その他の国家間の紛争を防止することである。シャークは,協調とは「最低

限」大国が小国間の紛争に軍事的に介入しないという規範を確立しなければならないと論じている。また，協調は集団的な調停努力をしたり，戦争で引き裂かれた国家の平和維持活動を行うこともあるとシャークは示唆している[13]。

しかしながら，シャークは，アジア太平洋地域の協調が，すべての国家に対して安全保障を提供しようと試みるものではないとの認識を示している。中小国間においていくつかの紛争は発生しても，協調からの反応を惹起しないこともありうる[14]。これはシャークの協調モデルとヨーロッパの大国間の「古典的な」協調との間の重要な違いといえよう。ヨーロッパの大国間の協調を構成していた大国は，自分たちよりも弱い隣国に対して命令する関係にあったが，シャークは，現代におけるアジア太平洋の協調においては，ミドル・パワーの自主性を認知していると指摘している[15]。ポール・ディブが，示唆しているようにASEAN，オーストラリアや韓国などが協調にあわせて自国の国家政策を策定するというようなことは考えにくい[16]。

アチャリャによると，日本政府は，アジアの協調の熱心な推進者である。1998年4月のボリス・エリツィン前大統領の訪日前夜，当時の橋本龍太郎首相は地域の4ヵ国すなわち，米国，中国，日本ならびにロシアが安全保障問題について首脳級の会合をもつ提案を検討したといわれている。98年6月のクリントン大統領の北京訪問以来，日米中の3ヵ国の安全保障協議にも関心を示したといわれている[17]。同様に中国政府は，公式には大国間の協調というアイデアを拒否したものの，地域安全保障に関する4ヵ国協議には関心を示した。アチャリャによると「大国間の協調は，中国の国際的な地位を向上させるという目的に適うばかりではなく，中国のARF型の多国間アプローチが小国が中国に対抗する方途になるかもしれないという懸念を緩和することにもなる」[18]。

いかなる協調においても様々な実際上の問題が発生することが，

学者によって指摘されている。ひとつは加盟国の問題である。どの国を入れて，どの国をはずすかという問題が発生する。ほとんどどの案が中国，日本，米国およびロシアを参加国として想定してるが，地域の有力者であるリー・クァン・ユー（Lee Kuan Yew）らは，地域の安定は「煎じ詰めると日米中の関係」にかかっているとの見方を示している[19]。なかには，中国は米中の2ヵ国が地域の安定を保障できると信じていると指摘する向きもある[20]。

　また，大国間の協調に参加する国々が，最低限主観的な信念を共有していなければならない点を強調する向きもある。リーフ・ロデリック・ローゼンバーガー（Leif Roderick Rosenberger）は，現在東アジアとそれ以外のアジア太平洋地域（特に米国）は十分に文化的な価値を共有しているとはいえないと論じている。西欧諸国にみられるように信念と価値観をある程度共有しないかぎり，アジアの大国間の協調は実現しないだろうという考え方である[21]。ローゼクランスとショットは，東アジア地域においては「協調体制を構築するイデオロギー的な基盤」が欠けていると指摘しているが，中国とロシアが徐々に国際貿易体制のなかに取り込まれるにつれて，日米と同様に世界の問題やトラブル・スポットに対応するようになるだろうと示唆している[22]。

---

1) Benjamin Miller, "Explaining the Emergence of Great Power Concerts", *Review of International Studies* 20 (1994) pp. 329.
2) Richard Rosecrance and Peter Schott, "Concerts and Regional Intervention", in *Regional Security in a New World* edited by David A Lake and Patrick M. Morgan (Pennsylvania : Pennsylvania University Press, 1997) pp. 140-63.
3) Miller, "Explaining the Emergence", pp. 140-63.
4) Charles A. Kupchan and Clifford A. Kupchan, "Concerts, Collective Security an d the Future of Europe", *International Security* 16, no. 1

(Summer 1991) pp. 114–61, 123–24.
5) ヨーロッパの大国間の協調に関する文献については *ibid.*, p. 122, note 23 参照。
6) Clifford Kupchan and Charles Kupchan, "After NATO : Concert of Europe", *New York Times*, 6 July 1990, Philip Zelikow, "The New Concert of Europe", *Survival* 34, no. 2 (Summer 1992) pp. 12–30.
7) Richard Rosecrance, "A New Concert of Europe", *Foreign Affairs* 71, no. 2 (Spring 1992) : 64–82.
8) John Kirton, "The Diplomacy of Concert : Canada, the G-7 and the Halifax Summit", *Canadian Foreign Policy* 3, no. 1 (Spring 1995).
9) Miller, "Explaining the Emergence", pp. 329–30.
10) *Ibid.*, pp. 330–31.
11) 例えば,スーザン・シャークの米国下院国際関係委員会アジア太平洋小委員会における証言参照。Federal Document Clearing House Congressional Testimony, 20 July 1995 ; see also Rosencrance and Schott, "Concerts and Regional Intervention", p. 148 ; Susan L. Shirk, "Asia-Pacific Security : Balance of Power or Concert of Powers?", Paper prepared for the Japan Institute of International Affairs-Asia Society Conference on "Prospects for Multilateral Cooperation in Northeast Asia : An International Dialogue", Tokyo, 18–20 May 1995, passim.
12) Shirk, "Asia-Pacific Security," p. 18.
13) *Ibid.*, p. 19.
14) *Ibid.*
15) ホルスティは,ヨーロッパの大国間の協調は大国間の戦争を回避するのに成果を上げたが,大国と小国の間の紛争や大国が小国に介入することを防止することはできなかったと指摘している。Kalevi J. Holsti, *Peace and War : Armed Conflicts and International Order 1648–1989* (Cambridge : Cambridge University Press, 1991) pp. 143–43 参照。
16) Paul Dibb, *Towards a New Balance of Power in Asia*, Adelphi Paper No. 295 (London : International Institute for Strategic Studies, 1995) p. 8 ; Shirk, "Asia-Pacific Security", p. 19.

17) Amitav Acharya, "A Concert of Asia?", *Survival* 41, no. 3 (Autumn 1999) p. 85.
18) *Ibid.*, p. 97.
19) Cited in Acharya, "A Concert of Asia?", p. 87.
20) Acharya, "A Concert of Asia?", p. 87 ; See also Banning Garett and Bonnie Glaser, "Beijing's View on Multilateral Security in the Asia-Pacific Region", *Contemporary Southeast Asia* 16, no. 1 (June 1994) p. 18.
21) Leif Roderick Rosenberger, "The Cultural Challenge for a Concert of Asia", *Contemporary Southeast Asia* 18, no. 2 (September 1996) pp. 135-62.
22) Rosecrance and Schott, "Concerts and Regional Intervention", p. 148.

多元的安全保障
Security Pluralism

　1998年の「米国東アジア太平洋地域安全保障戦略報告（United States Security Strategy for the East Asia-Pacific Region）」において，アジア太平洋地域における米国の戦略政策を説明するのに多元的安全保障という用語が用いられた[1]。報告書によると多元的安全保障とは「各国が2国間関係や多国間関係，そして対話などを構築して安全保障上の懸念に対処しようとする協調的かつ補完的な枠組」である。報告書は，枠組の中にはASEAN地域フォーラム（ARF）や準地域の信頼醸成努力，より規模の小さい「ミニラテラル」なグループや2国間関係も含まれると記述している。

　デニス・ブレア（Dennis Blair）米国太平洋管区総司令官は，頻繁にアジア太平洋地域における演説で多元的安全保障という用語を用いた[2]。1999年5月にシンガポールにおいてブレアは，多元的安全保障は「勢力均衡」に代わる概念であると述べ，「係争の着実な解決のために外交と交渉に頼るものである。安全保障と軍事の2国間および多国間の関係のネットワークをつくり平和を維持し，経済発展を促すことですべての国家が繁栄し，裨益する」ものであると述べた[3]。アジア太平洋地域では「勢力均衡よりも多元的安全保障思考が必要である。今日の状況は無論のこと，将来にはさらに多元的安全保障の考え方が重要になるであろう」と述べた。

1) *United States Security Strategy for the East Asia-Pacific Region 1998* (Washington, D. C.: Department of Defence, 1998) pp. 42 – 44.
2) See for examples, Admiral Dennis C. Blair, U. S. Navy, Commander in Chief, U. S. Pacific Command, Remarks before the Pacific Basin Economic Council (PBEC), Honolulu, Hawaii, 21 March 2000 ; "Collective Responsibilities for Security in the Asia-Pacific Region", Remarks by Admiral Dennis C. Blair, U. S. Navy, Commander in Chief, U.S. Pacific Command, University of California San Diego, Graduate School of International Pacific Studies, 13 April 2000 ; Remarks by Admiral Denis C. Blair, U. S. Navy, Commander in Chief, U. S. Pacific Command, at the World Affairs Council, Anchorage Hilton, Anchorage, Alaska, 25 June 2000. An archive with the speeches and testimony of Admiral Blair and former Commanders in Chief, U. S. Pacific Command (CINCPACs) can be found on the U. S. Pacific Command website at http://www.pacom.mil.
3) "Collective Responsibilities for Security in the Asia-Pacific Region", Remarks by Admiral Dennis C. Blair, U. S. Navy, Commander in Chief, U. S. Pacific Command, at the Institute for Defence and Strategic Studies, Singapore, 22 May 1999.

多国間主義，多角主義，マルチラテラリズム
Multilateralism

　マルチラテラリズムの定義には2つある。まず，もっとも外交で一般的に用いられているマルチラテラリズムは，「3ヵ国以上の国が，アドホックなアレンジメント（取極）もしくは機構（institution）を通じてそれぞれの政策を調整する慣行」を指す[1]。単に（2者以上の）グループの間の協力を指した名目的な，あるいは数量的なものである。この場合の多角的な行動もしくは機構は，一方的なものあるいは2国間の行動とは，明らかに対照的なものである。ロバート・コヘイン（Robert Keohane）は，多国間機構は単に「一連のルールのある多角的なアレンジメント（取極）である」としている[2]。

　ジョン・ジェラルド・ラギー（John Gerard Ruggie）は，このミニマリスト的な定義に対して反論している。ラギーは，マルチラテラリズムは「一般的な機構の形態」であり，従来の定義では機構を多角的なものにする特色がでてこないと論じている。ラギーは，マルチラテラリズムは，単に参加国（者）数の問題ではない。歴史上にも3ヵ国以上が参加しながら，実際はバイラテラリズムとして機能していた取極がたくさんあったと指摘している[3]。ラギーは，マルチラテラリズムをこれらの取極もしくは国際組織と識別する基本的な「質的な」次元があると結んでいる[4]。

　ラギーは，多角的な関係は3ヵ国以上が一緒に具体的な問題もしくは一連の問題を「特定の一般化された行動原則（specific generalized principles of conduct)」に基づいての取り組みを含むと論じている⁵⁾。これらの原則は「一定の行為に対する適切な行動」を，発生している状況のなかの特定の利益もしくは戦略的な要求に関係なく規定する⁶⁾。ラギーは，マルチラテラリズムを構成する資質として不可分（indivisibility），無差別（non-discrimination）と不特定相互主義（diffuse reciprocity）の原則を挙げている。例えば，ラギーは「GATT 加盟国が，MFN の規範を遵守することによって，貿易体制が加盟国全体にとって不可分の利益となる。これは世界貿易自体の属性ではない」と論じている⁷⁾。すべての GATT 加盟国は，他の加盟国を同じように取り扱うことに合意することになる。

　同じように集団安全保障体制をマルチラテラリズムにするのは，自国の利益にかかわりがある時のみならず，どこでいつ侵略が行われても全加盟国が対応することが求められる点である。ラギーは，マルチラテラリズムが成功するためにはコヘインが言うところの「不特定相互主義」がメンバーのなかで期待されていなければならないと指摘している⁸⁾。これはある特定のマルチラテラリズムが長い期間に全体として参加国（者）がほぼ同様の便益を享受することが期待できることを意味する。これに対して 2 国間関係では「特定相互主義（specific reciprocity）」もしくは代償関係が必要である⁹⁾。

　ブライアン・ジョブ（Brian Job）は，「マルチラテラリズムの様々な形態の」ものを区別する別の手段を提案している¹⁰⁾。ジョブは，マルチラテラリズムの資質として 2 つの次元を挙げている。まずは，マルチラテラリズムのメンバーのコミットメントを「深い」あるいは「浅い」という形で表す次元である¹¹⁾。深くコミットしている国は，メンバー国が攻撃されたり，脅威にさらされた場合には参戦すると約束する。浅いコミットメントの国の場合は，支援もしくは協議に参加する，もしくは中立を守る約束をする。第 2 の次元はメンバーの数に言及したもので「狭い」あるいは「広い」という。狭く考えられる多国間の取極は「地域あるいは相互安全保障の利害

がある体制のなかで一部の国だけ」が参加するものである。これに対して「潜在的な地域あるいは体制のメンバーを包摂する」幅広いものが「広い」マルチラテラリズムである[12]。

ごく最近までアジア太平洋地域は、マルチラテラリズムの経験がほとんどなく、特にヨーロッパと比較すると多国間機構の数が非常に少ない。第2次世界大戦前にワシントン海軍条約によって、多国間での地域安全保障を試みたがほとんど成果を上げることができなかった。冷戦中は、地域の大国は政治・安全保障問題は2国間の取極で取り上げることの方を好んだ。このルールの例外が、東南アジア条約機構（SEATO）であったが、これは失敗した。SEATOは、名目的には多国間同盟であったが（すなわち、2国以上が参加していたが）ラギーの定義を用いると加盟国の安全保障が不可分であるという前提に基づいていなかったので、多国間主義とはいえなかった。

まず、SEATOでは、NATOの第5条のようにNATO加盟国が攻撃された場合は、全加盟国に対する攻撃とみなし反撃する、すなわち、自動的な対応を必要とするという条文が欠落していた。マニラ条約の第4条は、単に平和と安全への脅威が記述されているだけである。第2に、SEATOにおける米国の義務は他の加盟国とは異なっていた。米国はすべての侵略の場合ではなく、共産主義の侵略の場合にのみ同盟国を支援するとされていた。第3に、SEATOにはNATOの場合のような統合司令本部もなく、統合計画本部もなかったので、多国間同盟とは呼びがたいものであった[13]。

冷戦の間にアジア太平洋地域で生まれた政府間多国間機構は、東南アジア諸国連合（ASEAN）だけであった[14]。非政府間レベルでは、太平洋経済協力会議（PECC）と太平洋経済委員会（PBEC）が地域全体の経済協力を対象にして成功した事例である[15]。しかしながら、この10年間の間にアジア太平洋地域の構造は大きく変化した、現在はASEANに加えて、ASEAN地域フォーラム（ARF）、アジア太平洋経済協力会議（APEC）、アジア欧州会議（ASEM）、アジア太平

洋安全保障会議（CSCAP），アジア欧州協力協議会（CAEC）等を含むかなりの数にのぼる政府間，非政府間の多国間フォーラムが設けられている。アジア域内諸国間のマルチラテラリズムも台頭してきており ASEAN＋3 がその例である。ある推計によると，1995 年だけでもアジア太平洋安全保障問題に関するマルチの会議は 130 件以上開催された[16]。

国際関係論の学者の間で多角的な機構が創設されるための要素をめぐってかなりの議論が展開されている。一部の理論家は，国際制度のルール設定と多角的機構の発展のためには，強力な覇権リーダーが必要だと論じている[17]。その他の理論家は，多角的機構は覇権国家が衰退する局面において誕生しやすい，すなわち，国家の間のパワーギャップが縮小しているときに生まれやすいと論じている[18]。戦後のヨーロッパとアジアの機構構造がかなり違うことから単なる覇権の存在だけでは，多角的機構を創設するのに十分ではないといわれている。同様に覇権衰退理論に基づくと，米国の 1960 年代からの相対的なパワーの減退を指摘することになるが，これではなぜアジア太平洋のマルチラテラリズムが 89 年まで離陸しなかったかということをうまく説明できない。

これらのアプローチが不十分なために学者のなかには文化的および理念的な要素が，多角的機構創設にはパワー分布よりも重要であるという意見も出てきている[19]。例えば，ラギーは，覇権そのものが問題なのではなく，誰が覇権を求めているかが問題であると論じている。ラギーは，第 2 次世界大戦以降のマルチラテラリズムの広がりを米国の政治史のなかにルーツがあるとみている[20]。

アジア太平洋地域のマルチラテラリズムは，独自の性格を帯びながら発展していると指摘する学者もいる。ポール・エバンス（Paul Evans）は，APEC が，アジア太平洋地域のマルチラテラリズムがユニークな歴史的環境のなかから生まれ，地域にあった発展をすることの「強い証左」になっていると指摘している[21]。この「アジア

太平洋」の資質は簡単にいうと以下に要約することができる。すなわち，アジア太平洋のマルチラテラリズムは，包摂的で無差別の開かれた地域主義の原則に基づくものである。外に開かれており，地域内外のパートナーと相互の便益を与えることができるものである。法的，もしくは成文化されたルールやコミットメントを慎み，願望を述べるステートメントやピア・プレッシャー（同列の国への圧力）を使って機能する。より重要なこととして，アジア太平洋地域のマルチラテラリズムは，コンセンサスに基づいている。これは意見の違う少数の立場を排除するものではないが，前進するには各メンバーの基本的な利益を損なわずに幅広い支持があることを必要とする。

---

1) Robert Keohane, "Multilateralism : An Agenda for Research", *International Journal* XLV (Autumn 1990) pp. 731-64, 731.
2) *Ibid.*
3) John Gerard Ruggie, "Multilateralism : The Anatomy of an Institution", *International Organization* 46, no. 3 (Summer 1992) pp. 565-66. He gives as examples the trading system established by Hjalmar Schacht, which regulated trade between Nazi Germany and states in East Central Europe, the Balkans and Latin America, and the League of the Three Emperors.
4) William Diebold describes this as the difference between "formal" and "substantive" multilateralism, see William Diebold, Jr., "The History and the Issues", in *Bilateralism, Multilateralism and Canada in U.S. Trade Policy*, edited by William Diebold, Jr. (Cambridge, Massachusetts : Ballinger, 1998).
5) Ruggie, "Multilateralism", p. 567.
6) *Ibid.*, p. 571.
7) *Ibid.*
8) Robert Keohane, "Reciprocity in International Relations", *International Organization* 40, no. 1 (Winter 1986) pp. 1-274.

9) Ruggie, "Multilateralism", p. 572.
10) Brian L. Job, "Matters of Multilateralism : Implications for Regional Conflict Mechanisms", in *Regional Orders : Building Security in a New World*, by David A. Lake and Patrick M. Morgan (Pennsylvania : Pennsylvania State University Press, 1997) p. 168.
11) *Ibid.*
12) *Ibid.*
13) George Modelski, "SEATO : Its Functions and Organizations", in *SEATO : Six Studies*, edited by Modelski (Melbourne : F. W. Cheshire, 1962).
14) Amitav Acharya, "Ideas, Identity, and Institution-Building : From the ASEAN Way to the Asia-Pacific Way?", *Pacific Review* 10, no. 3 (1997).
15) For a discussion of the history of the PECC and PBEC, see Lawrence T. Woods, *Asia-Pacific Diplomacy : Nongovernmental Organizations and International Relations* (Vancouver : University of British Columbia Press, 1993) pp. 66 – 125.
16) Paul M. Evans, "Reinventing East Asia : Multilateral Cooperation and Regional Order", *Harvard International Review* XVIII, no. 2 (Spring 1996) pp. 16 – 69, 18.
17) See, for example, Charles P. Kindleberger, *The World in Depression 1929 – 39* (Berkeley : University of California Press, 1973).
18) Donald Crone, "Does Hegemony Matter? The Reorganization of the Pacific Political Economy", *World Politics* 45, no. 4 (July 1993) pp. 501 – 25.
19) Acharya, "Ideas, Identity and Institution-Building".
20) John Gerard Ruggie, "The Past as Prologue? Interests, Identity, and American Foreign Policy", *International Security* 21, no. 4 (Spring 1997) pp. 89 – 125.
21) Paul M Evans, "The Dialogue Process on Asia-Pacific Security Issues : Inventory and Analysis", in *Studying Asia Pacific* Security : The Future of Research, Training and Dialogue Activities, edited by Evans

(Toronto : University of Toronto-York University Joint Centre for Asia Pacific Studies, 1994) p. 303.

透 明 性
Transparency

　透明性という用語は，アジア太平洋地域において安全保障対話と経済対話の両方で用いられている情報開示をさす。安全保障対話では，透明性は信頼安全保障醸成措置と関連がある。より端的に述べると，透明性は軍事問題について情報を公開することにより，国家間の信頼を深め，誤算や紛争につながる猜疑心を減らすことをねらっている。国防問題すべてについて，情報を公開する必要はないが，ある種の軍事問題について相当限定的かつ慎重に定義して情報を開示することが必要である。

　透明性は，国家に対して他国政府が軍事的な行動をとる意図がないことに対する安心感を高めることにつながる。また，透明性は，潜在的な敵が明白な準備なしに大掛かりな攻撃を仕掛ける能力をもっていないことへの安心感にもつながる。国家の意図は，あきらかに時間の経過とともに変化しうるが，軍事力は長期にわたる兵器調達があってはじめて増強できるものである。デスモンド・ボール（Desmond Ball）は，透明性をアジア太平洋地域における信頼醸成の「最も基礎的な」要素のひとつと位置づけている[1]。

　実際面では，透明性を高めるためには様々な方法がある。そのなかには，軍当局間の接触，軍のミッションの相互訪問，軍事演習の事前通知，戦略概観や軍事ドクトリンならびに兵力構成に至る情報の交換，さらには軍事施設の物理的な視察まで様々なものが含まれる。アジア太平洋地域では，査察などの介入的な措置はほとんどの

国家にとって受け入れられないという合意がある。したがって，域内各国政府が，例えば防衛白書を作成し，兵力構成の背景にある論理を説明するなどの努力を通じ，さらに情報を交換することが望まれる。最近のトラック・ツーの提案では，域内のすべての国家が国防白書にあたるものを出版することを呼びかけている。具体的な透明性措置として議論されているのは，アジア太平洋地域の武器移転登録制度を設けることである。この提案についてはまだ意見の一致はないが，域内諸国は積極的に国連の武器移転登録制度を支持している。

透明性は，アジア太平洋地域における経済面での多国間協力の概念でも用いられている。1994年11月のインドネシアのボゴールにおけるアジア太平洋経済協力（APEC）会議で，透明性はAPECの非拘束的な投資原則のひとつとして挙げられた。パシフィック・ビジネス・フォーラム（PBF）の95年報告書は，透明性について，「計画，規則，規制，指針等はすべて明確に書類に記載し，関係者が容易にアクセスできるようにしなければならない。推量，恣意，二重基準は，排除されなければならない。透明性原則は，それぞれの国の経済活動のなかでも適用されるべきである」としている[2]。1996年のAPEC非公式首脳会議への報告書のなかでPBFを引き継いだAPECビジネス諮問委員会（ABAC）は，APEC参加国が法律，規制，行政ガイドラインや投資に関する政策をつくる時には透明性が必要であり，「情報が公に速やかに容易に入手できるように」しなければならないと述べている[3]。

---

1) Desmond Ball, "Building Blocks for Regional Security : An Australian Perspective on Confidence and Security Building Measures (CSBMs) in the Asia/Pacific Region", Canberra Papers on Strategy and Defence No. 83, Strategic and Defence Studies Centre, Research School of Pacific Studies, Australian National University, 1991, p.29.

2) The Osaka Action Plan : Roadmap to Realising the APEC Vision, Report of the Pacific Business Forum 1995 (Singapore : APEC Secretariat, 1995) p. 11, para. 8.
3) Asia-Pacific Economic Co-operation (APEC) Business Advisory Council, ABAC Report to APEC Economic Leaders (Singapore : APEC Secretariat, 1996) p. 53.

トラック・ワン
Track One

　トラック・ワンとは、アジア太平洋地域における公式の政府間の政治・安全保障対話のチャンネルを指す。トラック・ワン会合への参加者は、それぞれの国の代表として参加する。議論のスタイルや舞台は非公式であることも多いが、発言は公式の政策を示すものとみなされる。アジア太平洋地域におけるトラック・ワンの会合には、東南アジア諸国連合（ASEAN）、ASEAN地域フォーラム（ARF）、ASEANプラス3（もしくは10＋3）プロセス、アジア太平洋経済協力会議（APEC）等がある。北東アジアでは、北朝鮮問題に関する日韓米3ヵ国監督・調整グループ（TCOG）が、韓国、日本および米国の関係の公式レベルにおける対話の場を提供している[1]。

　アジア太平洋地域における主要なトラック・ワンの組織はARFであり、1994年に第1回会合がバンコクで開催された。現在、ARFの加盟国は、23ヵ国に及び、オーストラリア、ブルネイ、カンボジア、カナダ、中国、欧州連合（EU）、インド、インドネシア、日本、ラオス、モンゴル、ミャンマー、ニュージーランド、北朝鮮、パプアニューギニア、フィリピン、ロシア、シンガポール、韓国、タイ、米国とベトナムが参加している。ARFでは年に1回閣僚級の会合が開かれ、各国から外務大臣が参加し、2名の高級事務レベルの官僚が参加している。ARFの名称が示すとおり、ARFのなかでASEANが特別な立場を有している。95年のブルネイにおけるARF閣僚会合の議長声明では、「ASEANが原動力になっている」

と記述された。ARFには常設事務局は設けられておらず，ASEAN外相会議とこれに引き続いて行われるASEAN拡大外相会議の議長国が，会議の準備を担当している。したがって，ARF議長国は，毎年ASEANの首都のアルファベット順の持ち回りになっている。

ARFにはトラック・ワンのサブ・グループが設けられており，そのなかにはARFの議題と会合の準備をする高級事務レベル会合（SOM）が含まれる。SOM以外にARFには，平和維持，予防外交，災害救援，捜索および救助協力のための各インターセッショナル会合（ISM）や信頼醸成措置のためのインターセッショナル・サポート・グループ（ISG）が設けられている。

ARF以外にもアジア太平洋の軍関係者が集まる多国間政府間チャンネルがある。例えば，西太平洋海軍シンポジウム（WPNS）や太平洋地域陸軍管理セミナー（PAMS）などがある。同様に，いわゆる考え方を共有するオーストラリア，カナダ，日本および韓国の外務省の政策企画スタッフの代表が集まる年1回の4ヵ国会議も設けられている。

---

1) TCOG会合の報告書は，各国国務省のwebsite at http://www.state.gov に掲載されている。

トラック 1.5
Track One-and-a-Half

　トラック 1.5 は，現在はオーストラリアで主に用いられており，アジア太平洋地域の他の国々ではトラック・ツーと呼ばれることが多い。トラック 1.5 は，キャンベラにあるオーストラリア国立大学の戦略防衛研究所（SDSC）ポール・ディブ（Paul Dibb）所長が，1994 年 11 月にキャンベラで ARF 地域信頼醸成セミナーが開催されたときに用いた用語である。しかしながら，この表現には少なくとも 2 つの解釈がある。1 つは，議題の内容によるものであり，もう 1 つは参加者の背景によるというものである。

　内容による解釈という意味では「誰が議題を決めたか」が重要である[1]。この定義によるとトラック 1.5 は非公式会合であり，通常（個人の資格で参加する）政府関係者と学者が参加する。議題は政府関係者が設定し，トラック・ワンで懸念材料になっている具体的な問題が取り上げられる。例えば，実現はしていないが，提案されている北東アジア安全保障対話（NEASD）構想がこれにあたるといえる。また，若干混乱をよぶが，ARF セカンド・トラックの会合もトラック 1.5 とよばれることがある。さらに複雑なのは，中国の参加者が最近の会合で述べたようにアジア太平洋安全保障協力会議（CSCAP）もトラック 1.5 であるといわれることがある。アジア太平洋地域の安全保障機構がまだ「トラック・アイデンティティ」すなわち，どのトラックに属するかということが固定されていないためにこのような混同が生まれているのであろう。例えば，CSCAP

がトラック・ツーなのかトラック 1.5 かは，会合の議題を誰が設定しているかによって決まるということであろう[2]。

トラック 1.5 の第 2 の定義は参加者の背景によるものである。この点ではトラック 1.5 の会合は学者やジャーナリストよりも政府関係者が個人の資格で参加する非公式会合の色彩が濃い。例えば，1994 年のキャンベラ・セミナーは，通常トラック・ツーとよばれている非公式な会合ではあるが，出席者の大半が ARF 加盟国の政府または軍関係者であった。また，トラック・ワンの組織である ARF により承認されたセミナーへの参加者の大部分が政府関係者であったということは，このセミナーがトラック・ツー会議というよりも，トラック・ワンにならないぎりぎりのところまで公式の対話チャンネルに近づいていたことを意味する。

『ジェインズ・ディフェンス・ウィークリー』(*Jane's Defence Weekly*) には，「トラック・ツーは，学者や NGO の関係者が参加するが，トラック 1.5 には政府関係者も参加する」との解釈が示されている[3]。この解釈は，上述のキャンベラにおけるセミナーの顔ぶれとは必ずしも平仄があわない。キャンベラのセミナーでは，ほとんどの参加者が外務省と国防省関係者で，「選べばれた学者」が参加しただけであった。

実際上はこれらの定義の違いは，どこを強調するかの違いであったといえる。会議の参加者のほとんどが（個人の資格とはいえ）政府関係者である場合，議題も政府関係者が決めることが多いように思われる。さらに，増えてきている「ARF トラック・ツー」会合（ARF が直接まとめている非公式な対話チャンネル）は，トラック 1.5 という表現が必要かという問題がでてこよう。

---

1) この点は，1998 年 1 月にトロントで開催された第 2 回カナダ中国セミナー（CANCHIS II）の議論のなかでブライアン・ジョブが指摘した。

2) この定義は，同上の会議において中国とカナダの学者および政府関係者の議論に基づいたものである。
3) Jane's Defence Weekly, 24 June 1995.

トラック・ツー
Track Two

　トラック・ツーとは，政府間の公式の対話であるトラック・ワンと区別し，学者やジャーナリストを中心とした民間主導の対話を指し，政府関係者も個人の資格で参加する。

　ルイーズ・ダイアモンド（Louise Diamond）とジョン・マクドナルド（John McDonald）によると，「トラック・ツー」という用語は，1982年にフォーリン・サービス・インスティテュートのジョゼフ・モントビル（Joseph Montville）が「公式の政府間システムの外にある外交」を表現する用語として提案した[1]。ダイアモンドとマクドナルドは，トラック・ツーは「時には市民外交官や非政府関係者とよばれることもある市民または市民グループの間の非政府，非公式の接触と活動を指す」と定義している。基本的な前提として「紛争や平和の創造をうまく取り扱う専門知識は，政府関係者や公式の手続きのなかにのみあるわけではない」としている[2]。

　アジア太平洋安全保障に関する文献では，トラック・ツー（またはセカンド・トラックと呼ばれることもある）は，政治，経済，安全保障対話の「非公式」チャンネルとされている。典型的なトラック・ツーの会合や組織には，学者，ジャーナリストが参加するが，場合によっては「個人の資格」または「非公式の資格」[3]で政治家，政府関係者，軍関係者が参加する。ポーリン・カー（Pauline Kerr）が示しているように，アジア太平洋地域におけるトラック・ツーは，非政府チャンネルというよりも非公式チャンネルと表現したほうが

よい。なぜならば,

> 組織や個人を「政府」あるいは「非政府」と定義づけることは難しい。フォーラムや組織のメンバーは通常「混合」もしくは「ブレンド」されているといわれ,参加者のなかには学者,その他の知識人,その他外務省,時には国防関係者を含む政府関係者が「個人の資格」で含まれる。[……] さらに,「学者」が複数の立場を有していることもある。すなわち,政府関係者であったり,企業に勤務していたり,政府の政策コンサルタントを兼ねている場合もある。なかには,非政府機関ではあるが,政府が出資している組織や外務省や国防省の研究機関の関係者が参加する場合もある[4]。

トラック・ツーのプロセスは,参加者の間で開放的で率直な議論を勧奨するために,非公式性,包摂性および匿名制という原則に基づいている。「非公式」な会合であれば,正式の対話や交渉では機微でありすぎる,または,問題がありすぎると考えられるテーマについても議論ができるという前提にたっている。トラック・ツーは政策提言について「観測気球」を上げてみることもでき,「公式レベルにおける協調的な枠組みを支える基礎をつくることにも役立つ」[5]。また,トラック・ツーのもうひとつのメリットとして,アジア太平洋地域のエリートの間で地域協力の考えを「なじませる」ことにも役立つことである[6]。しかし,取り上げられる議題と政策の関連性は極めて重要である。デスモンド・ボール (Desmond Ball) が述べたように,「実施の可能性は,トラック・ツー・プロセスから生まれるアイデアの本質的な価値と同じぐらい重要である」[7]。

それぞれの政府は,トラック・ツーの会合に資金を提供したり,議題設定に参加するが,トラック・ツーの会合を主導するのは,通常大学や民間の研究所であり,各国政府とは一定の距離を保つ。に

もかかわらず，国とトラック・ツーを主催する機関の密接な関係は，これらのグループの自主性と批判的な考えをすすめる能力を制約してしまう。ハーマン・クラフト（Herman Kraft）は「この問題は公式と非公式トラックの違いが次第にあいまいになってくるとともに明らかになってきた」と指摘している[8]。

Dialogue and Research Monitor : An Inventory of Multilateral Meetings on Asia Pacific Security Issues によると，アジア太平洋地域において2週間に1回の頻度でトラック・ツーの会合が開催されている[9]。このなかには，小規模の，1つのテーマに絞ったグループで，例えばシーレーンの安全保障とかインドネシアが主催する南シナ海に関するワークショップ等も含まれる。最大の包摂的なトラック・ツー会合はASEAN ISIS主催のアジア太平洋円卓会議（Asia-Pacific Roundtable）であり，アジア太平洋地域から数百名の参加者が集まる[10]。ブン・ナガラ（Bunn Nagara）は，円卓会議の強みは，「政府関係者への影響力が表面的には控えめに抑えられていることにある。……しかしながら対話の中身，趣旨や方向性は各国の政府関係者に浸透する。……このような運営は……微妙で文化的に多彩な地域に適した方式であろう」と述べている[11]。

もっとも野心的なトラック・ツーの会合は，アジア太平洋安全保障協力会議（CSCAP）である。CSCAPは，1992年11月のソウルにおける会議で話し合われ，93年6月に10の発起研究機関が集まって設立が発表された。ポール・エバンス（Paul Evans）によると，CSCAPは「アジア太平洋地域の安全保障問題に関する非政府プロセスのなかで，定期的で，焦点が定まっており，包摂的なものとして，今日までで最も野心的なもの」である[12]。CSCAPは，地域のすべての国の参加を認め，地域外にも開放された安全保障対話プロセスをつくることを目的としている。オーストラリア，カナダ，中国，インドネシア，日本，韓国，北朝鮮，マレーシア，モンゴル，ニュージーランド，フィリピン，ロシア，シンガポール，タイ，米

トラック 2

　国およびベトナムの 16 ヵ国が参加し，準加盟国として欧州連合 (EU)，インドの IDSA が，賛助会員として国連のアジア太平洋平和軍縮地域センターが参加している。各国に加盟国内委員会が設けられている。CSCAP には，現在総合安全保障と協調的安全保障，信頼安全保障醸成措置，海上安全保障，北太平洋ならびに越境犯罪の 5 つのワーキング・グループが設けられている。

　CSCAP 以外にも北東アジア協力ダイアローグ (NEACD) の下でいくつかのトラック・ツーの対話が開催されている。NEACD はカルフォルニア大学サンディエゴ校のスーザン・シャーク (Susan Shirk) によって設立され，米国，ロシア，中国，日本および韓国が参加している。第 1 回の準備会合に出席した後，北朝鮮は参加していない。ARF もいくつかのトラック・ツーの会合を開催しており，これによってますます公式対話と非公式対話の違いが曖昧模糊としてきている。

---

1) Louise Diamond and John McDonald, Multi-Track Diplomacy : *A Systems Approach to Peace* (West Hartford: Kumarian Press, 1996) pp. 1-2.
2) *Ibid.*, p. 2.
3) See, for example, Stuart Harris, "The Regional Rolee of Track Two Diplomacy", in *The Role of Security and Economic Cooperation Structures in the Asia Pacific Region*, edited by Hadi Soesastro and Anthony Bergin (Jakarta : Centre for Strategic and International Studies, 1996); Desmond Ball, "A New Era in Confidence Building: The Second Track Process in the Asia/Pacific Region", Security Dialogue 25, no. 2, (1994).
4) Pauline Kerr, "The Security Dialogue in the Asia-Pacific", *Pacific Review* 7, no. 4 (1994) p. 399.
5) Herman Joseph S. Kraft, "Track Three Diplomacy and Human Rights in Southeast Asia : The Case of the Asia Pacific Coalition for East

Timor", Paper presented at the Global Development Network 2000 Conference, Tokyo, 13 December 2000, p. 2.
6) Jusuf Wanandi, "The Future of ARF and CSCAP in the Regional Security Architecture", Paper presented at the Eighth Asia-Pacific Roundtable, Kuala Lumpur, 5–8 June 1994, p. 18.
7) Desmond Ball, "CSCAP: Its Future Place in the Regional Security Architecture", Paper presented for the Eight Asia-Pacific Roundtable, Kuala Lumpur 5–8 June 1994, p. 18.
8) Herman Joseph S. Kraft, "The Autonomy Dilemma of Track Two Diplomacy in Southeast Asia", *Security Dialogue* 31, no. 3 (September 2000) p. 346.
9) *Dialogue and Research Monitor* is a available online at http://www.jcie.or.jp or http://www.pcaps.iar.ubc.ca.
10) For more on ASEAN-ISIS's important role in the development of track two and official regional dialogues, see Kerr, "The Security Dialogue" and also Carolina G. Hernandez, "Governments and NGOs in the Search for Peace : The ASEAN ISIS and CSCAP Experience", Paper presented at the Alternative Security Systems Conference, Focus on the Global South, Bangkok, Thailand, 27–30 March 1997, available online at http://www.focusweb.org/focus/pd/sec/hernandez.html.
11) Bunn Nagara, "Preface", in *The Making of a Security Community in the Asia-Pacific*, edited by Bunn Nagara and K. S. Balakrishnan (Kuala Lumpur : ISIS Malaysia, 1994), p. ii, cited in Kerr, "The Security Dialogue", p. 405.
12) Paul M. Evans, "Building Security : The Council for Security Cooperation in Asia Pacific (CSCAP)", *Pacific Review* 7, no. 2 (1994) pp. 125–39, 125.

トラック・スリー
Track Three

　トラック・スリーはトラック・ワン，トラック・ツーに自然につながるものであるが，その関係は名前が暗示するよりも複雑である。一般論として，トラック・スリーは非政府組織（NGOs），越境ネットワーク，アドヴォカシー連合などのグループの活動や会合を指す。トラック・ワンとトラック・ツーが，国家の懸念材料となっている具体的な問題を取り上げ，政策立案者を参加させ，情報を提供するのに対して，トラック・スリーは「パワーの中心からは押しやられている地域社会や人々」を代弁すると主張する人々から構成される[1]。これらのグループは「支持者を構成し……従来からの慣例や信念を問い直し，政府の公式の立場に代わるものを提示」することを追求する[2]。ハーマン・クラフト（Herman Kraft）によると，「議論は政府の政策の主流に反対する傾向があり，その議題に対する批判的な枠組をもとに展開される」。したがって，これらの会合は「トラック・ツーの会合よりも敵対的」である[3]。

　トラック・スリーは，ほとんどのグループが政策立案過程に間接的な関係しかなく，なかには国家中心の制度的なものにつながる「トラック」のひとつとみなされることも拒否するグループもあり，その意味では名称自体誤っているともいえる。ピエール・リゼー（Pierre Lizee）は，多くの市民社会組織が「権力の中枢に近すぎるとみなされる仕組みのなかにかかわることを躊躇している」と指摘している[4]。彼らは独立性と自主性を失うことをおそれている。同

様にトラック・ツーの参加者のなかにもトラック・スリーの関係者へのアプローチに慎重な向きもある。トラック・スリーのグループの多くが人権や民主化を主唱しているため、トラック・スリーの関係者が地域安全保障対話に参加することに非民主主義体制の国が強く反対することも多い。

アジア太平洋地域におけるトラック・スリーの主体の具体例としては、ビルマに関するASEANネットワーク (the Alternative ASEAN Network on Burma : Alt-SEAN)、人権と開発に関するアジア・フォーラム (Forum-ASIA)、グローバル・サウス・フォーカス (Focus on the Global South)、アジア太平洋地域安全保障協議会 (the Council for Alternative Security in the Asia-Pacific : CASAP)、オルタナティブ・セキュリティ・フォーラム (the Forum on Alternative Security)、東ティモールのためのアジア太平洋連合 (the Asia Pacific Coalition for East Timor : APCET)、アジア太平洋における平和・軍縮・共生 (Peace, Disarmament and Symbiosis in the Asia-Pacific : PDSAP) などがある[5]。これらのグループが取り上げてきた問題には、社会経済的不平等や性差別、環境劣化、政治参加、民主化等が典型的なものとして含まれる。これらのグループは、アジア太平洋経済協力会議 (APEC) やアジア欧州会合 (ASEM) 等の公式の会議と並行して開催される「人間サミット」等でその存在感を示している[6]。トラック・スリーのグループは、地域安全保障について批判的な立場を主張してきている。関係団体のなかに統一見解があるわけではないが、典型的には外国軍隊の基地の存在や、国防費のレベルが高いこと、ミサイル防衛を含む兵器システムの購入と拡散等に反対している[7]。しかしながら、クラフトが指摘しているように「トラック・スリーのグループが最も活発に活動してきたのは人権の分野である」[8]。

トラック・スリーの主体は、トラック・ワンやトラック・ツーのチャンネルに参加するには躊躇を感じているが、正式の関係を結ぶところも出てきている。もっとも重要なのが、インドネシアのバタ

ムで 2000 年 11 月に開催された ASEAN 国民集会（the ASEAN People's Assembly : APA）であろう。このアイデアは，1995 年のブルネイにおける ASEAN 閣僚会議において，タイの外務大臣が ASEAN の国民議会を公式レベルではじめて提案し，タイの戦略問題研究所を通じて ASEAN ISIS にこのような集会を開催する可能性を調査するように要請した[9]。あるシンガポール関係者によると，APA は「ASEAN における共同体構築には，社会のあらゆるセクターが参加して一歩一歩で進めていかなければならない……ASEAN は，加盟 10 ヵ国の市民の幅広く，より深い支持を得るためには，各加盟国のエリートのみならず普通の市民にもかかわりがある存在にならなければならない」という理屈に基づいている[10]。

バタムにおける創立総会には，ASEAN 加盟 10 ヵ国から 300 人以上の代表が集まった[11]。インドネシアのシンクタンクである安全保障国際問題研究所（CSIS）が APA の事務局を務めた。参加者は各国の ISIS のメンバーの推薦を受けて ASEAN ISIS が招待し，旅費と宿泊費は ASEAN ISIS が負担した。代表の顔ぶれは，「できるだけ多様性をはかり，政府と財界からの代表も若干名含める」ものであった[12]。APA は ASEAN の非公式および定期的な首脳会議にあわせて年 1 回開催される。

---

1) Herman Joseph S. Kraft, "Track Three Diplomacy and Human Rights in Southeast Asia : The Case of the Asia Pacific Coalition for East Timor", Paper presented at the Global Development Network 2000 Conference, Tokyo, 13 December 2000, p. 2.
2) Navnita Chadha Behera, Paul Evans, and Gowher Rizvi, *Beyond Boundaries : A Report on the State of Non-Official Dialogues on Peace, Security and Cooperation in South Asia* (Toronto : University of Toronto-York University Joint Centre for Asia Pacific Studies, 1997) p. 19.

3) Kraft, "Track Three Diplomacy", p. 2.
4) Pierre Lizee, "Civil Society and Regional Security : Tensions and Potentials in Post-Crisis Southeast Asia", *Contemporary Southeast Asia* 22, no. 3 (December 2000) pp. 551–70, 559.
5) More information about FORUM-ASIA can be found at its website at http://www.forumasia.org. Focus on the Global South can be found at http://www.focusweb.org.
6) For example, the People's ASEM Summit in Soul, October 2000. For details, see http://www.asem2000people.org.
7) For example, see Walden Bello, "Towards a Just, Comprehensive, and Sustainable peace in the Asia-Pacific Region", Speech at the opening session of the Okinawa International Forum on People's Security, Okinawa, 29 June-2 July 2000, available at http://www.focusweb.org/. The group maintains a project on security and conflict, which is described on its website, and also a series of bulletins under the heading "Focus-on-Security".
8) Kraft, "Track Three Diplomacy", p. 4.
9) "ASEAN People's Assembly", Article on the website of the Singapore Institute for International Affairs (SIIA) available online at http://www.siiaonline.org/news/mews.htm.
10) *Ibid.*
11) John Aglionby, "ASEAN Starts to Reinvent Itself", eCountries online news service, available at http://www.ecountries.com/ southeast_asia/singapore/news/1941407.
12) *Ibid.*

2国間主義, 2国間外交, バイラテラリズム
Bilateralism

　「バイラテラル」という形容詞は, 通常2者のみがかかわる関係, 出来事や組織をあらわすときに用いられる。3者以上の当事者がかかわるマルチラテラリズムと対照を成す。この場合, バイラテラリズムは, 国家間関係は1対1あるいは2国ずつを基礎にすれば最もうまく形成されるという信念から生まれている。例えば, BとCが友人とみなされる場合でも, AはA-BとA-Cの関係を維持するほうが, ABCの (名目上は多国間) 取極をつくるよりも有効だと考えるものである。この意味でバイラテラリズムは定義として排他的な関係である。

　バイラテラリズムの名目上の定義は2者がかかわる関係であるが, これだけでは, 2国間関係の典型的な特色の説明にはならない。ディボルド (Diebold) によると最も狭い意味の「バイラテラル」とは, ある特定の関係の質的な次元については中立である[1]。他方, ジョン・ジェラルド・ラギー (John Gerard Ruggie) は, 2者以上の主体がかかわるバイラテラルな事例を歴史からいくつか挙げている。例えば, ヤルマー・シャクト (Hjalmar Schacht) が編み出したナチスの貿易制度の事例がある。このシャクトの創設した制度は, ナチス・ドイツとバルカン, ラテンアメリカおよび中東欧諸国との間の経済関係を維持するものであった。ラギーによると「(ナチスの貿易制度には) 本質的な限界はなかった。地理的には, ドイツから2国

間協定の巨大なクモの巣をめぐらせ,地球全体を網羅するほど普遍的にもなりえた」[2]。ラギーは,バイラテラリズムやマルチラテラリズムについては,国家関係における質的な特徴が重要だと論じている。

ラギーによると関係国の数が多いにもかかわらず,シャクトのシステムはあくまで2国間関係であり,2つのバイラテラリズムの特色を兼ね備えている。すなわち,まず参加する主体の数に関係なく,バイラテラルな関係が成立しており,複数の2個群に分割されている。シャクトの制度はドイツとその外国貿易相手との間で交渉された一連の「相互」協定に基づいており,本質的に差別的である。しかもすべての取極は,ケース・バイ・ケースに品目ごとに設けられていた。通商交渉は,相手国ごとに実施され,GATTのMFNのように他の国には均霑されなかった。

また,バイラテラリズムでは,それぞれの2国間関係で具体的な交換が行われることを前提としている。コヘインは,このような取引を「特定的相互主義 (specific reciprocity)」または,常にそれぞれが「同時に特定的報奨があり,均衡がとれていること」としている[3]。「不特定相互主義 (diffuse reciprocity)」のみが,要件となるマルチラテラリズムと対照的である。マルチラテラリズムでは,長い期間には便益がほぼすべての関係者に与えられるという期待がもてることが要件である。

アジア太平洋地域では,バイラテラリズムが冷戦中の安全保障関係の特徴であった。米国は日本からニュージーランドまでの国々と2国間安全保障関係を締結し,共産主義の拡張を封じ込めるための拡大抑止ネットワークを構築した（「集団的防衛」参照）。失敗した東アジア条約機構 (SEATO) とは対照的にいわゆる「ハブ・アンド・スポーク」システムは,米国のニーズにも適い,長持ちした。いずれの2国間関係においても米国が主たるパートナーであり,それぞれの戦略環境に合わせて米国は同盟関係を形づくることができ

たのである。米国の東アジア戦略イニシャティブ（EASI）のなかで，米国自身，2国間条約のほうが多国間取極めよりも「管理しやすい」としている[4]。

ブライアン・ジョブ（Brian Job）は，それ自体が目的とみられるバイラテラルなアレンジメントとマルチラテラリズムへの跳躍板になる可能性のあるバイラテラリズムとを更に区別している。ジョブは，「厳密なバイラテラリズム」を主張するものは，マルチラテラリスト的な組織の利点を認めないという。これに対して「拡張性のあるバイラテラリズム（expansive bilateralism）」の推進者は，バイからマルチへ移行することを期待し，これを是とする。後者については，2国間関係は，冷戦という歴史的な状況の産物であったと考える。イデオロギーの障壁がなくなって，包容力のあるバイラテラリストは，多角的枠組みへの移行が起こりうると主張する[5]。ジョブは，アジア太平洋ではバイラテラリズムが安全保障関係の主たる構造であるが，「拡張性のあるバイラテラリズム」であるマルチのメカニズムで補完されていると論じている。ジョブはこの表現がクリントン政権のアジア太平洋安全保障政策を最も巧みに表現していたと述べている[6]。

クリントン政権自体は，「強化されたバイラテラリズム（enriched bilateralism）」と「多元的な安全保障」（「多元的安全保障の項目参照）」という表現を用いて相互補完的な2国間と多国間の取極の関係を論じた。1999年のマレーシアにおける演説で米国太平洋管区司令官であったデニス・ブレア（Dennis Blair）は，次のように述べた。

　　我々は，今まさに2国間関係を深めていかなければならない。米国の対北朝鮮政策については韓国とのみ協議するのではもはや十分ではない。日本ときめ細かく協力し，中国やロシアとも協議していかなければならない。第3国に関する政策を決定し，

行動に移す前に2国間関係を有する安全保障のパートナー国と協議することの重要性が高まっている。強化されたバイラテラリズムから協議や調整により関係国を取り込むことは，小さなステップである。日本，韓国，並びに米国が北朝鮮に関してそれぞれの政策を調整しているアプローチは強化されたバイラテラリズムをもとに進めているものといえる[7]。

---

1) William Diebold, Jr., "The History and the Issues", in *Bilateralism, Multilateralism, and Canada in U.S. Trade Policy*, edited by William Diebold, Jr. (Cambridge, Massachusetts: Ballinger, 1988).
2) John Gerard Ruggie, "Multilateralism: The Anatomy of an Institution", *International Organization* 46, no. 3 (Summer 1992) pp. 561–98, 569.
3) *Ibid.*, pp. 572–73.
4) Douglas T. Stuart and William S. Tow, *A U.S. Strategy for the Asia-Pacific*, Adelphi Paper No. 299 (London: International Institute for Strategic Studies, 1995) p. 16.
5) Brian L. Job, "Bilateralism and Multilateralism in the Asia Pacific Region", Paper presented at the Second Canada-China Seminar (CANCHIS II), Toronto, January 1998, pp. 2–3. この論文の前身は，Brian L. Job, "Multilateralism in the Asia Pacific Region", *in Bilateralism in a Multilateral Era*, edited by William Tow, Russell Trood, and Toshiya Hoshino (JIIA and Centre for Australia-Asia Relations, 1997) に発表されている。
6) *Ibid.*, p. 5.
7) 1999年9月8日に米国太平洋管区海軍司令官デニス・ブレアのマレーシア国際戦略問題研究所におけるスピーチ。

人間の安全保障，ヒューマン・セキュリティ
Human Security

　冷戦終焉後，安全保障概念を再考することに関心が集まった。本書で紹介している「協調的安全保障」や「相互安全保障」は，その2つの例である。「人間の安全保障（ヒューマン・セキュリティ）」は，1945年に遡って先行する概念であるが，最近学者の間でも政策立案者の間でも関心を呼んでいる[1]。

　人間の安全保障は，安全保障概念があまりにも長い間狭く解釈されてきたという前提に立った概念である。これまで安全保障の対象となってきたのは国民国家であり，安全保障は領土を守り，国家利益や国家の中核的価値を進めることであった。安全保障を達成するのに用いられた主たる手段は軍事力の維持であった。人間の安全保障の提唱者は，国家の安全を守るために人間の安全保障が犠牲にされてきたと示唆している。「日常生活のなかに安全保障を求める普通の人々の正当な懸念が忘れられてきた。多くの人にとって安全保障は，疾病，飢餓，失業，犯罪，社会紛争，政治的抑圧，環境公害等の脅威から守られることを象徴している」[2]。実際に歴史は，国家の安全保障の強化が，市民の安全保障や福祉を直接犠牲にして行われてきたことを示している[3]。人間の安全保障に関する主要な報告書の1つは「冷戦終焉以来，過半の国家の安全保障は高まったが，世界の人間の安全保障は下がった」と主張している[4]。

　この状況を是正するために，人間の安全保障の提唱者たちは，

人間の安全保障：ヒューマン・セキュリティ

「安全保障の概念は2つの方向性において緊急に変更されなければならない。すなわち，領土保全のみを強調することから人間の安全保障をより強調する方向に変えることと，軍備による安全保障から持続的開発による安全保障への変更である。外交政策の側面では，人間の安全保障は「視点あるいは方向性を変え……領土や政府に……のみ焦点を絞るのではなく人間を基準点とすること……」を必要とすると論じている[5]。

人間の安全保障の提唱者のなかには，人間の安全保障の概念には，恐怖からの解放と物質的な欠乏からの自由の2つの目標があると主張する人達もいる[6]。ラメッシュ・タカー（Ramesh Thakur）は，肯定的な自由と否定的な自由という表現を用いて同じような主張をしている。「否定的には，［人間の安全保障］は欲求，飢餓，攻撃，拷問，自由で公正な審判を行わない拘禁，偽りの理由による差別等からの自由を求めるものである。肯定的には，人間が同じような目的に従事する他の人々に制約を課すことなく生活を十分に楽しめるような能力と機会への自由をもつことを意味する。前者は限られた国家の制限的な役割を認めるが，後者は積極的な国家の容認的な役割を必要とする」[7]。一方，人間の安全保障には「人間の生き残り，人間の福祉，人間の自由」の3つの要素があるという意見もある[8]。

人間の安全保障という概念には幅広い解釈があるが，共通の特色がある。まず，上述のようにどのような解釈においても人間が，安全保障の基準とされている。その際，ほとんどの概念において国家の役割や，伝統的な国家安全保障の概念は否定されておらず，むしろ，人間の安全保障は，国家安全保障を補完するものと位置づけられている。1つの定義では，「人間の安全保障のための努力は，国家安全保障を代替するものではない。領土，生命や財産の保護はやはり政府の責務として残るものである」として，「国家安全保障は，安全，すなわち個人の生存と尊厳の前提となる。……単に必要なだけではなく，……政府の役割は，個人が生活し不当な制約なく能力

を伸ばすことのできる基礎もしくは環境を提供することである」としている[9]。

第2に,安全保障をより幅広いものとして取り扱うので,(総合安全保障,共通の安全保障,協調的安全保障の概念と同様に)潜在的な脅威を幅広い範囲にわたるものと認識している。1994年に発表された国連開発計画(UNDP)の人間開発報告書によると,脅威には伝統的な戦争や武力を用いた組織犯罪等と並んで,「失業,麻薬,犯罪,公害,人権侵害」が含まれる。同報告書は,人間の安全保障には,経済の安全保障,食糧の安全保障,健康の安全保障,環境の安全保障,個人の安全保障,地域社会の安全保障,政治的安全保障の7つの主たる分類が考えられるとされている。カナダの人間の安全保障に関する報告書では,「古い脅威から新しい脅威まで幅広い脅威が考えられ……伝染病から自然災害まで,環境変化から経済変動まで」を含むとされているが,カナダはそのなかでも「暴力の脅威から人々を保護する」ことに努力の焦点を絞ることにした[10]。

第3に,人間の安全保障は,安全保障の相互依存的な性質を示している。世界のある地域における人間の安全保障への脅威は,他の国々にも影響を与える。現代の安全保障への多くの脅威には,疾病,公害,犯罪,テロ,民族的紛争や社会の崩壊等があり,これらはもはや孤立した出来事ではなく,国境も尊重しない。したがって,これらの脅威と戦うには,協調的な対応が必要である。1996年の国連における演説で,ロイド・アクスワージー(Lloyd Axworthy)カナダ前外務大臣は,人間の安全保障の概念は「人間の環境の複雑さを認識し,人間の安全保障に影響を与える力は相互に関連があり強化する関係にある」ことを受け入れていると述べている。最低限でも,人間の安全保障は,基本的なニーズが充足されことを必要とするが,持続的な経済成長,人権,基本的な自由,法の支配,良い統治,持続的な開発及び社会的な平等は,軍備管理や軍縮と同様にグローバルな平和にとって重要である」[11]。第4に,人間の安全保障

は,基本的には事前に策を講ずるものである。危機が明らかになってから介入するよりも予防的な措置を通じてより効果的に活動できる。例えば,エイズ(HIV/AIDS)の蔓延を1次的医療や家族計画の教育に投資することによって封じ込めるコストは,疾病が世界的に流行してから治療するコストのごく一部ですむ。この意味で,人間の安全保障は,人間の開発の一部とみなしうる。まともな生活水準,雇用や所得,安定した社会へのアクセスという意味での人間の開発なしには,人間の安全保障は生まれないであろう。持続可能な人間の開発が,人間の安全保障を助けるのである。

人間の安全保障の概念が驚くほど幅をもったものであることから,概念を実現,実践することは不可能だと批判されている。アチャリャによると「アジアの学者の多くは,人間の安全保障のパラダイムを構成する脅威要素は,日本やASEAN諸国によって考案されたアジアの昔の『総合安全保障』概念の再燃だと述べている」[12]。人間の安全保障の概念は「幅広い意味をもち曖昧である……ただ用語が存在しているだけでは本当の意味がある保証にはならない」と提唱者たちは指摘している[13]。

概念は国家に焦点を当てていないが,人間の安全保障を支持している国がある。カナダ,ノルウェー,オランダが人間の安全保障のアプローチの効用を受け入れ,この概念を採用することを強く主張している[14]。『フォーリン・ポリシー』誌の記事のなかでガレス・エバンス(Gareth Evans)オーストラリア前外務大臣は,人間の安全保障を協調的安全保障の概念に結びつけた[15]。カナダの考え方は,「国民の安全(security of the people)」を中心に考え,国連憲章,人権宣言,ジュネーブ条約を人間の安全保障のドクトリンの「中核的要素」と位置づけている。カナダは,1994年のUNDP人間開発報告を人間の安全保障の表現の源とし,冷戦後の安全保障の考え方に重要な貢献をしたとしているが,同報告書が低開発から出てくる脅威に焦点を当てすぎ,「武力を伴う紛争からの人間の安全を損なう

面」を無視していると批判している[16]。人間の安全保障への政府の関心から1999年5月にノルウェーのリソゥーン（Lysøen）において会合が開催され10ヵ国の政府代表が参加し、人間の安全保障の概念と実施方法が話し合われた。特に課題とされたのは対人地雷と小型武器の密輸、国際刑事裁判所設置の目標、児童兵の利用や児童労働の防止、国際人道法の強化であった[17]。

アジア太平洋地域においても人間の安全保障という用語がしだいに使われるようになってきた。日本はノルウェーのリソゥーンの会議には出席しなかったが、人間の安全保障の推進に強い関心を示してきた。まず、1998年5月、小渕恵三外務大臣（当時）は、シンガポールにおける演説で、97年夏のアジア通貨危機を念頭に危機を乗り越えるために必要な要素の1つとして危機の影響をより強くうける社会的弱者に対する思いやりをあげ、人間中心の対応が重要であると訴えた。さらに98年12月2日に、東京における有識者の国際会議である第1回「アジアの明日を創る知的対話」における演説のなかで、故小渕恵三首相は、東アジアの経済危機に見舞われた諸国への日本の援助計画を立案するにあたり、人間の安全保障の概念に言及した。また、同月、同首相はハノイで演説して、「地域の長期的な発展を強化するために、人間の安全保障を重視した経済開発のための新しい戦略を模索しなければならない」と述べた。人間の安全保障の用語について「人間の生存、生活、尊厳を脅かすあらゆる種類の脅威を包括的に捉え、これらに対する取り組みを強化するという考えである」と述べた。99年6月に、日本の外務省と国連大学が東京において人間の安全保障に関する会議を開催したが、そこで武見敬三外務政務次官は人間の安全保障が「21世紀に日本の外交政策を実施するうえで重要な原則」の1つとなると述べた[18]。特にアフリカにおける医療、貧困撲滅と開発を具体的な3分野としてあげた。

日本の人間の安全保障へのコミットメントは2000年5月のモン

ゴル　ウランバートルにおける人間の安全保障と開発の国際会議においても繰り返し述べられた。そこで高須外務省国際社会協力部長は，「わが国は，人間の安全保障への関心の高まりはグローバル化した世界における主要な変化の1つであるとの認識を示しています」と述べ，さらに人間の安全保障の解釈として「わが国の考え方では……個々の人の人間としての生存，尊厳を確保することが人間の安全保障の目的であるとすれば，紛争下の人間の生命の保護だけでは十分ではありません」と述べた。高須氏は，日本の人間の安全保障の考え方は「UNDPにより提唱された包括的な考え方に大変似ています」と述べた。UNDPは人間の安全保障の目的として「経済の安全保障（貧困からの自由），食糧の安全保障（飢餓からの自由），健康の安全保障（病気からの自由），環境の安全保障（例，清潔な水と空気の確保），個人の安全保障（暴力，犯罪，薬物の恐怖からの自由），地域社会の安全保障（家族生活，それぞれの民族集団に参加する自由），政治の安全保障（基本的人権を行使する自由）をあげた」[19]。高須氏は，人間の安全保障が異なった国，人間の様々な懸念に適用されるものだとも述べた。太平洋諸国にとっては，地球温暖化が人間の安全保障にとっての主たる脅威であることを指摘した。さらに「今日の日本人にとっては，雇用確保と人口の高齢化問題が主要な関心事です」とも述べた[20]。

　日本は，上述の小渕首相の1998年12月の演説を受けて99年3月人間の安全保障基金を国連に設けた。同基金は人間の安全保障の視点に立って取り組む国連などの国際機関が行うプロジェクトなどを支援している。また，日本は2001年1月に緒方貞子前国連難民高等弁務官とアマルティア・セン（Amartya Sen）・ケンブリッジ大学トリニティ・カレッジ学長を共同議長とする人間の安全保障委員会を設立した。同委員会は，国連，各国政府や国際機関から独立した性格を有するが，委員会の扱う問題が国連とかかわりがあることから，国連とは緊密な関係を有する。委員会では社会的不平等，ア

イデンティティ，人権を含めた包括的な人間の安全保障のフレームワークを見出すことを目的とし，これに沿った行動計画も提案する予定である。

東南アジアにおいては，人間の安全保障は，チュアン政権下のタイ政府によって強力に支持された。タイのスリン前外務大臣は1999年のノルウェーのリソーゥンの会議に参加し，参加者に「人間の安全保障にバランスがとれた包括的な方法で共通のアプローチ」を考えるように呼びかけた。スリン前外務大臣は，「地雷，小型武器，組織犯罪，人権侵害等の政治的な次元を強調する向きもあるが，貧困，非識字，伝染病，飢餓，自然災害，社会不安や崩壊の脅威の方を指摘する向きもある」と述べた。また，「どちらの方向性にするにしろ……恐怖と欠乏は，共通の人間の安全保障の真の意味を考案するうえで勘案していかなければならない」[21)]とも述べた。

人間の安全保障の概念は，1998年のタイのASEANへの報告で人間中心の開発へのアプローチという形でさらに強調された。98年のマニラで開催されたASEAN拡大外相会議においてタイが提案した「ASEAN拡大外相会議人間の安全保障部会」が検討された。スリンによると「社会的経済的な差異，貧困，疾病，非識字，人々の間の孤立などが暴力，叛乱，不安定などの原因となると認識させることが目的であった。これらは，我々がこれまでに達成した成果に影響を与えることになる。そして，地域全体を脅かすことも不可避である」。ASEANは，この提案を受け入れたが，名称は東南アジア諸国のなかに人間の安全保障概念の側面，特に人権への言及に違和感を唱える国があったため「社会的セーフティネットに関するASEAN拡大外相会議部会」という名前に変更された[22)]。

1999年10月にマレーシアのサイド・ハミド・アルバー（Syed Hamid Albar）外務大臣は，マレーシア人権委員会設立に関する演説のなかで間接的とはいえ，人間の安全保障を批判した。同氏はコフィ・アナン国連事務総長が「個々の主権（individual security）」とい

う理念を生み出すために人権および基本的な自由を再定義したと非難した。同氏はこの新しい用語は「国家，つまり社会全体より個人が有用であるとしたものである。この定義により，国家は国民の召使であり，個人の主権のためには国連あるいは他の国が領土保全や主権を侵すことを正当化する」と述べた[23]。

---

1) "Redefining Security : The Human Dissemination", *Current History* (May 1995) pp. 229–36.
2) *Ibid*., p. 299.
3) See, for example, Rudolph J. Rummel, "Power, Genocide and Mass Murder", *Journal of Peace Research* 31, no. 1 (February 1994) pp. 1–10.
4) *Human Security : Safety for People in a Changing World* (Ottawa : Department of Foreign Affairs and International Trade, April 1999) p. 1.
5) *Ibid*.
6) "Redefining Security", pp. 230–34.
7) Ramesh Thakur, "Humanizing the Security Discourse : From National Security to Human Security", Paper presented at the International Conference on Human Security in a Globalized World, Ulan Bator, Mongolia, 8 May 2000, pp. 2–3. This and other papers from the conference as available online at <http.//www.undp.org/rbap>. This is similar to the language used by the United Nations Secretary-General Kofi Annan is a speech to the Ministerial Conference of the Non-Aligned Countries, 8 April 2000. Annan said the United Nations' founders envisaged the need to fight on two fronts to win the battle fro enduring peace : "on the security front, where victory spells freedom from fear, and on the economic front where victory spells freedom from want".
8) この3部構成のアプローチは，ロックフェラー財団副理事長リンカーン・チェンが考え出したものである。1999年6月24日東京にお

いて「21世紀に向けた新たな開発～尊厳ある個人としての存在のために～」と題した開発に関する国際シンポジウムにおける基調講演のなかで日本の武見外務政務次官が引用した。スピーチ全文は, http://www.mofa.go.jp/policy/human_secu/speech9906.htm.で入手できる。

9) Statement by Director-General Yukio Takasu at the International Conference on Human Security in a Globalized World, Ulan Bator, Mongolia, 8 May 2000, p. 4.

10) *Freedom From Fear* : Canada's Foreign Policy for Human Security (Ottawa : Department of Foreign Affairs and International Trade, 2000), p. 3.

11) Lloyd Axworthy, "Canada and Human Security : The Need for Leadership", *International Journal* LII, no. 2 (Spring 1997) pp. 183-96.

12) Amitav Acharya, "Human Security in Asia Pacific : Puzzle, Panacea, or Peril?", Unpublished paper, July 2000. The paper is available online at http://www.cpdsindia.org.

13) Takemi's keynote address at the International Symposium on Development, Tokyo, 24 June 1999, p .7.

14) See, for example, *Freedom From Fear* : Canada's Foreign Policy for Human Security.

15) Gareth Evans, "Cooperative Security and Intrastate Conflict", *Foreign Policy*, No. 96 (Fall 1994).

16) Cited in Acharya, "Human Security in Asia Pacific Puzzle, Panacea, or Peril?", p. 3.

17) *Human Security : Safety for People in Changing World*, p. 10. For the Chariman's summary of the Lyseソn meeting and other materials on human security, see the Canadian Department of Foreign Affairs and International Trade's website at http://www.dfait-maeci.gc. ca/foreignp/HumanSecurity/menu-e.asp. 会議に参加した 10 ヵ国は, オーストリア, カナダ, チリ, アイルランド, ヨルダン, オランダ, スロヴェニア, スイス, タイ, ノルウェーであった。南アフリカは

オブザーバーとして参加した。

18) Ministry of Foreign Affairs of Japan, International Symposium on Development, "Development : With a Special Focus on Human Security". A summary of the meeting is available online at http://www.mofa.go.jp/policy/human_secu/sympo9906.htm.
19) Takasu's statement at the International Conference on Human Security in a Globalized World, Ulan Bator, p. 2.
20) *Ibid.*
21) Kavi Chongkittavorn, "Surin Calls for Action on 'Human Security'", *Nation*, 20 May 1999.
22) Rita Patiyasevi, "Thai Move on Social Issue Caucus Accepted", *Nation*, 29 July 1998.
23) "The Malaysian Human Rights Commission : Aims and Objectives", Speech by Datuk Seri Syed Hamid Bin Syed Jaafar Albar, Minister of Foreign Affairs, Malaysia, at the Bar Council Auditorium, Kuala Lumpur, 28 October 1999.

開かれたリージョナリズム
Open Regionalism

　開かれたリージョナリズムは，アジア太平洋地域において共同体をつくろうという話がでてかなり早い時期に合意された原則の1つである。語源は1970年代に地域経済協力が議論された時代に遡る。具体的には，「開かれたリージョナリズム」という概念は，80年9月にオーストラリアのキャンベラで開催された第1回太平洋経済協力会議（PECC）においてアジア太平洋地域の将来の経済開発の理想像として言及され，さらに89年にキャンベラで第1回アジア太平洋経済協力会議（APEC）が開催されたときにも言及された[1]。

　簡単に言うと，開かれたリージョナリズムは「域外の経済に対して無差別に地域経済統合に参加させる」ものである[2]。ロス・ガーノウ（Ross Garnaut）とピーター・ドライスデール（Peter Drysdale）が定義しているように，開かれたリージョナリズムとは域外国を差別することなく，アジア太平洋地域のなかで貿易障壁を互いに減らすべく統合過程と地域協力をすすめようという考え方を包含する[3]。ガーノウは，関税同盟や自由貿易地域等のように加盟国間の貿易障壁の方が非加盟国との間より低いものを「差別的リージョナリズム（discriminatory regionalism）」と呼び，対照的であると指摘している。ガーノウは，欧州連合（EU）や北米自由貿易協定（NAFTA）を差別的なリージョナリズムの具体例としてあげている[4]。アンドリュー・エレク（Andrew Elek）によると，開かれたリージョナリズムのもとで「関税及び貿易に関する一般協定（GATT）の原則に沿い，

他の諸国の利益を損なわないかぎり,地域貿易自由化を推進するべきである。」1992年にエレクは,開かれたリージョナリズムはアジア太平洋地域に「固有」なものであり,「欧州共同体(EC)の差別的な域内統合とは大きく異なる」と述べている[5]。

ガーノウによると,開かれたリージョナリズムには3つの要素が含まれる。第1は,貿易の公的な障害について開かれた政策をとることである。第2は,開かれたリージョナリズムでは,貿易に関する公的な障害を削減し,域外国に対してなんらの差別無く地域の貿易量を増大することを地域協力の目標とすることである。第3は,域内市場統合である。これは,「各国政府が貿易による利益拡大行動を止めるか,政府の政策が変わらなくとも民間が利益拡大をはかるか」によって実現することができる[6]。

アジア太平洋地域の開かれたリージョナリズムが最初に議論されたのは,1980年のPECC創立会議においてであった。PECCで合意された原則には「欧州経済共同体(EEC)型の差別的な貿易体制は太平洋地域には不適切である」ということが含まれていた。そして「既存の2国間,地域的ならびにグローバルな協力メカニズムが新たな地域取極によって損なわれないようにする」必要性があることも指摘された[7]。ハジ・ソエサストロ(Hadi Soesastro)によると,この概念の背景にはPECCの「開かれたリージョナリズム:グローバル経済協力の太平洋モデル」と題したサンフランシスコ宣言がある。この文書は3つの前提に基づいている。第1は開かれていることがアジア太平洋地域の経済活力の主たる要因の1つであること。第2は開かれていることでグローバルな多角的貿易体制と補完関係を確保できること。第3は開かれたリージョナリズムに明白なコミットメントをすることにより,アジア太平洋地域は発展を続けることができ,より強力でより開かれたグローバル経済体制に重要な貢献ができることである[8]。

アジア太平洋経済会議(APEC)は1991年のソウル宣言において

開かれたリージョナリズムの理念を採択し，1995年11月の大阪行動宣言においてこの概念の具体的な解釈を示した。宣言によると，開かれたリージョナリズムは，地域グループ内の無差別を中心とする伝統的な自由貿易地域の考え方を越えて「アジア太平洋地域の貿易と投資の自由化は，貿易障壁の削減はAPEC諸国内のみならずAPECと非APEC諸国の間においても行われる」ことを意味する[9]。船橋洋一によると，「このコミットメントにより，APECは，最恵国待遇を加盟国に限定しているGATTも含めていずれの貿易自由化機構より開かれた組織となる」[10]。

フレッド・バーグステン（Fred Bergsten）は，開かれたリージョナリズムについて「地域貿易取極が，世界各地で急増していることとグローバル貿易体制の整合性をとろうという……試みである」と論じ，「地域取極が国際貿易の自由化の積み石となり，障害とはならないようにしようとするものである」と述べている。しかし，バーグステンは開かれたリージョナリズムが「1989年の創設以来APECの根本原則とされているが……APECもその他の公式機関も概念を定義していない」とも指摘している[11]。バーグステンは，開かれたリージョナリズムには少なくとも5つの競合する定義があり「APECプロセスの参加者もしくは学者によって真剣に議論されている」と記述している。

バーグステンの指摘している開かれたリージョナリズムの5つの解釈とは，まず「加盟についてオープンであること」である[12]。これは，いかなる国でも機構の規則を受け入れるかぎり，加盟することができることを意味する。このアプローチは，地域機構をより大きなグループに変え，あるいは究極的に地域的特色を失うことにもなる。バーグステンはいかなる地域取極もこのような道筋を歩んだことがないと指摘する。

第2の定義は「無条件最恵国待遇（MFN）」である。バーグステンは，開かれたリージョナリズムの主唱者にとっては，これが「純

粋な，唯一誠実な定義」であると述べている[13]。このアプローチの主唱者の1人は，APECが一方的な自由化に基づく「開かれた経済連合」になるように呼びかけている。これは，同列の国による圧力と範を示す効果により，加盟国も非加盟国もさらに開放していくことになると想定している。バーグステンは，このアプローチの欠点は，APECの自由化を「譲ることにより」，グローバルなさらなる自由化を促す梃子として自らの自由化を活用するチャンスを放棄することになるとも指摘している。「ただ乗り」されるリスクは，APECの自由化を政治的に受け入れられない加盟国をも生み出しかねない[14]。

第3の定義は，無条件MFNのリスクに対抗するものとして「条件付きのMFN」である。このモデルでは，APECは同じような貿易障壁削減措置をとった国に対して障壁を削減する。バーグステンは，APECは過去にこのオプションをとったことを示したことがある。具体的には1993年のシアトルにおけるAPEC非公式首脳会議において，GATTウルグアイランドが失敗すれば，APECが将来において特恵方式の自由化推進の中心となる存在として大掛かりな新しい地域貿易ブロックをつくることもありうると示唆した。

また，バーグステンは，1996年のフィリピンにおける非公式首脳会議においてAPECは，情報技術に関する合意をグローバルに適用することについて合意し，シンガポールにおける世界貿易機関（WTO）閣僚会議に対してシグナルを送ったと指摘している。しかしながら，いずれの場合も域外国は前向きに対応し，条件付きMFNは暗示的に示唆されるにとどまった[15]。第4の定義は，「グローバルな自由化」である。要は，これはAPEC参加国が地域的な目標を追求しながらもグローバルに障壁を削減し続けることを意味する。「これは，従来からの一方的自由化を進めながら，WTOにおいて多角的な交渉も行うことになる。いずれのアプローチも新たに強い差別をつくることを避けるものであり，『開かれたリージョ

ナリズム』の誠実な解釈とみなすされる」とバーグステンは述べている[16]。

前の4つの解釈と異なり，第5の定義としてバーグステンは，非関税，非国境措置の改善により貿易を促進する「貿易促進」をあげ，このイニシャティブは通関手続きのハーモナイゼーションや共通基準認証等小規模の措置の場合もあれば，競争政策の実施や主要市場の規制緩和などの広範囲な措置を含むこともあり，「両方の措置がAPECでは議論されている」と述べている[17]。

バーグステンは，開かれたリージョナリズムの解釈については，APECは「建設的曖昧さ（constructive ambiguity）」の道をたどってきたと結論づけている。APECは原則としては「開かれたリージョナリズムを追求しているが，一度も定義しておらず，相互主義を主張していることを暗には示唆しているがこれを用いたことはない」。バーグステンは，この状況が「しばらく，あるいは場合によっては永久に」続くことも考えられるとしている[18]。最後にバーグステンは，座長を務めたAPEC賢人グループ（EPG）が第2回報告 "Achieving the APEC Vision" において開かれたリージョナリズムの定義を提案したことを指摘している。

この報告のなかでは，開かれたリージョナリズムについて4段階方式として「最大限の一方的自由化」「域内において自由化を進めながら非加盟国に対しても障壁を下げ続けるコミットメントをする」「相互主義に基づき非加盟国に対しても地域自由化を拡大する用意があること」，そして「APEC参加国は，条件付きもしくは無条件にAPECにおける自由化措置を一方的に非加盟国にそれぞれ適用することを認める」ことが挙げられている。さらに同報告書では，「原則としてこれらの要素は単独では開かれたリージョナリズムを実施することにはならない……この4つが全部揃うことが必要である」とされている。バーグステンはこの方式は「開かれた加盟」を除く5つの定義のうちの4つを組み合わせたものであり，こ

の定義が「APECのなかで開かれたリージョナリズムを定義し,実践する最善の方法である」と結んでいる。

最後に学者や政府関係者のなかには,開かれた地域主義には「精神」があるという意見もある。この考え方には,全体として対外志向的で,貿易自由化を中心としたGATT整合的な概念が含まれている。モハメッド・アリフ(Mohammed Ariff)は,地域協力についてのASEANモデルは,開かれたリージョナリズムの定義にあてはまると述べている[19]。シンガポールのある閣僚は,開かれたリージョナリズムは,「経済関係の全ての側面において,開放的かつ躍動的なビジョンに集団としてコミットするというシグナルを送るものである」と述べた。アチャリャ(Acharya)は,開かれたリージョナリズムを安全保障の次元にもあてはめ,多国間主義の「アジア太平洋方式」の主要な規範としている[20]。

---

1) Ross Garnaut, "Open Regionalism : Its Analytic Basis and Relevance to the International System", *Journal of Asian Economics* 5, no.2 (1994) pp. 273-90, 273.
2) *Ibid.*, p. 273.
3) Ross Garnaut and Peter Drysdale, eds., *Asia Pacific Regionalism: Readings in International Economic Relations* (London : Harper Collins, 1994).
4) Garnaut, "Open Regionalism", p. 273.
5) Andrew Elek, "Trade Policy Options for the Asia-Pacific Region in the 1990's : The Potential of Open Regionalism", *American Economic Review* 82, no. 2, Papers and Proceedings of the 104th Meeting of the American Economic Association, May 1992, pp. 74-78, 74.
6) Garnaut, "Open Regionalism", p. 280.
7) Hadi Soesastro, "Open Regionalism", in *Europe and the Asia Pacific*, edited by Hans Maull, Gerald Segal, and Jusuf Wanandi (London: Routledge, 1998) pp. 84-85.

8) *Ibid.*, p. 85.
9) "The Osaka Action Agenda", in *Selected APEC Documents 1995* (Singapore: APEC Secretariat, 1995) p. 8.
10) Yoichi Funabashi, *Asia Pacific Fusion : Japan's Role in APEC* (Washington, D.C.: Institute for International Economics, 1995) p. 8.
11) C. Fred Bergsten, "Open Regionalism", Institute for International Economics, Working Paper No. 97-3, available online at http://www.iie.com/97-3.htm.
12) *Ibid.*, pp. 4-5.
13) *Ibid.*, p. 6.
14) *Ibid.*
15) *Ibid.*, p 7.
16) *Ibid.*, p 8.
17) *Ibid.*, pp. 8-9.
18) *Ibid.*, p. 9.
19) Mohammed Ariff, "Open Regionalism á la ASEAN", *Journal of Asian Economics* 5, no. 1 (1994) pp. 94-95. 99-117
20) Amitav Acharya, "Ideas, Identity, and Institution-Building : From the ASEAN Way to the Asia-Pacific Way?", *Pacific Review* 10, no. 3 (1997) pp. 319-46.

ミドル・パワー
Middle Power

　何が「ミドル・パワー」かというはっきりと一本化された定義はない。アダム・チャプニック（Adam Chapnik）は，「『ミドル・パワー』という用語は，その重要性にも関わらずほとんど定義されておらず，限られた説明も具体的ではない」と論じている[1]。ミドル・パワーに関する主要な研究では，少なくとも4つの異なったミドル・パワーへのアプローチがある[2]。実際面では，ミドル・パワーは非公式の国際的なヒエラルキーのなかの位置づけを基に使われることが，最も一般的である。この見方では，ミドル・パワーは国力のいくつかの物差のもとで「中間」に位置づけられるものである。物差には規模，地政的な場所，人口，GNP，軍事力等が含まれる。厳密に何が「ミドル」で何が違うかということを決めることはかなり問題があるが，ミドルパワー概念は「大国でも小国でもない国々を識別したいという直感的な願い」[3]を満たすものである。

　第2の定義は，地理的な位置づけに基づいたものである。この見方ではミドル・パワーは，大国の間にあるということになる。このアプローチには更に2種類あり，1つは冷戦時代からのものでイデオロギー的に2極化された大国の間の中間にあるものであった。もう1つの地理的な定義は，ミドル・パワーはその地域内で力のある国というものである。第3の定義は，規範的なもので，ミドル・パワーは，大国や小国よりも「潜在的により賢明か，より徳がある」と主張する。ミドル・パワーは，武力に訴えずに外交的な影響力を

発揮できるので，国際社会のなかでより信頼のできるメンバーとみなされているとする。

これらのアプローチの限界を認識して，アンドリュー・クーパー (Andrew Cooper)，リチャード・ヒゴット (Richard Higgott)，キム・ノッサル (Kim Nossal) は，"Relocating Middle Powers" と題した研究のなかで行動面での定義を提案している[4]。伝統的な基準に焦点を絞るよりも，共通に示す外交的な行動を基にミドル・パワーを定義している。これらの研究者は，国家の「技術的，起業的な能力」，特に「問題ごとに相互補完的な役割を果たしたり，またはリーダーシップをとったり，連立を組む」能力に着目している[5]。ガレス・エバンス (Gareth Evans) オーストラリア前外務大臣は，このような行動を「ニッチ外交（適所外交）(niche diplomacy)」[6] と呼んでいる。ジョン・ホルムズ (John Holmes) が「ミドル・パワーマンシップ」と呼ぶところの，ミドル・パワーが国際政治でユニークな行動スタイルをもっているという概念に基づいた定義である。ミドル・パワーは，問題に対して多角的な解決策を追求し，国際紛争では妥協を求め，「良き国際市民」としてその外交関係を導くとしている[7]。

チャプニックは，カナダに関するかぎり，このアプローチは「カナダの国際問題への分を越えた影響力を正当化する修辞的表現の伝統」を覆い隠す「神話」であると述べている[8]。チャプニックは，カナダのミドル・パワーという表現の語源を戦時中のヒューム・ロング (Hume Wrong) とノーマン・ロバートソン (Norman Robertson) の書簡のやりとりにまで遡って説明している。チャプニックによると，ロングはカナダを他の非大国と区別する試みとして「ミドル・パワー」の概念を進めた。この原則が，カナダの立場を第2次世界大戦中に高め，国防大臣のブルック・クラクストン (Brooke Claxton) は，この考え方を戦後も伸ばそうとした。チャプニックは，「ミドル・パワーに共通の点は，大国のような影響力をもつことを

合理的には期待できないと認識しつつも，小国よりは国連でもっと影響力をもつはずだという見方である」というデニス・ステアーズ (Dennis Stairs) を引用した[9]。

ロバート・コックス (Robert Cox) は，この行動的な定義とともに歴史的な分析を提示している。覇権のグラムシ的（国際政治学におけるグラムシ学派とは，戦間期イタリア社会の分析を主たる目的としていたアントニオ・グラシム (Antonio Gramsci) の考え方を基礎とする。市民社会内部の権力構造，市民社会と国家との連携関係を分析の中心に据えている）理解を用いて，コックスはミドル・パワーの役割は，所与の覇権秩序を支える役割を果たしていると述べている。コックスは，これらのパワーは新しくなく，17世紀のオランダや14世紀のカタロニアの中流階級にその例を認めることができると論じている。いずれも「その市民社会に内在する目標の追求の条件として，安定した静かな環境に強い関心を」もっていた[10]。コックスは，近代においてミドル・パワーの役割は，ますます国際組織の発展にリンクされるようになってきたと考えている。ミドル・パワーは，物質的な能力では中間的な位置にいるが，軍事的経済的な指標はこれら諸国がどのような役割を果たすかについて十分な目安ではないと述べている。コックスは結論として次のように述べている。

　　主要な紛争に直接かかわらず一定の距離をおく能力，大国との関係で十分な自主性を保つこと，国家間の関係では秩序と安全保障にコミットし，世界システムでは秩序ある変化の促進にコミットすること，これらがミドル・パワーの役割を果たすために決定的に重要である。ピランデロ (Pirandello) には悪いが，ミドル・パワーは，アクターが求められるときに役割があるということができる[11]。

1990年にカナダの学者バーナード・ウッド (Bernard Wood) は，

国力の順位分析に基づき「どのような基準でもミドル・パワー候補として提案できそうな」[12] 33ヵ国をあげている。アジア太平洋地域では「ミドル・パワー」の例としてオーストラリア, カナダ, 韓国, そしてグループとして ASEAN 諸国があげられる[13]。最近のアジアの勢力均衡に関する研究でポール・ディブは,「韓国, 台湾, ベトナム, インドネシア, マレーシア, タイ, フィリピン, パキスタン」をミドル・パワーとしてあげている[14]。ディブによると,「ミドル・パワーの特色の1つは, 信憑性のある最低限の防衛能力, もしくは自立能力をもっていることである」[15]。

---

1) Adam Chapnik, "The Canadian Middle Power Myth", *International Journal* 55, no. 1 (Spring 2000) pp.188-206.
2) Andrew F. Cooper, Richard A. Higgot, and Kim Richard Nossal, *Relocating Middle Powers : Australia and Canada in a Changing World Order* (Vancouver : University of British Columbia Press, 1993) p. 17.
3) *Ibid.*
4) Cooper, Higgot and Nossal, *Relocating Middle Powers*, pp. 19-32.
5) *Ibid.*, p. 7.
6) Pauline Kerr and Andrew Mack, "The Future of Asia-Pacific Security Studies in Australia", in *Studying Asia Pacific Security : The Future of Research, Training and Dialogue Activities*, edited by Paul M. Evans (Toronto : University of Toronto-York University Joint Centre for Asia Pacific Studies, 1994), p. 37 ; for another discussion of this, see Evans H. Potter, "Niche Diplomacy and Canadian Foreign Policy", *International Journal* LII (Winter 1996-97) pp.25-38.
7) *Ibid.*, p. 19.
8) Chapnik, "The Canadian Middle Power Myth", p. 188.
9) Dennis Stairs, "Of Medium Powers and Middling Roles", in *Statecraft and Security : The Cold War and Beyond*, edited by Ken Booth (Cambridge : Cambridge University Press, 199), p. 272.

10) Robert W. Cox, "Middlepowermanship, Japan and Future World Order", *International Journal XLIV* (Autumn 1989) pp. 823–62.
11) *Ibid.*, p. 827.
12) Bernard Wood, *The Middle Powers and the General Interest* (Ottawa : North-South Institute, 1990) p. 18.
13) See, for examples, John McKay, "Australia as an Asian Power: The Search for a New Role", *Korean Journal of International Studies* 27, pp. 1, 1–28 ; John McKay, "Australia, Korea and APEC : Prospects for Middle Power Initiatives", *Journal of Asia-Pacific Studies* 5, pp. 433–64.
14) Paul Dibb, *Towards A New Balance of Power in Asia*, Adelphi Paper No. 295 (London : International Institute for Strategic Studies, 1995), elsewhere in the volume he describes South Korea alone as an "important middle power", p. 72.
15) *Ibid.*, p. 58.

予防外交
Preventive Diplomacy

「予防外交」という用語は，1960年にダグ・ハマーショルド (Dag Hammarshkold) 第2代国連事務総長がつくったものである。シンガポールの有識者であるサイモン・テイ (Simon Tay) によると，予防外交という概念は国際法，特に国連憲章第1条の「平和に対する脅威の防止および除去と侵略行為その他の平和の破壊の鎮圧とのため有効な集団的措置をとること」の目標に基づいたものである[1]。冷戦時代にハマーショルドは，地域的あるいは局所的な紛争が超大国の対立を巻き込まない方法として予防外交を考えた。ハマーショルドは，「紛争のエスカレーションや超大国の核戦争につながりうる超大国の行動を回避する」[2]という目標のために，ホットライン，リスク低減センターや透明性措置を設けることを主張した。

しかしながら，今日では予防外交は，ブトロス・ブトロス・ガリ (Boutros Boutros-Ghali) 第6代国連事務総長と結びつけられている。1992年の「平和への課題 (Agenda for Peace)」の報告書のなかでブトロス・ガリは予防外交の概念を復活させ，冷戦後の世界にあわせて「当事者間で係争が発生すること，既存の係争が紛争に発展すること，そして紛争がいったん発生した場合は広がることを予防する行動」と定義した[3]。同報告では，予防外交を，紛争が実際に発生する前に係争を解決することに力点が置かれていることから，平和構築，平和維持，平和創造などの他の外交活動とは区別している。予防外交は，普通の外交とは「平和を脅かす状況への対応において

発生後対応するのではなく,事前に対応する点を強調している。また,外交の範囲が野心的であり緊急対応である」点で異なるという記述もある[4]。しかしながら,予防外交は議論を呼んでおり,シンガポールで発表されたある報告書は「[予防外交]の意味,範囲,目的やこれがアジア太平洋地域の安全保障関連問題にどのように適応されるかについてコンセンサスがない」と指摘している[5]。

予防外交の意味について議論を呼んでいる主たる問題は,紛争が発生したり,広がったりするのを予防するために用いられる手段についてである。予防外交には伝統的な外交手段をこえて武力の行使,または行使の脅威が含まれるのだろうか。この疑問への答えは,予防外交の予防を強調するか,外交を強調するかで左右されるようである。アジア太平洋地域における予防外交を分析して,アミタフ・アチャリャ(Amitav Acharya)は,ブトロス・ガリの定義をもとに予防外交の広義の解釈を示している。

各国政府,多角的機関(国連や地域的機関),国際機関(NGOを含む)による以下の目的のための外交的,政治的,軍事的,経済的ならびに人道的行動。(1)国家間ならびに国家内の深刻な係争や紛争を予防する,(2)係争や紛争が武装対立に発展しないように予防する,(3)紛争の強度が上がらず,地理的にも広がらないように限定する,(4)紛争(の結果あるいは原因から)人道的危機が発生することを防止する,(5)危機状況あるいは危機直前の状況への緊急対応の一部として紛争の解決になるような措置をはじめる。

アチャリャは,これらの措置は「危機発生時の単純な電話会談」から「部隊の展開」まで様々な形態があると述べている[6]。

アチャリャは,さらに予防外交には平時の措置と有事の措置の2つの種類があると述べている。平時の予防外交には,信頼醸成措置,

機構づくり，行動規範の確立，早期警戒と予防的な人道活動を含めている。これらの手段は国家や国連の活動チャネルであるばかりではなく，NGOや地域的機関による参加を含む場合もあるといっている[7]。有事の予防外交には事実調査ミッション，調停および親善ミッション，危機管理，「予防展開」等が含まれる。予防展開についてアチャリャは，平和維持とは区別し，「ライバル相互の同意があるなしにかかわらず，紛争の拡大とエスカレーションを防ぐためにトラブルが発生している地域に軍隊を派遣することも含む。したがって，予防展開は，平和維持とは異なり，厳密には中立のものではなく，犠牲者となりうる者を支持することにより，侵略者となりうる者の行動を抑止するためにとりうるものである」[8]と論じている。

これと対照的にテイは，予防外交の外交部分により焦点を絞った狭義の定義を提案している。テイは，「予防外交は非強制的な外交手段に依存する」ものであり，「軍事的な行動や武力行使を必要とする行動は予防外交の範囲の外である。外交的平和的な予防外交の手段には交渉，調査，調停，和解を含む。武力紛争になる前の係争の比較的早期の段階に用いると最も効果がある」と論じている。テイは，予防展開は「軍事的な対応で外交努力ではない」し，同様に軍事的なアプローチは「予防外交の基本的なアイデアを越える」と論じている[9]。しかしながら，アチャリャも「早期」（「危機前」）と「後期」（「危機中」）の予防外交を区別している（なお，これらの用語は，最初にガレス・エヴァンス（Gareth Evans）オーストラリア前外務大臣によって用いられた）[10]。

日本の学者も武力行使の問題をめぐって意見が違う。テイの狭義の解釈は「当事者間の紛争が武力化し，全面的な武力紛争に発展し，拡大することにより国際的な平和と秩序を損なわないようにすべての当事者が行うあらゆる非強制的な行動」という定義を用いている総合研究開発機構（NIRA）の解釈に通じる[11]。一方，日本国際フォーラムの論文ではNIRAの定義は「狭すぎる」とされ，「強制的行

動や武力による抑止も国連や国際多国籍軍の外交的手段」として受け入れられているとしている[12]。この論文では「軍事行動が予防外交において役割を果たす余地は無いという意見もあるが、それは架空の理由づけである」と論じている。日本国際フォーラムの論文では「予防外交は軍事的手段に訴えることも辞さないという姿勢と組み合わされると成功する蓋然性が高まり、予防外交と軍事的抑止は相互に排他的関係にはなく、かなり補完的とみなすべきだ」と論じられている。しかしながら、論文の結論では、「予防外交は軍事的手段よりもむしろ非軍事的手段によって行わなければならないところに力点がある事実は残る」とされている[13]。定義の問題が解決不可能であることを認識し、ディノ・パティ・ダヤラル（Dino Patti Djalal）は「予防外交は、事例により、その手法も用量も異なる。万能薬も決まった方式も手続きも戦略も無い……」と主張している[14]。

予防外交の参加者の問題についてはほぼ意見の一致がある。アチャリャは、「予防外交は多国間のアプローチでなければならないということはないが、多国間で行われたほうが予防外交努力のアピールや正当性も強まり、もって成功の可能性も高くなる」と論じている。アチャリャは、国連は「予防外交の主たる多角的枠組」であるが、地域機関も役割を果たすことができるとしている[15]。

テイは、予防外交概念は「多国間で実施されることを前提にしていることが多い。紛争当事者が予防のためのイニシャティブをとることもできるが、第3者が2者以上の当事者がかかわる紛争を予防することが通常である」と示唆している[16]。また、テイは、貧困、社会不平等、民族・文化的な差別などの政策と予防外交を峻別している。そして、これらの諸問題を取り上げることは必要であるが、これらは予防外交というよりは「危機防止」と呼ばれるべきもので区別すべきであると論じている。予防外交は、「武力紛争になるリスクに狭く焦点を絞ったものである。武力行使のリスクがあるばかりではなく、かなり確度が高い脆弱な状況に選択的にターゲットを

絞る」ものだと述べている[17]。

予防外交に対する中国の視点は，シンガポールで開催されたASEAN 地域フォーラム（ARF）のトラック・ツーのセミナーにおいて石春来（Shi Chunlai）により提示された。石は論文のなかで予防外交とは「最近アジアで生まれた概念」であり，「予防外交の真の効用が明らかになるまでには ARF の橋にもう少し水が流れなければならない」と記述した。このような留保は示したものの石春来は，アジア太平洋地域における中国のイニシャティブは予防外交措置であったと述べた。これらの予防外交措置の中にはヴェトナムとインドの国境問題の中間的な解決，1996 年のロシアと中央アジア 3 ヵ国の間の軍事面における信頼醸成合意，日中安全保障協議，インドネシア主催の南シナ海に関する年 1 回の安全保障関連協議への中国の参加等が含まれる。石春来は，「予防外交分野でこれまで中国がとった措置は成功しており効果的であった」と述べ，これらは「新しい安全保障概念」の一角を担うと述べた（「新しい安全保障へのアプローチ」の項目参照）[18]。

石春来は，アジア太平洋地域における予防外交は，7 つの基本原則に支えられなければならないと論じている。7 つの原則とは（1）国家間の関係は友好協力条約（TAC），国連憲章及び平和共存 5 原則をはじめ普遍的に認知されている国際法の規範に基づき営まれなければならない，（2）主権，独立ならびに領土保全の相互尊重，（3）他国の国内問題への不干渉と第 3 国を対象に安全保障協力を実施しないこと，（4）「問題に直接関係のある当事者の相互同意」が予防外交の最も重要な前提の 1 つであるべきであること，（5）平和的な手段により国際紛争を解決し，武力行使及びその脅威を用いることを控えること，（6）国家防衛政策はあくまで防衛的に実施・維持し，他の国の安全保障や安定に脅威を与えたり，損なう形で自らの武力を用いないこと，（7）各国間では互恵に繋がるような協力と国民の友好的な交流を促進することである。サイモン・テイの定義

と対照的に,石春来は,「多くの場合2国間協力は多国間の対話や協力に背を向けるわけではないが,中国は2国間協力を予防外交の基礎とみなしている」と述べた[19]。

ARFは,「予防外交の発展」をアジア太平洋地域の信頼醸成と安全保障協力の3段階の2段階目に位置づけている。(これは第1段階の信頼醸成措置への自然なフォローアップであり,また第3段階の「紛争に対するアプローチを一層充実する」[20]前に行われるものである。)デズモンド・ボール(Desmond Ball)とポーリーン・カー(Pauline Kerr)によると,この第2段階は「国連憲章,友好協力条約や(南沙諸島については)ASEANの南シナ海に関する宣言のなかに含まれている予防外交の3原則」が指針となる[21]。1995年のASEANコンセプト・ペーパーの付属書ではこれらの原則に基づいて「紛争を平和的に解決するための一連の指針」を設けることを呼びかけている。具体的な提案のなかには,「事実調査」を行い,「仲介の労」をとる特別代表(SRs)を任命し,地域リスク削減センター(RRRC)を設ける可能性を検討するという提案がされた。コンセプト・ペーパーは第1段階から第2段階への移行を助けるためにトラック・ツーがいかに重要であるかについて言及し,「様々な予防外交と紛争解決メカニズムを検討し,調査する」ことが有益であると述べている[22]。

このためにARFは予防外交に関するトラック・ツーのセミナーを何回か開催している。これらのセミナーにおいて,多くの参加者がブトロス・ガリが「平和への課題」で提示した概念をスタートとしては良いという点で意見が一致するものの,定義の問題は「議論を呼んでいる」[23]。ARFのセミナーでは予防外交について興味深い解釈が示されており,ARF参加国のなかに正式の紛争解決メカニズムを用いることに懸念があることを配慮した内容となっている。

1995年5月にソウルで開催されたARFセミナーでは,予防外交は,「予防的措置から平和創造,平和維持,平和構築までの連続体の一端をなす」ものであるということで意見の一致をみた。特に,

セミナーでは，予防外交は「潜在的な係争が正面から衝突する紛争に発展しないようにする道具」[24]を強調すべきという点で幅広い支持があり，予防外交への努力は「最も効果が上がる段階，すなわち，潜在的な紛争が，公然たる紛争に発展する前に防止する，および紛争が収拾がつかなくなるのを防ぐ段階」で実施されるべきであるという結論が出された[25]。セミナーでは，予防外交措置は当事者間のコンセンサス形成によらねばならず，「押し付けた解決策では……うまくいかないこと」が留意された[26]。上述のアチャラの定義とは対照的に，ソウルのセミナーでは予防外交は「危機管理と同じではない」という意見もだされた。

いくつかの予防外交措置の具体的な提案もARFトラック・ツーのセミナーで合意された。1995年のソウルのセミナーでは，地域紛争予防センターもしくは地域リスク削減センターの設置が議論され，このようなセンターは「情報を収集，分析，頒布し，対話の促進，第3者による仲介等を斡旋し，解決後相互に合意した解決策の実施状況のモニタリングをすることができよう」と提案された[27]。その他に提案された措置としては，ARFによる専門家リストの登録，平和的紛争解決の原則に関する政府間の議論，海上問題の高等弁務官の任命，予防外交に関する恒久的な委員会やアドホック委員会もしくは作業部会の設置等があった[28]。

1996年のパリにおけるセミナーでは，ブトロス・ガリの予防外交に関する定義をよい概念的な出発点としつつも「予防外交には様々な他の解釈があること」に留意した。また，具体的な予防外交措置として，「ARF参加国のコンセンサスの原則を指針としつつ，ARF議長国の権限を拡大してARFが予防外交において役割を果たせるようにすることなど」が提案された。セミナーでは「年次安全保障概観」が必要であり，これは，特にアジア太平洋安全保障協力会議（CSCAP）を活用し，トラック・ツーで検討するのにふさわしいものだという点で意見の一致をみた。さらに，ARF参加国が，

国連軍備登録制度へ報告する情報をARFのなかでも同時に提供することも提言された。これらの措置は,「すべてのARF参加国の間のコンセンサスが維持された場合」にとられるべきであることが強調された[29]。

　第3回ARF予防外交トラック・ツー会議は,1997年9月にシンガポールで開催された。会議のサマリーによると,前2回のセミナーでの成果が有益であったとしながらも,参加者は具体的な予防外交措置を進めることについては慎重であった。むしろ,「アジア太平洋地域の状況が異なることから,世界のほかの地域で用いられているのとは異なるアプローチが必要であることが多いということが受け入れられた。これを念頭に予防外交の1つの要素である信頼醸成措置（CBMs）が当面成果が上がる可能性が最も高くこれに努力を傾注すべきであるということが強調された」[30]。特に中国は「域内諸国が2国間並びに多国間の信頼醸成措置をもっと追求すべきである」との見解を強調した[31]。セミナーでは「域内で現在行われている予防外交努力」として,特に南シナ海とカンボジアにおける係争が議論され「インドネシア主導の南シナ海に関するワークショップ」の貢献が言及された[32]。

　アジア太平洋安全保障協力会議（CSCAP）は,1999年2月28日から3月2日までバンコクにおいて予防外交のトラック・ツーのワークショップを開催した。このワークショップにおいて,様々な予防外交の定義が議論され,「過度に具体的な定義にとらわれないこと」が重要であることが結論となった。このワークショップでは「幅広く支持された」作業定義として,予防外交とは「地域の平和と安定に深刻な脅威となるような係争や紛争が国家間に発生することを予防し,紛争が武力衝突に発展することを防止し,紛争の強度が上がったり,人道的な問題を惹起することを限定し,紛争が地理的に拡大することを防止する」目的で「コンセンサスに基づき外交的,政治的な行動を行うこと」という定義が合意された。このワー

クショップでは、「予防外交と信頼醸成措置 (CBMs) の間には重複がある」が、これは自然のことであり、「信頼醸成措置がどこで終わり、どこからが予防外交かということを正確に定義することから得るものは少ない。むしろ予防外交は紛争を予防し、そのエスカレーション、拡大や再発を防止しようとする意味では、従来の信頼醸成措置を越えたものであるというだけで十分である」と述べた[33]。

ARFのために準備したステートメントのなかで、ワークショップは、予防外交の7つの一般原則を指摘した。そのなかには予防外交は「外交である。説得、交渉、調査、調停、和解などの外交的平和的な方法によるものである。自主的なものである。予防外交は当事者の要請あるいはその同意の下に行われるべきである。これは非強制的な活動である。軍事行動や武力行使、もしくは制裁等その他の強制的な措置は予防外交の範疇外である。……主権と国内管轄権への不干渉を尊重しなければならない。これには主権平等ならびに領土保全が含まれる」という記述がある。

これらの勧告は、2000年4月に開催されたARFの信頼醸成措置に関するインターセッショナル・サポート・グループ (ISG) に送付された。参加者に配られたASEANの草案には上述の様々なトラック・ツー会合からの提言が含まれていた。ASEANの草案は、これらの提言から「予防外交は、(1) 地域の平和と安定に深刻な脅威となる国家間の重篤な係争や紛争を予防し、(2) これらの係争や紛争が武力紛争に発展することを防止し、(3) そのような係争や紛争が地理的に広がることを防止する目的のためのコンセンサスに基づく外交・政治的な行動であるという点で全般的な意見の一致があったようだ」としている[34]。また、草案は、CSCAPの予防外交原則を引用し、予防外交は外交であり、非軍事的非強制的であり、主権と不干渉を尊重するものであり、協議とコンセンサスの原則に基づき、自主的であり、信頼を必要とし、国際法に基づき、時宜をえたものでなければならないと記述した[35]。

ASEAN の草案について定義の問題で異論がでた。ARF 参加国のなかには,「深刻な」とか「重篤な」という表現は,予防外交を必要とする係争を不必要に限定すると論じた国もあった[36]。オーストラリアは,「予防外交努力が必要となる係争や紛争の基準は,地域の平和と安全保障への脅威となる程度で判断する」ことを示唆した。オーストラリア,ニュージーランド,米国と日本は,紛争に対する予防外交についての協議が「広範」に行われなければならないことについて,ARF 全参加国のコンセンサスを取り付けるだけでも煩瑣であることを留意し,これが時宜得るべしとの原則とどのように結びつくかとの懸念を表明した[37]。米国のペーパーは,「今ではなく将来『コンセンサス』を定義する場合,その他の多国間グループで採用している修正付きコンセンサス・アプローチを検討してもよい」と付言した[38]。

カナダ等は,ASEAN の草案のなかで予防外交が,国家間の紛争に限定されていたことに懸念を表明した。カナダは,予防外交が国内の紛争であっても国境を越えて影響があるもの及び平和や安定を脅かす国内行動,例えば「犯罪行為の支援,環境への被害」などは対象とするべきであるとの意見書を提出した[39]。また,予防外交は「自国政府あるいは非政府主体によって国民がひどく不当な扱いを受けるようなとんでもない事例」において何をなすべきか取り上げるべきだとも記述されている。そして,予防外交の目的に「人間の安全保障および尊厳がひどく損なわれ,無実の人に実質的な苦しみを与えるような事例も取り上げる」ように提案した[40]。日本の意見書は,同様に「『国内問題』の定義と意味は国際法の進化にあわせて議論されるべきだ」と指摘した[41]。米国とニュージーランドは,予防外交は本来的に「非軍事的」であり,「非強制的」であると宣言する必要はないとの意見を提出した。米国のペーパーは,「これは災害シナリオにおいて,食料や医療物資支援を行うのに軍のヘリコプターは使用を排除するという意味なのか」と問うた[42]。

1) Simon Tay, "Preventive Diplomacy and the ASEAN Regional Forum : Principles and Possibilities", in *The Next Stage : Preventive Diplomacy and Security Cooperation in the Asia-Pacific Region*, edited by Amitav Acharya and Desmond Ball, Canberra Papers on Strategy and Defence No. 131 (Canberra : Strategic and Defence Studies Centre, Australian National University ; Singapore : Institute for Defence Security Studies, Nanyang Technological University, 1999) p. 120.
2) Quoted in Amitav Acharya, "Preventive Diplomacy : Concept, Theory, and Strategy", Paper prepared for the International Conference on "Preventive Diplomacy for Peace and Security in the Western pacific", Taipei, 29 – 31 August 1996, p. 4.
3) Boutros Boutros-Ghali, *An Agenda for Peace : Preventive Diplomacy, Peacemaking and Peacekeeping* (New York : United Nations, 1992).
4) Tay, "Preventive Diplomacy and the ASEAN Regional Forum", p. 120.
5) *CSCAP Singapore*, "Review of Preventive Diplomacy Activities in the Asia-Pacific Region," in *The Next Stage*, edited by Acharya and Ball, p. 294.
6) Amitav Acharya, "Preventive Diplomacy : Background and Application to the Asia-Pacific Region", in *The Next Stage*, edited by Acharya and Ball, pp. 19 – 20.
7) He suggests these norms might include the use of multilateralism, non-interference and non-intervention, and the peaceful settlement of disputes. *Ibid.*, p. 21.
8) *Ibid.*, p. 6. For more of a discussion of "preventive deployment" see Michael Lund, *Preventing Violent Conflicts* (Washington, D. C.: U. S Institute for Peace, 1996).
9) Tay, "Preventive Diplomacy and the ASEAN Regional Forum", p. 121.
10) For Evans' use of the distinction, see his essay in *The Next Stage*, edited by Acharya and Ball, pp. 44 – 45.
11) Japan Forum in International Relations, "Preventive Diplomacy and Japan's Role : An Action Menu", in *The Next Stage*, edited by Acharya and Ball, pp. 215 – 77, 220 note 1. Emphasis added.

12) *Ibid.*
13) 武力行使の問題についてはほとんど意見の一致をみていないが，強制外交という用語は外交と軍事的措置と組み合わせるものとして用いられている。「強制外交」の項目参照。
14) Dino Patti Djalal, "The Indonesian Experience in Faciliating a Peace Settlement between the Government of the Republic of the Philippines and the Moro National Liberation Front", in *The Next Stage*, edited by Acharya and Ball, p. 207.
15) Amitave Acharya, "Preventive Diplomacy : Concept, Theory and Strategy", in *The Next Stage*, edited by Acharya and Ball, pp. 93-115, 103.
16) Tay, "Preventive Diplomacy and the ASEAN Regional Forum", p. 120. For detailed description of a case of preventive diplomacy in action in the Asia-Pacific, see Djalal, "The Indonesian Experience", pp. 199-207. It is notable, however, that Djalal does not seem sure whether the case is better described as preventive diplomacy or conflict resolution, p. 199.
17) Tay, "Preventive Diplomacy and the ASEAN Regional Forum", pp. 121-22.
18) Shi Chunlai, "Preventive Diplomacy and the Asia-Pacific Region", in *The Next Stage*, edited by Acharya and Ball, pp. 173-86, 176-78.
19) *Ibid.*, p. 178.
20) "ASEAN Regional Forum : A Concept Paper", para. 14, see also Annexes A and B, reproduced in Desmond Ball and Pauline Kerr, *Presumptive Engagement : Australia's Asia-Pacific Security Policy in the 1990s* (St Lenoards, NSW : Allen & Unwin, 1996) Appendix 2.
21) Ball and Kerr, *Presumptive Engagement*, p. 29.
22) "ASEAN Regional Forum : A Concept Paper", para 13.
23) Chairman's Summary, ASEAN Regional Forum Seminar on Preventive Diplomacy, Seoul, Republic of Korea, 8-10 May 1995, para. 4.
24) *Ibid.*

25) *Ibid.*, para 6.
26) *Ibid.*, para 7.
27) *Ibid.*, para 14.
28) *Ibid.*
29) See the ARF statements on preventive diplomacy, reproduced as Chapter 13 of *The Next Stage*, edited by Acharya and Ball, p. 285.
30) *Ibid.*, p. 288.
31) *Ibid.*
32) *Ibid.*
33) Chairman's Summary, CSCAP Workshop on Preventive Diplomacy, 28 Feberuary-2 March 1999, available online at http://www.cscap/org/csbms.htm> (under the heading "meeting 5").
34) "Comments from Non-ASEAN ARF Countries on the ASEAN Draft Paper on Concept and Principles of Preventive Diplomacy", ASEAN Regional Forum Inter-Sessional Support Group on Confidence-Building Measures, Singapore, 5-7 April 2000 (hereafter referred to as "ARF ISG on CBMs") (authors's copy).
35) ASEAN Draft (6 November 1999) "ASEAN Regional Forum Concept and Principles of Preventive Diplomacy", Paper prepared for the ARF ISG on CBMs, pp. 3-4.
36) See for examples, the comments of Australia, New Zealand, Japan, and the United States. China by contrast, argued that the reference to "preventive severe disputes" should be declared "disputes...often...naturally arise due to [the] existence of differences, [and] they could also refer to argument, debating in non-violent means. It is therefore neither realistic nor appropriate to set such ambitious mandates of 'prevent [ing] them [from] arising'; besides, conflicts usually refer to armed actions, hence are not at the same level as disputes." China's Comments on the Draft of the ARF : Concept and Principles of Preventive Diplomacy", Paper prepared for the ARF ISG on CBMs, p. 1.
37) "ASEAN Regional Forum : Concept and Principles of Preventive

Diplomacy-Australian Comments on Singapore Draft Paper", Paper prepared for the ARF ISG on CBMs, pp. 1-2. See also the Japanese, New Zealand, and American submission.
38) "ASEAN Regional Forum : Concept and Principles of Preventive Diplomacy-United States Comments on Singapore Draft Paper", Paper prepared for the ARF ISG on CBMs, p. 2.
39) Letter from Paul Heinbecker, Assistant Deputy Minister, Global and Security Policy, Department of Foreign Affairs and International Trade, to Bilahari Kausikan, Deputy Minister (Southeast Asia), Ministry of Foreign Affairs, Singapore, 11 February 2000, p. 3. See also the submissions of New Zealand.
40) *Ibid.*
41) "ASEAN Regional Forum (ARF) Japan's Comments on 'Concept and Principles of Preventive Diplomacy'", Paper prepared for the ARF ISG on CBMs, p. 1.
42) "ASEAN Regional Forum : Concept and Principles of Preventive Diplomacy-United States Comments on Singapore Draft paper", Paper prepared for the ARF ISG on CBMs, p. 2.

冷戦思考
Cold War Mentality

「冷戦思考」は主に中国関係者により用いられている用語である。中国の政府関係者と学者は、アジア太平洋地域の一部の国の安全保障に対する姿勢について、「冷戦思考」であると指摘しはじめている。以下に示すのが、1988年1月にトロントで開催した第2回アジア太平洋地域における多国間協力と協調的安全保障に関するカナダ・中国合同セミナー（CANCHIS）に参加した中国側参加者の「冷戦思考」の定義である。

> 冷戦思考は、冷戦時代に考えられ広がっていた安全保障観を指す。要は2つのブロックの対立と世界の覇権を求める2超大国の競争から生まれたものであった。このような敵対関係から派生して敵国の力が伸びることは、それぞれの安全保障への脅威と受け止められていた。国家安全保障は、軍事的優位性によって達成されるべきであり、安全保障はゼロサム・ゲームと考えられていた。冷戦時代は、安全保障に対して2つのアプローチがとられていた。1つは、軍事力の増強や軍事同盟の強化に軍事能力の増強であった。いま1つのアプローチは、敵または競争相手を封じ込める政策を追求することであった。このような安全保障観は、米ソ対立という敵対関係によって特徴づけられた40年に及ぶ冷戦に繋がった。このような安全保障観を冷戦思考と呼ぶ。

1970年代以降，国際関係は深遠な変化をとげた。第3世界の台頭や非同盟運動の発展が，新国際秩序を求める声を強め，2極構造を揺るがせてきた。一方，ソ連が解体し，ソ連との競争と対立で米国も弱体化した。このような世界情勢の進展が冷戦の終焉をもたらした。

しかしながら，冷戦思考は冷戦終焉とともに終わったわけではない。このような思考の残滓が，まだアジア太平洋地域にはある。まだ，覇権主義とパワー・ポリティックスから解放されていない。まだ，他国の国内問題に介入しようとする試みが残っている。不公正かつ不合理な古い国際経済秩序が，まだ発展途上国の利益を損なっている。封じ込め戦略のような時代遅れの手法がまだ姿を消し去っていない。「予防的な封じ込め」や「条件付関与」といった用語は冷戦思考を反映したものに他ならない。

しかしながら，平和と開発が現在の主要テーマであり，経済協力と貿易が世界各国の相互依存を深めている。現在，歴史の趨勢は主権と領土の保全，対話，互恵に繋がる協力および平和的手段による紛争解決を相互に尊重することを強調する新しい安全保障観を育てることを求めている。

上記の定義による「冷戦思考」が現在明示的に使われている事例が挙げられるわけではないが，中国の政府関係者や学者は冷戦思考という用語をしばしば用いて米国，特にアジア太平洋地域における米国の同盟を批判している。特に日米防衛協力のための指針（ガイドライン）が1996年に改訂されたときに日本の「周辺事態」をめぐって中国は批判を強めた。人民解放軍の分析官は，日米安全保障関係は，中国をさらに封じ込めるべく再定義されたと批判した。中国関係者は，日米同盟が「他の同盟と同様，相互依存と協力が主流になっているなかで，地域の安全保障の基礎にはならない」と指摘

し，米国を含む地域諸国が「同盟が究極的には消失するような条件をつくりだすように」呼びかけた[1]。また，「冷戦思考」という用語を用いて，ミサイル防衛に関する米国の計画も批判している。2000年9月に国連総会において中国の唐家璇 (Tang Jiaxuan) 外務大臣は，米国の政策を「基本的に一方的な軍事的戦略的な優位を求めるものであり，冷戦思考の典型的な例である」と評した[2]。

「冷戦思考」という表現は，アメリカの政治議論のなかにも入っている。皮肉なことに，冷戦思考という言葉は，当時共和党の大統領候補であったジョージ・W. ブッシュによって国家ミサイル防衛システムの開発と配備の事例に用いられた。2000年5月23日のワシントンDCにおけるスピーチでブッシュ候補は，ロシアにABM条約 (Anti-Ballistic Missile Treaty) の改訂を働きかけていないことは，クリントン政権が「冷戦思考にまだ凝り固まっていること」をあらわしていると述べて，クリントン政権がミサイル防衛システムの開発を推進していないと酷評した。さらにブッシュ候補はクリントン政権が時代遅れの「冷戦論理」に依存しているとも批判した[3]。このアプローチは，有名な保守系のコメンテーターであるウィリアム・サファイア (William Safire) によって「すばらしい修辞学上のひねり」と評された[4]。

---

1) Ronald N. Montaperto and Hans Binnendijk, "PLA Views on Asia Pacific Security in the 21st Century", Strategic Forum No. 114, National Defense University, June 1998. 会議の概要は，http://www.ndu.edu/inss/strforum/forum114.html にも掲載されている。
2) "China Slams U. S. on Missile Defence", Associated Press, 13 September 2000.
3) Governor George W., Bush, "New Leadership on National Security", Washington D. C., 23 May 2000. スピーチの原稿は，http://www.georgewbush.com/speeches/natlsec.asp に掲載されている。

4) William Safire, "Cold-War Mentality", *New York Times*, 25 May 2000.

第Ⅱ部

アジア太平洋政治・安全保障対話——
砂上の楼閣か地域機構への助走か

はじめに

　冷戦時代には地域協力不毛の地といわれたアジア太平洋地域においても，ポスト冷戦時代と称された1990年代には，地域的機構とまではいかないまでも，域内協力を話し合う多国間協議体（対話）が生まれた。奇しくも，冷戦の象徴ともいわれた東西ドイツを分断していたベルリンの壁が崩壊した89年11月には，経済協力に関する対話であるアジア太平洋経済協力（APEC）会議が発足し，次いで94年には安全保障を議題とするASEAN地域フォーラム（ARF）が誕生したのである。さらに，非政府間レベルのトラック1.5（「トラック1.5」の項目参照）やトラック・ツー（「トラック・ツー」の項目参照）においても，多彩な多国間対話が出現し，その件数が急増した。

　こうした背景には，それまでアジア太平洋地域になかった多国間対話が生まれたことが新鮮であり，対話を開催すること自体が一種の達成感をもたらしたかのような興奮があったことが挙げられよう。無論，あくなき対話は，雰囲気づくり，そして信頼醸成に役割を果たしていった。

　一方，このような対話が，何の役に立つのか，むしろ問題を惹起するのではないか，たとえ数回開催されたとしても，域内各国の安全保障に関する考え方が必ずしも同じではない以上，持続しないであろうという懐疑的な声も少なくなかった。特に，最初の新鮮さが薄れ，そのうえ1997年のアジア金融危機や東ティモール危機等の緊急事態において，APECやARF等の協議体が有効な役割を果たせなかったこともきっかけとなり，90年代の後半には，はたしてこのような多国間対話に意味があるのかとの問いかけさえなされるようになった。

また、アジア太平洋地域における政治・安全保障関連の多国間対話においては、英語が使用されることが多い。本書第Ⅰ部で概説したように用語は、それぞれの国の言葉に翻訳されていく過程で解釈の違いが浮き彫りになることもある。特に欧米から輸入された用語の解釈への疑義を生み出すことも少なくなかった。さらに、用語の裏に見え隠れする各国の思惑が、対話の円滑な発展のハードルになっていることもある。ARFにおける予防外交の概念と原則をめぐる議論が、その端的な例といえよう(「予防外交」の項目参照)。

本稿では、1990年以来のアジア太平洋安全保障対話の出現、障害、発展、軋轢を概観すると共に、その背景にある安全保障をめぐる概念が、対話に果たした役割についても考察し、今後を展望する。

アジア太平洋地域における協調的安全保障
―― 対話の出現・障害・発展

アジア太平洋地域の多国間安全保障協力の高いハードル

第2次世界大戦後、ヨーロッパにおいては、北大西洋条約機構(NATO)、ワルシャワ条約機構(WTO)、欧州共同体(EC)、欧州安全保障協力会議(CSCE)等の地域的な多国間機構が創設され、地域としての安全保障が担保されてきた。冷戦終焉後もWTO等の一部の例を除いて、これらの地域的機構は存続し、かつ新しい冷戦後の安全保障環境に適応している。ECは欧州連合(EU)へと発展し、経済統合のみならず、政治統合や共通の危機管理に取り組み始めている。CSCEは、欧州安全保障協力機構(OSCE)へと発展し、フィールド・ミッションの派遣など、紛争予防のためのオペレーション能力を強めている。NATOは、冷戦後のバルカン地域をはじめ

図　アジア太平洋地域のハブ・アンド・スポーク構造

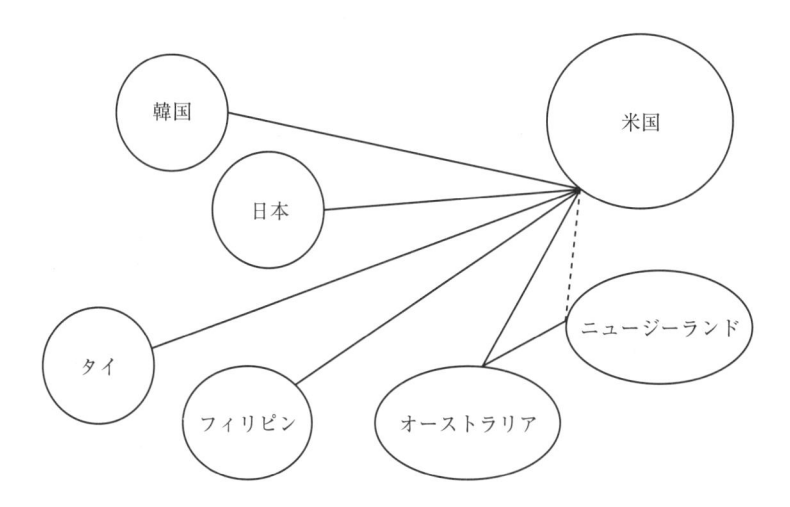

とする地域紛争に対応するべく，域外派遣を実施している。このようにヨーロッパの諸機関は，従来からの役割に加えて，冷戦後各地で内戦型の紛争が頻発し，地域の安全保障にも影響を与えている現実を踏まえ，紛争予防，人道的介入，紛争後の平和構築などの機能を整備してきている。アジア太平洋地域は，安全保障を確保するための地域的な多国間機構は設けず，各国が米国を中心に2国間の同盟条約を結んできた。これが第Ⅰ部でも言及したように「ハブ・アンド・スポーク」と呼ばれている構図である（図参照）。わずかの例外が，第Ⅰ部のなかにも紹介されている 1954 年設立の東南アジア条約機構（SEATO）や，ANZUS 条約，そして 71 年に調印された5ヵ国防衛協定（FPDA），67 年に設立された東南アジア諸国連合（ASEAN）であった。ASEAN は，アジア太平洋地域全体を対象とする地域的機構ではなく，東南アジアに限った準地域協力機構である。かつ，ASEAN は，冷戦中はあまりモメンタムを得なかったが，カンボジア和平プロセスにおいて役割を果たして以降 90 年代には，

モメンタムを得て、APEC、ARFにおいて中心的な役割を果たすようになり加盟国も10ヵ国に拡大した。

また、SEATOは、米国が欧州における北大西洋条約機構（NATO）と類似の地域的機構をアジアにおいても構築し、共産主義の蔓延を防止するために設けられたものである。

本部はバンコクに置かれ、年1回会議が開催されたが、加盟国が、多国間協議の場で自国の政策や行動が議論されることを好まなかったこともあり、またアジアの加盟国が対外脅威よりも国内の内乱を抑えるのに忙しかったため、実質的な地域安全保障の議論に発展しなかった。さらに、SEATOは地域的機構としてベトナム戦争等の事態に何ら役割をはたすこともなく、行き詰まり、1960年代半ばには機能を失った。そして75年に結局解体された。ANZUS条約については、豪州、ニュージーランド、米国の間で51年に設けられたが、米国とニュージーランドとの部分については、ニュージーランドが原子力推進艦船もしくは核兵器搭載艦船の寄港を拒否したため、86年に休止符を打たれている。

5ヵ国防衛取り決め（FPDA）は、1971年に英国、豪州、ニュージーランド、マレーシアの間で設立されたが、アジアの英連邦諸国が協議をする場という性格であり、安全保障を明示的な議題とはしなかった。

また、第I部で言及したように冷戦時代には、非政府間の対話として、経済面では太平洋経済委員会（PBEC）、太平洋経済協力会議（PECC）などが設けられ、現在まで継続されている。しかしながら、これらは地域的機構といえるところまで制度化されたものではなく、あくまで「会議体」であり、かつ、政府関係者も個人の資格で参加したPECCも含めてトラック・ツーの対話であった。一方、このPECCにおける対話の経験が、APECの実現を可能にしたという見方もある。

このように冷戦時代においてもアジア太平洋地域では、ヨーロッ

パの地域的機構に相当するような政府間機構設立へのハードルが高く，なかなか地域全体の政府間多国間対話ですら生まれにくく，持続しなかった。その要因としては，歴史，民族，宗教をはじめ，経済発展，政治・社会体制に至るまで多様性に富むことが挙げられてきた。経済協力においてすら，域内各国の経済体制や規模の違い等から，地域的機構が育たないといわれてきた[1]。経済協力を促進するためのアジア太平洋経済協力（APEC）会議が設立されたのが，前述のように，奇しくも冷戦終焉の象徴的な出来事であるベルリンの壁が崩壊した1989年11月であった。

　一方，安全保障面の地域協力については，冷戦終焉後もハードルが高い。第2次世界大戦後の領土問題が未解決のままになっているものが少なからずあり，また，朝鮮戦争後の朝鮮半島の分断状況も続いてきた。そのうえ，域内諸国が安全保障については相互疑心暗鬼の構造にあり，地域協力の前提となる共通の脅威認識が欠落していることなどが，地域機構の設立を阻んできたといわれてきた。また，アジアには，歴史的に中国，列強帝国主義ついで日本の支配下におかれ，第2次世界大戦後ようやく占領や植民地支配から脱して主権を確立した国が多く，他の国々と協力するために主権の一部を譲るという段階には至っていなかった。また，米国，中国といった域内の大国が，多国間協力はアジアにおいては，問題を惹起しこそすれ問題の解決には役立たないとの立場であったことも，地域的機構設立を阻んできたハードルのひとつであった。

　ポスト冷戦時代に入った1990年代において，アジア太平洋地域でもこれらのハードルを乗り越えて，APECついで安全保障問題を多国間で話し合うASEAN地域フォーラム（ARF）がようやく設立された。ARFの詳細は後述するが，北東アジアにおいては，なかなか地域的な枠組みが設立されない状況が現在に至るまで続いてきた。東南アジアにASEANが存在し，ARFにおいても中心的な役割を果たしているが，北東アジアは地域協力の空白地帯であること

がつとに問題として指摘され,90年代には北東アジア開発銀行設立構想,環日本海経済圏構想,北東アジアエネルギー・環境共同体構想等の北東アジアにおける地域協力が,多数提案されたものの実現をみなかった。この状況をプリンストン大学のギルバート・ローズマン教授は「ひびの入った地域主義」[2]と称した。そして,北東アジア地域協力がなかなか実現しない理由として,4大国の力が交差する地域であることと,いまだ朝鮮半島が分断されており,地域の安定に影響を及ぼしていること,大量破壊兵器が存在していること,国家に依存するクローニー・キャピタリズム(一族資本主義)故に市場が依然として弱いこと等を挙げた。

このようにハードルは高かったが,アジア太平洋地域において,地域安全保障協力のための枠組みをつくろうという働きかけは,全くなかったわけではない。また,NATOに相当する「PATO」をアジア太平洋地域においても設立しようという試みもいくつかなされたが,対立の構図が明確であった冷戦時代にすら失敗した。たとえば1960年代後半および70年代前半には,サイゴンでベトナム戦争同盟国会議(the Vietnam War Allies Conference)が定期的に開催され,ベトナム戦争そのもののみならず,冷戦の課題全般を取り上げた。しかしながら,これは安全保障の地域協力を発展させるにはいたらずに終わった。また,当初文化や経済問題について協議しようと,アジア諸国がアジア太平洋協議会(the Asia and Pacific Council : ASPAC)を66年に発足させた。加盟国は,オーストラリア,台湾,韓国,マレーシア,ニュージーランド,フィリピン,タイ,南ベトナム及び日本であった。このASPACにおいて,70年代初めに加盟国をラオス,インドネシア,シンガポールにも拡大し,集団的自衛を盛り込んだ新しいASPAC憲章を作成しようという提案がなされたが,加盟国の一部が消極的であったために失敗したといわれている。

さらに,ヨーロッパにおいて1954年にモロトフ・ソ連外務大臣

が欧州全体の安全保障国際会議を提唱し、これが後にCSCEにつながったが、アジアにおいてもソ連の首脳は、数度にわたって、アジア太平洋地域の安全保障会議を提唱した。古くはブレジネフ書記長が69年に「アジア集団安全保障構想」を提案した。また、86年にはゴルバチョフ書記長が、ウラジオストックにおいて全アジア諸国を包摂する「全アジア安全保障会議」を提唱した。しかし、これらのソ連提案はあくまでもプロパガンダと受け止められ、もしくは既存の2国間同盟関係に楔を打ち込むことをねらったもの、あるいはソ連に有利な海軍軍縮をねらったものと受け止められ、域内での支持を得ることができなかった。

　さらに冷戦終焉後、発想を同じくしない諸国（non-like-minded countries）も含めた協力が東西対立構造の消失によってアジア太平洋地域においても可能になったという判断がなされ、冷戦時代から体制の違う国々を参加させていた欧州安全保障協力会議（CSCE）を参考にした地域協力機構を設立する提案が出された。具体的には、1990年に豪州のガレス・エバンス外務貿易大臣がCSCEのアジア版として「アジア安全保障協力会議（CSCA）構想」[3]を、カナダのジョー・クラーク外務大臣が「北太平洋安全保障構想」[4]を相次いで提案した。しかし、これにも域内諸国は、欧州とアジアの安全保障環境は異なり、これらの提案は欧州の制度をアジアにそのまま輸入する提案であると受け止めて、アジア太平洋地域にはなじまないという理由で積極的な支持を表明しなかった。

　地域安全保障メカニズムとしては、3種類のタイプが考えられるであろう。ひとつは、NATOのように、加盟国が特定された共通の脅威もしくは敵に対して、集団的自衛の組織を構成する場合である。ふたつめは、集団的自衛の同盟までには至らないが、ヨーロッパの大国間の協調（「大国間の協調」の項目参照）のように大国が協力のルールを定めて多国間の安全保障協力をする場合である。3番目は、CSCEのような安全保障対話である。この3タイプの中でア

ジアには第1のタイプはないが、第2の協調についてはKEDOのように特定の問題についての協調が一部実現している。そして、もっとも90年代に発展したのは第3の安全保障対話である。

ASEAN地域フォーラム（ARF）の誕生・発展

前述のようなハードルを越えて地域安全保障対話であるARFの設立が1993年に合意され、94年に外務大臣のフォーラムとして発足した。その背景には、いくつかの要因があるが、ひとつには、これがASEANの主導によるものであったからだと言われている。すなわち、ASEANが中心となり、欧州とは異なる「関与」の原則を実施し、参加国はすべて平等の立場であることを強調したASEAN方式（「ASEAN方式」の項目参照）が、関係国にとって多国間協力を受け入れやすいものにしたからだとも言われている。地域の大国が主導する会議である場合は、大国の思惑と国益によって運営されることへの懸念があった。ちなみに、日本の中山太郎外務大臣（当時）が91年にASEAN拡大外相会議において、安全保障を取り上げる提案をした時には、支持を集めることはできなかった[5]。その他のARF誕生の要因としては、冷戦時代から積極的にアジア太平洋における地域協力を提案してきたソ連邦の崩壊とロシアの誕生により、多国間協力の裏に隠されたソ連のねらいへの疑念も消えたことがある。さらに、特に東南アジアを中心に、冷戦後米国がアジアへの前方展開を削減するのではないかとの懸念が生まれ、上述のハブ・アンド・スポークの構造に加えて、多国間協力の枠組みを設けることにより、米国の関心をアジアに繋ぎ止めておきたいという思惑もあったと言われている。

ARF閣僚会合は、毎年夏にASEAN外相会合およびASEAN拡大外相会合の際に開催されており、議長はその年のASEAN議長国の外務大臣が務めている。ARF閣僚会合（外相）のもとには、高級事

務レベル会合（ARF SOM）が設けられており，毎年春に会合が開催されている。また，そのもとにインターセッショナル会合（ISM）とインターセッショナル・グループ（ISG）の会合が設けられている。ISMは具体的分野について協議する政府間会合で，災害援助やPKOなどを取り上げている。ISGでは，信頼醸成に関する協議が行われている。

ARFの性格については，1994年7月の第1回会議の議長声明において「アジア太平洋地域の信頼醸成と安全保障協力のために政治安全保障に関する共通の関心事と懸念事項について建設的な対話と協議の習慣を醸成する」ことに加盟国がコミットするとされている。ARFの進め方については，第2回会議のコンセプト・ペーパーのなかで第1段階が信頼醸成，第2段階が予防外交，第3段階が紛争へのアプローチの充実とされている。第1段階である信頼醸成については，一定の成果が上がっていると評価されている[6]。具体的な措置としては，加盟国が透明性を向上させるために防衛白書を英語で刊行する，2000年からは加盟国が自発的に防衛に関する「安全保障概観（Annual Security Outlook）」を発表するといったことが行われている。

しかしながら，ARFの第2段階である予防外交（「予防外交」の項目参照）については，予防外交の名のもとに国内問題に介入されることを懸念する中国をはじめとする一部の加盟国が，第1段階である信頼醸成措置と予防外交との重複を指摘し，第2段階に移行することに反対した。そのため重複部分の整理や予防外交の原則・概念について，長時間をかけて検討が続けられた。特に予防外交の対象に国内紛争を含めることについて一部の加盟国が強い懸念を示したため，当面ARFでは国家間の紛争予防に限られることになった[7]。ようやく，2001年のARF閣僚会合で予防外交に関する関連文書が採択され，具体的な措置として専門家の登録制度をつくることが決まり，議長の役割の強化も合意された。しかし，後者についても紛

争にあたって議長が調停するというところまでは至らず，現状は紛争に関する情報の共有が精一杯のところである。具体的に ARF 議長の役割として行われたのは，議長声明の発表程度である。最近の例としては，米国政府の要請を受けて，2001 年 9 月の米国同時多発テロについて，議長国であるブルネイが議長声明を出した。

アジア太平洋地域の安全保障において重要な役割を果たす中国は，当初 ARF について消極的であった。域内国，特に大国が，中国を平等なパートナーとして扱わないのではないか，域内諸国のなかには，「関与」政策の名のもとに ARF を活用して中国の国内問題に介入し，中国社会を不安定化させようとしているのではないかということを懸念していたといわれている。しかしながら，前述のように ASEAN が主導権をとっている「関与」ならば，平等な取り扱いを受け，ASEAN の柔軟なアプローチであれば，中国のパワーも尊重されるだろうとの判断と，とりあえず最初から参加しておこうという判断で，中国は ARF に参加したといわれている。しかし，実際に参加した結果，中国の ARF をはじめとする多国間対話への疑念も次第に取り払われていった。むしろ，最近では中国の政府関係者も学者も，「中国脅威論」への反駁の場としても，多国間対話の有用性を積極的に認めるようになり，ARF を新しい安全保障協力のモデルとして評価するようになっている。1996 年には，当時の銭其琛外務大臣が「ARF は地域安全保障協力の新しい試みであり，新しい安全保障の概念である」と記者会見で述べたと人民日報が報道した。中国は，ARF の信頼醸成措置にも積極的に協力しており，ARF の呼びかけに応えて防衛に関する白書を 95 年 11 月から発表している（95 年に発表されたものは「軍備管理と軍縮」と題されていたが，98 年から「国防白書」として発表している）。また，2 国間対話でしか取り上げないとしていた南沙諸島問題についても ARF において取り上げることに同意し，行動基準がまとめられている。

このように ARF は，現在アジア太平洋地域において多国間で安

全保障問題を協議する唯一の枠組として，一定の進展を示してきた。加盟国・機構も18から23[8]に増加し，北朝鮮の参加も実現して，包摂的な加盟国を擁するようになった。その意味では，ARFは，アジア太平洋地域の協調的安全保障を具現できる基礎を備えつつある。他方，コンセプト・ペーパーで第1段階とされた信頼醸成については，前述のように一定の成果があったという評価がある一方で，第2段階の予防外交や第3段階の紛争へのアプローチの充実にはなかなか進まず，具体的な成果が上がらないという焦燥感も参加国のなかにある。ASEAN主導のフォーラムという方式で果たして地域全体の平和や安定という大きな課題に能力を発揮できるのか[9]，ASEANでは通用してきたコンセンサス方式が戦略的な目的や思惑の異なるARF加盟国の間でうまく機能するのかという指摘もある[10]。

このようなARFへの不満を踏まえ，2002年7月にシンガポールの防衛戦略研究所（Institute of Defence and Strategic Studies : IDSS）が「ARFの将来」と題した報告書をまとめた[11]。この報告書は，ARFが発足以来具体的な信頼醸成措置を実現し，ARF加盟国間の緊張状態を減殺するのに役立ち，中国の多国間政治・安全保障対話への参加を実現し，域内諸国の様々な対話の出現の導火線になったと評価しながらも，ARFがひとつの転機を迎えているとの認識を示している。

すなわち，1994年にARFが発足して以来，確かにARF以外にも多国間政治・安全保障対話が増加したが，一方で2国間関係あるいはユニラテラリズム（単独行動主義）が根強く残り，むしろ近年，その傾向が強まっているとの見方である。これはアジア太平洋地域において，域内諸国の主権へのこだわりが強く，多国間では信頼の向上以上には進みにくい。特に主権をある程度譲歩しなければならないこともありうる予防外交や紛争へのアプローチの充実には，抵抗があるとの見方がある。これはとりもなおさずARFが，単なるフォーラムあるいはいわゆる「talk shop」段階を脱することができ

ないことを浮き彫りにしている。その証左として，99年の東ティモール危機や2001年の米国における同時多発テロ問題について，ARFはなんらの役割も果たせなかったことがつとに指摘されている。

　IDSSの報告書は，ARFにさらなる地域安全保障協力についての役割をもたせるためには，事務局を設けるなどの機構化をすすめなければならないと提案している。さらに，ARFへの国防関係者の参加が課長・局長クラスどまりであり，昼食会程度の交流にとどまっていることを指摘し，軍事・国防関係者の参加のレベル・アップを提言している。また，軍事問題解決能力を備えることや危機対応センターの設置等を提言している[12]。しかし，ARFの機構化については反対意見も少なくない。

　さらに，ARFは，コンセンサス方式で，すべての参加者が「心地よく感ずる：comfortable」ペースで信頼醸成，予防外交，紛争へのアプローチの充実へと歩を進めるとの合意がある（「ASEAN方式」の項参照）。この方式が，ARFの誕生とその後の持続性を支えてきているといわれている。他方，これが難しい議題を取り上げることを妨げたり，ARFの前進を遅々としたものにしており，一部の加盟国の焦燥感，場合によっては失望にも繋がっている。例えば，コンセンサス方式であるがゆえに，前述のように一部の加盟国の反対により予防外交段階への移行が阻まれた事例がある。また，常にASEAN加盟国が持ち回りで議長を務めるARFの現在の体制が，このプロセスを持続させるのに貢献していることが認められている一方で，非ASEAN諸国のコミットメントの欠如につながっているとの指摘もある。

　2002年6月に開催された英国国際戦略問題研究所（IISS）主催の安全保障対話（シャングリラ・ダイアローグ）において中谷元前防衛庁長官は，「アジア太平洋地域における多国間安全保障協力の展望」と題して演説し，アジア太平洋国防大臣級会合のような国防当局に

よる多国間の安全保障の枠組みを定例化することを提案した[13]。そして，情報交換などの協調体制をまず整備し，それを発展させ，将来，こうした活動について共同で対処できる体制をつくり上げたいと述べた。この提案にあたり，多国間安全保障対話が日米安全保障関係に代わるものではないことを明言し，地域安全保障の多層構造もしくは重層構造を補完・強化するものであることを強調した。しかし，この提案では，この国防関係者による枠組みを ARF のなかにつくるのか外に新たにつくるかについては明らかにされなかった[14]。同会議ではフィリピンのレイエス国防大臣も ARF では外務大臣が主役で国防閣僚には出番がないことを指摘したと報道されている[15]。

  ASEAN＋3の誕生とその歩み

 1997年12月には，ASEAN 創設30周年を記念して，ASEAN 非公式首脳会議がマレーシアで開催され，これに日本，韓国，中国の首脳が招待された。この顔ぶれはアジア欧州会議（ASEM）のアジア側メンバーであり，また奇しくもマレーシアのマハティール首相の東アジア経済協議体（EAEC）構想の顔ぶれとも同じであった。この対話は，ASEAN＋3（日・中・韓）とよばれるようになり，米国，カナダ，オーストラリア，ニュージーランドを除いた東アジアのメカニズムとなっている。ASEAN＋3は，EAEC の亡霊なのか，米国をはずした東アジアの組織になろうとしているのかが論議を呼んできた。しかし，ASEAN＋3の参加国，特に北東アジアの3カ国は，米国との対決姿勢をとろうとはしていない[16]。ASEAN＋3の対話においては，97年夏のアジア金融危機を受けて，参加各国が今後同様の危機が発生したときに IMF などのグローバルな機構に頼る以外にも地域で協力するオプションをもちたいとの点で意見の一致をみ，緊急時に相互に支援するチェンマイ・イニシャティブが合意された。これが ASEAN＋3の大きな成果とされている。

しかし，99年11月のマニラにおける首脳会議の際に東アジア協力に関する共同声明を発表し，とりあげる対象分野として，経済，通貨・金融，人材育成，科学技術開発，文化・情報，開発協力，国境を越える問題とあわせて政治・安全保障も取り上げることが合意された。また，ASEAN＋3の今後について，金大中韓国大統領のよびかけにより，参加国から2名ずつの有識者が参加し，東アジア・ビジョン・グループ（EAVG）が設けられ，1999年夏から2001年11月まで会議を開催し，検討をすすめた。その報告書[17]は「東アジア共同体がいつできるかは不明だが，その方向性は明らかであり，不可逆である」としている。また，同報告書は，ASEAN＋3において，人間の安全保障に関する問題を取り上げることをも提言している。従って，今後ASEAN＋3が，地域安全保障の重層構造の一角を構成することも視野に入りつつある。

　また，日・中・韓の3ヵ国もASEAN＋3の首脳会議の際に，故小渕首相の呼びかけで独自の会合をもつようになり，第1回は1999年11月にマニラで開催された。その折，朱鎔基中国首相，金大中韓国大統領，故小渕恵三首相により，3国間の経済協力強化について，3ヵ国の研究機関で，共同研究を実施することが合意された。2001年11月のブルネイで開催されたASEAN＋3首脳会議の際に開催された日中韓首脳会合には共同研究の成果として「3国間の貿易関係の強化に関する報告書及び提言」が提出されており，グローバル化の進展のなかで世界の3分の1以上が何らかの貿易協定に加入しているが，日中韓はこれらの地域協定に加入していないとの問題意識を提起した[18]。この3ヵ国はすでに朝鮮半島情勢について議論をしており，さらに明示的に安全保障をも議題に取り上げるようになると，これまで空白地帯といわれていた北東アジアにも新たな安全保障対話の枠組みが生まれることにもなろう。

トラック・ツー多国間安全保障対話の「拡散」

一方，冷戦終焉後，非政府間レベルのトラック・ツーでは，アジア太平洋安全保障協力会議（CSCAP）をはじめ，数多くの対話が創設された。トラック・ワン，トラック・ツーを含めて，現在アジア太平洋地域では，主要な対話だけでも口絵図に示すようなさまざまな会合が開催されている。

しかしながら，アジア太平洋地域においては，多国間対話が，単独で安全保障を確保しているのではなく，あくまでも先に図示したハブ・アンド・スポークの同盟関係を補完し，多層的な地域安全保障構造の一角を構成しているとの認識がアジア太平洋諸国のコンセンサスになっている。

このように一見矛盾する，同盟による「抑止」と，政府間，非政府間多国間政治・安全保障対話による「協力」の共存が可能になったのは何故か。まず，ARF設立が可能になったことと共通の要因として，冷戦が終焉したことによる地域安全保障環境の変化が挙げられる。冷戦時代に海軍軍縮など別の意図をもって地域安全保障対話を提案したソ連邦が崩壊したことで，その意図への猜疑心は消えた[19]。さらに，ポスト冷戦時代には，特にヨーロッパにおいては冷戦時代からの領土問題のみならず，「冷戦という氷河」が溶け出し，それまでは抑制されていた民族，宗教，歴史などの背景を異にする様々なグループ間の対立が表面化した。これに経済的な困窮やガバナンスの弱体化，政治や資源へのアクセスが不十分である等の要因が重なると，独立等を求めて紛争が発生することが増え，またその蓋然性も高まった。

アジア太平洋地域においては，アフリカやヨーロッパほどには地域紛争は頻発していないが，一部の国は少数民族問題を抱えており，東ティモールの独立問題の表面化なども経験した。また，越境テロ

リズムの問題も、アフガニスタンの例に見られるように、他山の火事ではないとの共通の認識が生まれてきた。このようなことから、アジア太平洋地域においても、冷戦時代よりも安全保障への脅威が不確実かつ予測不可能になっているとの認識が広がった。疑心暗鬼の構造が消えたわけではないものの、それと並行して、国境を越えた共通の脅威が存在するという意識が醸成されてきた。そのため越境協力や対話の必要性や国以外の外交のアクターの重要性などが認識され、トラック・ツー外交が1990年以降口絵図に占めるような対話の形で活発に展開されるようになった。特にトラック・ワンの対話の件数には自ら限りがあるが、トラック・ツーの件数は、301ページの表に示すように94年、95年と急増したのである。

このような認識を背景に生まれたトラック・ツー対話の代表例がアジア太平洋安全保障協力会議（CSCAP）である。CSCAPは、1992年11月に域内の戦略研究所がソウルで会合を開催したときにPECCのような組織を安全保障についてもつくろうとの提案が出され、運営委員会が設立されたことに端を発している[20]。CSCAPでは、域内および一部域外の安全保障を研究する研究所が、加盟国のなかに国内委員会を設けて参加する形をとっており、学者、政府関係者が参加している。CSCAPへの参加国は、極めて包摂的であり、オーストラリア、カナダ、中国、欧州連合、インドネシア、日本、北朝鮮（朝鮮民主主義人民共和国）、韓国、マレーシア、モンゴル、ニュージーランド、フィリピン、ロシア、シンガポール、タイ、米国とベトナムである[21]。CSCAPには「北太平洋」、「信頼安全保障醸成」等いくつかのワーキング・グループが設けられて活動しているアジア太平洋地域最大規模のトラック・ツーのプロセスである。

CSCAPは、ARFが正式に認定したトラック・ツー機関というわけではないが、その政策提言は、近年ARF議長声明でも言及されるようになっている。例えば、2001年7月25日に発表された第8回ARF閣僚会合の議長声明では、「閣僚は、2000年から2001年の

インターセッショナル期間にフィリピン，中国，マレーシアで行われた CSCAP の海洋協力に関するワーキング・グループ会合とアジア太平洋地域における法と秩序に関するメモランダムの草案，CSCAP の国際犯罪に関する第8回ワーキング・グループおよび CSCAP の包括的安全保障協力に関する第9回ワーキング・グループに留意した」との言及がなされた。また，CSCAP 信頼安全保障醸成措置作業グループは，ARF インターセッショナル・グループ会合の直前に「予防外交に関するワークショップ」を開催することで実質的な連携を ARF と深めて効果をあげた。また，CSCAP 北太平洋作業グループには，北朝鮮も参加し，朝鮮半島問題も含めて議論されている。この経験が，北朝鮮の ARF 参加への道筋をつけるうえで一助となったとも推察される。このように，トラック・ツーの会議が，新しいアイデアを試しに議論してみる「実験場」の役割をはたし，関係国の受け入れ度を試したうえで，そのアイデアがトラック・ワンの政府間会議に正式に提案される場合もある。

　CSCAP 以外にも，1990 年代には前述のように様々なトラック・ツーの会合が誕生している。場合によっては，北東アジア協力ダイアローグ（Northeast Asia Cooperation Dialogue : NEACD）のように，準地域である北東アジアを対象としたものもある。NEACD は，カナダが中心になって開催した北太平洋協調的安全保障対話（North Pacific Cooperative Security Dialogue : NPCSD）の最終会合に参加したカルフォルニア大学のスーザン・シャーク教授のイニシャティブにより 93 年からはじまった対話であり，ほぼ1年に1回，参加国である米国，日本，韓国，ロシア，中国の持ち回りで開催されている。この対話には，国防関係者（制服を含む），外務関係者，学者が参加して，全般的な安全保障概況や食料，エネルギー等の機能的な協力分野について意見を交換している（なお，NEACD は政府関係者は個人の資格で参加するトラック・ツーである）。NEACD の本来の目的は，北朝鮮を多国間対話に参加させることであった。北朝鮮は，

NEACD の準備会合には出席したが，その後は欠席を続けてきた。しかし，2002年9月17日の日朝首脳会議の直前の9月13日に，北朝鮮は10月2, 3日にモスクワで開催される NEACD の対話への参加を表明した[22]。また，NEACD を NEASD（北東アジア安全保障対話 Northeast Asia Security Dialogue）としてトラック・ワンの会議に切り替えることも提案されているが，北朝鮮の出席が実現していなかったこともあり，反対意見が残っていた。今回北朝鮮の NEACD への参加が実現したことで新たな展望が開けるかもしれない。

その他，最近ではアジア太平洋地域の国々がすべて参加する対話よりもより参加国を絞り，全般的な信頼醸成をねらうよりも，個別の目的を念頭に設立されるミニラテラリズム（少数国間）対話も増えてきている。その一例が日米中会議であろう。これは日中間の誤解を払拭し，日中関係を円滑に発展させるために日米中の相互理解を進める必要があるということから，当初トラック・ワンにおける対話の創設が検討された。しかし中国側から「政府間で話し合う場合は，どうしても自由率直に議論がしにくい」との説明があり，トラック・ツーにおける開催が合意され，実現したものである[23]。日米中会議は，1998年7月に東京で開催された準備会合の後，99年1月のハーバード大学における第1回会合以来から3ヵ国持ち回りで会議が開催されている。また，会議の成果は3ヵ国の政府にフィード・バックされる体制となっている[24]。会議の内容は非公開であるが，北朝鮮問題など日米中が共通に関心をもっている問題，また歴史問題からミサイル防衛まで微妙な政策課題も取り上げているといわれている。今後，日米中会議は，政府間レベルの対話に発展する可能性もある。

この様に活発に展開されてきたトラック・ツー外交であるが，余りにも拡散し，後述するように再考の時期に差しかかっている。

アジア太平洋地域多国間政治・安全保障対話における用語・概念の問題——障害か？

　第Ⅰ部で紹介したように，アジア太平洋地域の政治・安全保障対話においては，概念の解釈をめぐる齟齬が対話推進の障害になっている場合がある。特にオーストラリアやカナダが，CSCEのアジア版を提案した時の事例にみられるように，欧米で発展してきた用語をそのまま用いた提案が提出された場合には，アジア太平洋地域と欧米の安全保障環境が異なるため，欧米の概念の輸入は，なじまないとの論陣が張られてきた。時には，提案の内容が，欧米からの直輸入ではなく，アジア太平洋地域にふさわしい形での導入を内容において謳っていても，欧米の用語が用いられるだけで一部のアジア太平洋諸国の拒否反応を招くことがあった。

　さらに，第Ⅰ部で取り上げた「信頼醸成措置」（CBMs），特に「信頼安全保障醸成措置」（CSBMs）（第Ⅰ部各項目参照）は，欧州で提案された概念であり，アジア太平洋地域にはなじまないとの指摘がなされ，代わって「安心感を高める措置（MRMs）」などの用語が，トラック・ツー等の対話において提案されてきた。例えば，ARFとの比較でよく言及される欧州安全保障協力機構（OSCE）の「信頼安全保障醸成措置」の場合には，一連の文書に基づき，軍事活動の事前通告，オブザーバーの受け入れや軍事情報の交換，軍事交流などが実施されている。また，冷戦後には1991年にスウェーデンやオランダが実施した平時空軍基地訪問がきっかけとなり，参加国の軍事行動について要請がある場合には，現地査察が実施できるようになり，透明性が高まっている。このような措置により疑心暗鬼の払拭は無論のこと，奇襲攻撃の可能性も低減する効果がある

といわれている。もって、不要な軍備増強を避ける効果もあるといわれている。しかし、OSCEにおいてもこの査察は、陸軍と空軍に限られている。海軍については米国が公海上の船舶検査は行わない政策を堅持しているために、実施されていない。

このようなOSCEの介入的な信頼安全保障醸成措置は、とてもアジア太平洋地域では成立しないという論陣が張られてきた。この点は域内でコンセンサスがあり、まずは信頼を深めるところからはじめなければならないという点で意見の一致をみてきた。ARF発足当初は、「信頼醸成措置」という用語にすら抵抗感があり、「信頼感を高める措置」等の用語が使われたり、欧州でいうところのいわゆる「信頼醸成措置」をアジア太平洋地域にふさわしい形で適用すべしとの断りが付されていたが、次第にアジア太平洋でも、「信頼醸成措置」という言葉が、ARFでもトラック・ツーでもこの地域にあった措置という理解で定着し、用いられるようになった。

このように「信頼醸成措置」の場合は、その解釈が一見対話の進展にとって障害になるかと見られたが、強い抵抗を見せる関係国（者）に配慮し、アジア太平洋地域にふさわしい表現を模索し、そのなかでアジア太平洋地域にあった措置が工夫されていくことで、結果的にはむしろ概念自体が対話の対象となり、対話の発展に寄与する結果となったともいえよう。

これに対して、「予防外交」の例に見られるように、用語の解釈や定義を巡って論争が展開され、対話やARF自体の進展を阻害した例もある。第Ⅰ部の「予防外交」の項目でふれたように、予防外交の名のもとに国内に介入されることを警戒する国々が強く反対して、ARFの第1段階から第2段階への移行がなかなかうまくいかなかったし、予防外交に関する一連の文書は2001年にようやく採択されたもののなかなか実質的な進展には繋がっていない場合もある。これは、用語がむしろ対話の進展を阻害した例といえよう。ARFの第2回閣僚会合に提出されたコンセプト・ペーパーで別の

表現が工夫され、加盟国からの用語の裏に隠された意図への懸念がでないような用語が選択されていた場合には、別の展開があったのかもしれない。今後コンセプト・ペーパーに示された3段階に縛られずにテロリズムへの対策など新しい安全保障上の課題の台頭を念頭に、新たなARFの道筋を考えていくことも必要であろう。

また、第Ⅰ部において取り上げたようにアジア太平洋地域では、特に「協調的安全保障」「総合安全保障」「人間の安全保障（ヒューマン・セキュリティ）」（第Ⅰ部の各項目参照）等伝統的な安全保障のみならず様々な新しい安全保障概念が、取り上げられてきた。特に1990年代には、伝統的な安全保障だけでは、十分に現在必要な国際平和と安全を確保できないのではないかとの論調が登場し、いわば新しい安全保障概念が模索された[25]。

すなわち、安全保障には新しい脅威として国際テロ、民族紛争、環境劣化、食料・エネルギー不足、麻薬密輸、人口増加、人口移動、組織犯罪などがあり、これらも包括的に安全保障の対象として取り入れなければならないと指摘され、日本をはじめとしてインドネシアやマレーシアが、冷戦中に提案した「総合安全保障」という概念が再び注目された。日本は、国外からの脅威も含めた軍事に偏らない安全保障を提案したが、インドネシアやマレーシアは第Ⅰ部で言及したように国内をまとめるために国家の強靭性という意味で用いた。そして冷戦後、この安全保障を幅広く考える理念が、欧州でも取り上げられた。アジアで生まれた安全保障の概念がヨーロッパに取り入れられた例といえる。さらに中国もこの幅広い概念に注目するようになり、1997年夏のアジア金融危機以降、再び総合安全保障の概念がアジア太平洋地域で取り上げられている。この「総合安全保障」は、英語訳では「comprehensive security」と当初より表記されてきたが、冷戦後の欧州安全保障協力機構（OSCE）の文書においては、英語はそのまま「comprehensive security」という表現が用いられているものの、日本語訳ではOSCEについては「包

括的安全保障」という表現が用いられていることは,興味深い。

また,経済面でのグローバル化の進展をうけて,安全保障も国家を超えた越境問題もかかえ,ヒューストンにおける先進国首脳会議(サミット)においてもグローバルな安全保障は不可分であり,越境協力が必要であるとの考え方も強調された。冷戦終焉の前後から,安全保障は,もはや「競争」して確保するのではなく,「協力」して実現するものになったとの議論が展開され,安全保障に対する考え方が異なる国も包摂する「協調的安全保障」のアプローチが提案された。誰が最初に協調的安全保障を提案したかについては諸説があるが,1990年10月のドイツ再統一から同年11月のCSCEパリ首脳会議に至る時期に,当時のドイツのゲンシャー外務大臣が「協力的安全保障構造(Kooperative Sicherheisstruktur)」という考え方を提案したことに端を発しているという指摘もある[26]。しかしながら,アジア太平洋地域においては,冷戦の残滓である分断国家と領土問題が残っていることから,まだ「協調的安全保障」アプローチがとれる段階には入っていないとの反論も展開されてきた。第Ⅰ部で紹介したように「協調的安全保障」については,対話による信頼性の向上,予防外交,紛争解決,信頼醸成措置,軍備管理,共同軍事行動(平和維持,集団安全保障)[27]等の段階が考えられるが,アジア太平洋地域で実現しているのは対話による信頼性の向上である。また,共同軍事行動や平和維持活動をはたして「協調的安全保障」の範疇に入れるかどうかについては意見が分かれている。

さらに,1990年代には冷戦後内紛も増え,犠牲になる市民が増えたことから人間のレベルでの安全保障が重要であるとの論調が登場した。いわゆる「人間の安全保障(ヒューマン・セキュリティ)」(「人間の安全保障」の項目参照)という考え方である。この考え方は,第Ⅰ部で詳述したように,いくつかの側面で安全保障の次元,範囲を拡大したといえる。まず,安全保障の対象が,国家のみならず人間のレベルを含んだものでなければならないとしている。同時に安

全保障の範囲を伝統的な軍事面の安全保障のみならず，総合安全保障もしくは包括的安全保障に匹敵するような幅広いものを包含するとの解釈に立つ。特に域内国のなかには人間の安全保障という用語を人権に結び付けて警戒する向きもある。そのため人権に代わって「人間の尊厳」という表現を用いることで懸念を払拭するような工夫も対話のなかで行われてきているが，総合安全保障の場合には，国家の単位で考えられていた点が異なるといえよう。さらに，安全保障を確保する主体（アクター）も従来からの国家のみならず，非政府組織，国際機関，地域機関など多様化するという考え方である。

　このような新しい安全保障の理念では，理念上の食い違いが用語の発展段階で指摘されることが多い。例えば，前述の人間の安全保障に対して，国家安全保障の役割を否定するものと受け取られ批判された段階もあったが，現在では，人間の安全保障は国家による安全保障と共に必要なアプローチであると並立関係で理解されるようになっている。あるいは，幅広い安全保障を対象としているが，児童兵の問題等，紛争そのものにおける恐怖からの自由を重視する向きと，開発による貧困などの欠乏からの自由に力をいれる向きとの意見の食い違いが大きく取り上げられ，議論の焦点になったこともあった。協調的安全保障では，軍事的な措置に力点をおく米国と，対話による信頼醸成アプローチに力点を入れる向きとがでてきた。このような考え方の違いは，多国間対話の中で用語が使われ始めたときに，定義や解釈をめぐる神学論争とも言うべき意見の対立を呼んできたが，他方，このような論争が対話をさらに活発化した側面もある。時間の経過とともにこれらの理念の定義を巡って激論をたたかわし，神学論争化して議論が膠着するよりも，それぞれの用語の解釈を尊重しつつ，むしろ，このような新しい安全保障概念をいかに具体的に実践するかに議論の焦点は移ってきている。

　冷戦終焉後，このような伝統的な安全保障を越えた新しい概念が模索された一方で，あまり広がりすぎては混乱をよぶばかりであり，

結果的に何も達成できないとの批判が、これらの新しい概念に対してなされるようにもなった。特に2001年9月11日の米国における同時多発テロを境に、安全保障はあくまでも伝統的な軍事面の安全保障以外のなにものでもない、国家にとっての脅威は消散していないというリアリストの議論が再び力強く展開され、新しい安全保障の概念の追求が逆に焦点をぼかすものとして批判される傾向もある。いわば伝統的安全保障に回帰すべしとの論調が勢いを増している。

アジア太平洋政治・安全保障対話の意義再考

マイケル・リーファーやポール・ディブ等のリアリストは、抑止や同盟などを強調し、ASEANやARFなどの地域の多国間機構は、地域安全保障にとって効果がないことを指摘してきた[28]。一方、相互依存、統合などを主唱するポール・エバンス、ブライアン・ジョブやアミタフ・アチャリャなどのリベラリストやコンストラクトヴィストは、対話の可能性、ネットワークづくりが新しい地域秩序に役立つことを指摘してきた[29]。しかし、現実には両方の要素をはらみながら、アジア太平洋地域における政治・安全保障対話は、発展してきた。

トラック・ワンのARFは、紆余曲折を経ながらも、当初の長持ちしないだろうという予測を越えて前述のように一定の成果を上げながら、現在までそのモメンタムを維持している。しかし、米国においては「APECもARFも成果が上がらず、ここ数年期待を裏切っている」という批判もある。すなわち、ARFは、アジア太平洋地域において懸念材料とされている、中国の経済・軍事力の台頭を取り巻く不確実性や台湾海峡をはさんだ緊張、北朝鮮の核開発問題などに効果的に対応することができず、その無力さを証明してしまったとの指摘である[30]。

ASEANのなかでも前述のシンガポールの報告書にも見られるよ

表　アジア太平洋地域における安全保障問題に関する多国間のトラック・ワンおよびトラック・ツーの会議件数

年	トラック・ワン	トラック・ツー
1993	3	34
94	19	93
95	23(9)	85(21)
96	18(3)	70(28)
97	17(2)	46(12)
98	11(2)	49(10)
99	17(15)	38(9)
2000	17	49

出典：Dialogue Monitor（いずれも申告ベースの会議開催件数である。括弧内に示されている件数は2国間，あるいはアジア太平洋地域外の国を含むものである。）

うに，ARFがひとつの転換期にきているとの認識が高まっている。ARFは，このままASEANを中心とした組織でよいのか，外務省関係者中心の会議でよいのか，国防関係者をどのように関わらせていくか，第2段階である予防外交での足踏み状態をいかに脱するのか等大きな課題に直面している。

　一方，トラック・ツーでは，上記に例示したCSCAPやNEACDのみならず，口絵図に示すように様々な会合が開催されてきた。

　アジア太平洋地域の多国間政治・安全保障対話は，表に示すように1990年代に急増し，90年代半ばにはピークに達し年間100件を超える会合が開催され，成長産業とも呼ばれた[31]。

　これらのトラック・ツーは，「対話」であって「交渉」ではないということがひとつの特徴であり，これがアジア太平洋地域にとって受け入れやすい多国間主義の形態であったといえ，件数急増の要

因にもなったといえよう。このトラック・ツーの対話は, 第Ⅰ部で紹介した「開かれた地域主義」「協調的安全保障」「ASEAN方式」などの概念を発展させ, 地域の安全保障に関する規範づくりにも貢献してきた。その意味では「規範事業 (norm entrepreneurship)」とも呼べる[32]。また, 1990年代はじめには経済と安全保障の関係が指摘され, 安全保障が確保されなくては経済成長は望めないとの考えが広がり, 安全保障対話を促した側面もあった。さらには, 冷戦が終わったことから積極的に安全保障に取り組もうという機運が高まったこともあろう。

これらの対話のなかには定例化されたものから, アド・ホックに開催されているものまで様々なものが含まれ, 機構化の進んでいるものは極めて少ない。また, あまりの件数の急増に, 対話自体が「事業」になったとか, 目的化した, あるいは「拡散」しすぎたとの意見も聞かれるようになった。さらには, 多国間政治安全保障対話では, 前述のCSCAP事例のように明示的にトラック・ワンにインプットしている場合を除いて, 会議は開催しても目に見える成果があがっていないという批判も強まっていった。また, 確かに対話の回数が積み重ねられることにより, 関係者間の「対話の習慣」が醸成され, 信頼感は生まれるが, どの対話にも各国から同じような顔ぶれが集まるために, 多くの対話を開催する意味が無い, 会合が多すぎてとても全部には出席できないという声も出てきた。そこで逆にアジア太平洋地域においては, 多国間政治・安全保障対話の意義の再考し, 「不拡散」が必要だという論調まで出るようになった。或いは, いまのようなトラック・ツー対話の形で今後も持続できるのだろうか, ある程度の「自主性」を維持しながら, 政府の信頼を確保しなければならないという「自主性のジレンマ (autonomy dilemma)」があるのではないか, トラック・ツー対話のあり方を再考する必要があるなどの指摘もある[33]。

表に示すように, 最近では多国間政治・安全保障対話の件数は,

無論数え方にもよるが,全体の傾向としてトラック・ワンの件数はあまり減っていないが,トラック・ツーの件数が減少している。また,包摂的な参加者によるアジア太平洋地域全体を網羅するような,一般的信頼醸成を目的とした多国間対話の件数は相対的に減り,特定の目的を掲げる日米中会議,日中韓会議などのような少数国間(ミニラテラルな)会議の件数が増える傾向にある。また,アジア太平洋という枠組みのみならず,東アジアという枠組みでの対話が増えてきている。これが米国を中心とする「アジア太平洋協力」対米国を抜いた「東アジア協力」の競争の構図になっていくのか,あるいは,東アジアの枠組みの協力はあくまでも米国との協調路線を重視するのか,先行きは不透明である。また,ハブ・アンド・スポークの一角をなす国々が,米国の同盟国同士の対話をはじめていることも最近の傾向といえよう。

トラック・ワンの対話の意義を否定する向きはない。しかし,トラック・ツーの「不拡散」が一部で主張されている。ブライアン・ジョブは,トラック・ツー外交への反対意見は1990年代に消えたと指摘する。特に90年代にトラック・ツー外交は意味がなく,むしろ地域の安全保障にとってマイナスであるという域内の一部の国の外務省の意見はほぼ姿を消した。他方,トラック・ツーが重要な役割を果たしうると考えていた人々の中にトラック・ツーの議題が狭くなりすぎ,また,政府に近くなりすぎたことを懸念する声が増えている[34]。

アジア太平洋地域の平和と安全への脅威は,1990年代より下がったか。否。冷戦の残滓は未解決のままである。さらに通常兵器の増強,大量破壊兵器拡散も伝えられている。また,アジア太平洋地域は,潜在的な新しい紛争の懸念を抱える。さらにアフガニスタンや東ティモール等紛争後の平和構築が順調にいかなければ,紛争が再燃しかねない地域をも抱えている。さらに,新しい安全保障の理念で導入された国際テロの問題をはじめ環境汚染や疾病,人口移動

など地域が共有する多様な脅威の存在がより明示的に認識されるようになっている。

2001年9月11日の米国における同時多発テロは,人間の平和と安全に対する脅威はどこに潜在的に存在しているかが必ずしもわからず,どのような形でいつ浮上するかもわからない不確実,予測不可能な時代に我々が生きていることを痛感させた。加えて,国際テロリズムに対する対策は,反テロ行動という武力行使だけで解決するわけではない。それはテロリズムに対する対症療法にすぎない。平和と安全を願うならば,テロリストが養成される土壌を除き,過激な思想に人々が引かれぬようにガバナンスを改善し,貧困を軽減し,テロリストの資金源を断つ努力が不可欠であることをも痛感させられたのである。テロリズムの根源的要因とそれへの対策が越境性を帯びている以上,1国での対応には限界があり,グローバルな協力は無論のこと地域協力が必要であることは言うまでもない。そして,国際テロリズムは,我々のまわりの平和と安全への脅威のひとつにしかすぎないのである。

ある意味で二極構造であった冷戦時代よりも,さらに脅威の特定と予測が難しい複雑かつ「不確実な」時代に我々は生きている。このように冷戦時代の残滓も未解決のまま,新たに多くの課題を抱えるアジア太平洋地域は,信頼を深めるために対話を進めなければならない。2国間対話は,必要性と必然性から必ず生まれ,維持される。しかし,多国間対話は,政治的なリーダーシップを必要とする。

多国間対話の重要なアクターである米国は,クリントン政権の初期のころ,「肯定的多国間主義（assertive multilateralism）」を標榜し,多国間協力に相対的に前向きな姿勢を示すようになったが,これはむしろバーデン・シェアリングの目的のためだといわれている。全体の利益のために一部の犠牲も辞さないという多国間協力に対する積極性を示しているわけでは決してない。この傾向は,ジョージ・W・ブッシュ政権になってからより顕著となった。2001年7月米

国国務省のリチャード・ハース (Richard Haass) 政策企画局長は，米国の多国間協力への選択的関与（「選択的関与」の項目参照）を「アラカルト多国間主義 (a la carte multilateralism)」[35]という言葉を用いて擁護したが，その中身は，多国間主義とはほど遠い。「問題の性格に応じて柔軟に対応を変えると言えば聞こえはいいが，言い換えれば都合の悪い国際合意には参加しない立場の表明とも読み取れる」[36]と見られている。そして，2001年9月11日の同時多発テロ事件もその直後には米国を多国間協調主義に誘うかとも見えたが，米国は時間の経過とともにむしろユニラテラリズムを強めてきている。例えば，テロ直後に開催された2001年APEC首脳会合において米国のテロへの戦いを支持する声明を確保した。しかし，一方で生物兵器禁止条約の運用をめぐる協議を2001年末には凍結に追い込み，京都議定書からは離脱し，包括的核実験禁止条約は批准せず，国際刑事裁判所の設立についても自国の要求を突きつけている。9月11日以降の米国の多国間主義は，武力行使の局面において米国が単独攻撃はのぞましくないので，同盟国等に働きかけ，連合 (coalition) を組むべく一方的な協力要請をし，これに各国が同調するかどうかを検討し，応じるというものである。まさにアラカルト多国間主義である。ハース氏は，米国は，弱い多国間主義 (soft-headed multilateralism) に同調することはない。NATOのように堅牢な多国間主義 (hard-headed multilateralism) は，リーダーシップの反映として，有用であるとも述べている[37]。あくまで自国の国益につながる多国間主義は，活用するという姿勢である。

多国間対話の重要なプレーヤーである中国も当初へのARFへの懐疑的な見方から比較すれば，ARFにも積極的に参加するようになった。さらに近年では，ASEANへの自由貿易協定締結の呼びかけや上海協力機構 (SCO) 設立などのイニシャティブをとり，多国間協力に積極的になったといわれるが，これもやはり煎じ詰めれば，自らの利益のためである。すなわち，多国間主義が「中国脅威論」

を低減することに役立つ，あるいは中央アジアという国境を接する諸国との関係の維持に役立つという計算が透けて見える。他方，これまで日本が地域各国との安全保障協力を推進することに反対してきた北朝鮮は，2002年9月17日の日朝平壌宣言で北東アジア地域の平和と安定に言及することに合意し，欠席を続けてきたNEACDへの参加にも踏み切った。これは，アジア太平洋地域，さらには北東アジアが，本格的な多国間対話，ひいては安全保障協力に入れる糸口を示すものかもしれない。

1990年代に多くの政治・安全保障対話が誕生した当時の新鮮さからくる興奮は冷めた。また，対話の内容が一般論から各論に入るに従い，難しさは増してきている。アジア太平洋地域の地域全体の利益のための多国間協力という旗印に熱心なのは，韓国，カナダ，オーストラリア，シンガポール，ニュージーランドなど第Ⅰ部において言及したいわゆる「ミドル・パワー」(「ミドル・パワー」の項目参照) とよばれる諸国である。アジア太平洋で90年代にはじまった多国間対話を砂上の楼閣に終わらせず，地域機構設立への助走にするには，これらの多国間対話，トラック・ツー外交に関心をもつ国々と日本が協力し，地域の大国も参加せざるをえないような対話の枠組みを工夫していくことが必要であろう。

無論，アジア太平洋政治・安全保障対話は，トラック・ワンもトラック・ツーも，平和と安定のための万能薬ではない。同時に二国間同盟のハブ・アンド・スポーク構造だけでも万能薬にはなるまい。双方あいまって，さらには民間によるトラック・スリー外交も加味されながら，より堅牢なアジア太平洋の安全保障秩序が浮かび上がってくるのではなかろうか。

【注】
1) 冷戦時代もPBEC，PAFTAD，PECC等のトラック・ツーの会議は開催されたが，政府間会議には発展しなかった。APECの誕生は冷

戦終焉時の 1989 年であった。
2) ギルバート・ローズマン,「北太平洋の地域協力―― 21 世紀に向けて変わる戦略」,『NIRA 政策研究』Vol.13　No.3　2000 年, 8 ページ。
3) Gareth Evans, "What Asia needs is a Europe-style CSCA," *The International Herald Tribune*, July 27, 1990.
4) *Canada News*, No. 18, September 1990. Also Steward Henderson, "Canada and Asia Pacific Security : The North Pacific Cooperative Security Dialogue," *Policy Planning Paper*, No. 91/8, November 1991.
5) 中山提案の詳細については, Akiko Fukushima, *Japanese Foreign Policy : The Emerging Logic of Multilateralism*, Macmillan, 1999, pp.143-44 および Akiko Fukushima, "Japan's Emerging View of Security Multilateralism," IGCC Policy Paper, #51, June 1999, p.29 参照。
6) "A New Agenda for the ASEAN Regional Forum," IDSS Monograph No.4, 2002, p.1.
7) Concept and Principles of Preventive Diplomacy, Seventh ASEAN Regional Forum, Ministerial Meeting, 27 July, Bangkok, Thailand, http://www.aseansec.org/politics/arf7c.htm
8) ARF の現在の参加国・機構は, ブルネイ, インドネシア, マレーシア, シンガポール, タイ, ベトナム, ミャンマー, ラオス, カンボジア, 日本, 韓国, 北朝鮮, 米国, カナダ, オーストラリア, ニュージーランド, 欧州連合 (EU), ロシア, 中国, モンゴル, インド, パプア・ニューギニアである。
9) Alan Dupont, "The Future of the ARF: AN Australian Perspective" in Khoo How San, ed., *The Future of the ARF* (Singapore : Institute of Defence and Strategic Studies, 1999), p. 36.
10) Robyn Lim, "The ASEAN Regional Forum : Building on Sand" in *Contemporary Southeast Asia* Vol. 20 No. 2 (1998), p. 115.
11) "A New Agenda for the ASEAN Regional Forum," *IDSS Monograph No.4*, July 2002.

12) Summary of a Roundtable Discussion on "A New Agenda for the ASEAN Regional Forum," Institute of Defence and Strategic Studies, July 2002.
13) 時間的には中谷防衛庁長官のシャングリア演説が，IDSS の報告書よりも先であり，IDSS はこの演説をも参考にしたものと推察される。
14) 「アジア太平洋国防相会議を提唱」『朝日新聞』2002 年 6 月 3 日，1 ページ。
15) 「対テロ，思惑に違いも。アジア安保会議　来年も開催が決定」『朝日新聞』2002 年 6 月 3 日，3 ページ。
16) Paul Evans, "Between Regionalization and Regionalism: Policy Networks and the Nascent East Asian Institutional Identity," Typescript, September 20, 2002.
17) East Asian Vision Group Report 2001, *Towards an East Asian Community, Region of Peace, Prosperity and Progress*, October 2001, 同報告書は ASEAN のホームページ上に掲載。
18) 「日中韓共同研究——3 国間の貿易関係の強化に関する報告書及び提言——」総合研究開発機構，平成 13 年 11 月。この共同研究の実施機関は，日本：総合研究開発機構，中国：国務院発展研究中心，韓国：対外経済政策研究院である。
19) 星野俊也「アジア太平洋地域安全保障の展開—— ARF と CSCAP を中心として」『国際問題』2001 年 5 月，No.494　35 ページ。
20) 詳細については，Akiko Fukushima "Security Multilateralism in Asia," IGCC Policy Paper, 51, June 1999 参照。
21) 北朝鮮は 1994 年から参加している。台湾は，個人が招聘を受ける形で参加している。
22) 「北東アジア協力対話　北朝鮮が初参加」『日本経済新聞』2002 年 9 月 14 日。
23) 「日米中三国関係はトラック 2 から」『外交フォーラム』2000 年 11 月，No.148，48 ページ。
24) 同，49 ページ。
25) 新しい安全保障概念の模索は各国で行われた。たとえば，Paul B.

Stares, *The New Security Agenda,* Japan Center for International Exchange, Tokyo and New York, 1998 参照。

26) Cooperative security の邦訳として「協調的安全保障」が幅広く用いられており，本書第Ⅰ部においてもこれを採用した。しかし，その概念が協力による安全保障であることから「協力的安全保障」という訳語がより適切であるとの議論もなされている。神余隆博『新国連論』大阪大学出版会，1995年8月，133～134ページ参照。

27) 山本吉宣「冷戦後の安全保障――協調的安全保障と信頼醸成をめぐって」『国際危機学』木村汎編，世界思想社，2002年 32ページ。

28) Michael Leifer, *The ASEAN Regional Forum*, Adelphi Paper 302, London, International Institute for Strategic Studies, 1996. Paul Dibb, *Towards a New Balance of Power in Asia*, Adelphi Paper 295. London: International Institute for Strategic Studies 1995 参照。

29) Amitav Acharya, *The Quest for Identity*, Singapore: Oxford University Press, 2000, Brian Job, "Norms of Multilateralism in Regional Security: The Evolving Order of the of the Asia Pacific." Paper presented to the conference "International Norms: Origins, Significance, and Manifestations," Hebrew University, Jerusalem, 1997.

30) ハリー・ハーディング「米国におけるアジアを巡る安全保障観論争」防衛研究所 安全保障国際シンポジウム「21世紀の国際秩序と東アジアの安全保障」平成12年度報告書，2001年9月，81ページ。

31) Paul M. Evans, "Reinventing East Asia : Multilateral Cooperation and Regional Order", *Harvard International Review XVIII*, no.2 (Spring 1996): pp. 16-69, 18. *Dialogue and Research Monitor* http://www.jcie.or.jp or http://www.pcaps.iar.ubc.ca

32) Brian L. Job, "Track 2 Diplomacy: Ideational Contribution to the Evolving Asia Security Order," *Asian Security practice*, ed. Mutiah Alagappa. Stanford University Press, 2002 forthcoming, p. 242.

33) Ibid., Brian Job, pp. 243-244.

34) Ibid., Brian Job, p. 272.

35) Kenneth W. Stein, "The Bush Doctrine : Selective Engagement in the Middle East," *Middle East Review of International Affairs*, Volume 6, No.2, June 2002. p.2, "State's Haass on Multilateralism, Terrorism," November 14, 2001. Harry Harding, "The Bush Administration's Approach to Asia : Before and After September 11," Speech at Asia Society, Hong Kong, November 12, 2001, http://www.asiasociety.org/speeches/harding2.html http://www.usembassy‐israel.org. il/publish/peace/archives/2001/november/111504.html
36) 田島晃「俯瞰する帝国」『世界』2002 年 2 月，84 ～ 86 ページ。
37) *Ibid*., "State's Haass on Multilateralism, Terrorism."

ゲバリ（Ghebali, Victor-Yvesi） 138
江沢民（Jiang, Zemin） 44
コー（Koh, Tommy） 34
ゴー（Goh, Chok Tong） 191
コーブ（Korb, Lawrence） 78
ゴールドスタイン（Goldstein, Judith） 3
コックス（Cox, Robert） 253
コヘイン（Keohane, Robert） 3, 206
ゴルバチョフ（Gorbachev, Mikhail） 111

【サ行】

佐藤行雄 148
サラシン（Sarasin, Arsa） 70
サリバン（Sullivan, William H.） 115
シアゾン（Siazon, Domingo） 72, 118
シーガル（Segal, Gerald） 33
ジェントルソン（Jentleson, Bruce） 91
シャーク（Shirk, Susan） 48, 199
ジャービス（Jervis, Robert） 170
ジャヤクマール（Jayakumar, S.） 26, 119, 161
シャムバー（Shambaugh, David） 92
ジョージ（George, Alexander） 91
ショット（Schott, Peter） 197
ジョブ（Job, Brian） 47, 170, 207, 232
ジョンストン（Johnston, Alistair Iain） 26, 61, 136

シン（Shinn, James） 75
スーチー（Suu Kyi, Aung San） 72
スカラピーノ（Scalapino, Robert） 26, 46, 47
スタインブルナー（Steinbruner, John） 94
スチュアート（Stuart, Douglas） 143
スニトングセ（Snitwongse, Kusuma） 25
スハルト（Soeharto） 135
スリン（Surin, Pitsuwan） 116, 117, 240
ゼーリック（Zoellick, Robert） 67
セバスチャン（Sebastian, Leonard） 175
セン（Sen, Amartya） 239
ソピー（Soopie, Noordin） 32, 188
ソリダム（Solidum, Estrella） 25
ソロモン（Solomon, Richard） 65

【タ行】

タカー（Thakur, Ramesh） 235
ダレス（Dulles, John Foster） 130
遅浩田（Chi, Haotian） 44
チャーチル（Churchill, Winston） 169
テイ（Tay, Simon） 35, 256
ディブ（Dibb, Paul） 142, 148, 169, 218
デクエアル（de Cuellar, Javier Perez） 156
テソン（Téson, Fernando） 153
デュウイット（Dewitt, David） 96, 186
デラム（Dellums, Ronald V.） 83

ドイチェ（Deutsch, Karl） 50
唐家璇（Tang, Jiaxuan） 272
トウ（Tow, William） 143
オン（Onn, Tun Hussein） 190
ドライスデール（Drysdale, Peter） 244
トンプソン（Thompson, Kenneth） 125

【ナ行】

ナイ（Nye, Joseph S.） 64, 78
ノーラン（Nolan, Janne） 100
ノッサル（Nossal, Kim） 252

【ハ行】

バーグステン（Bergsten, Fred） 246, 248
ハース（Haas, Ernst） 167
ハース（Haas, Richard） 62, 305
ハーディング（Harding, Harry） 100
バーネット（Barnett, Michael N.） 52
バール（Bahr, Egon） 109
バダウィ（Badawi, Abdullah） 118
ハマーショルド（Hammarshkold, Dag） 256
ハル（Hull, Cordell） 123
パルメ（Palme, Olof） 109
ピアソン（Pearson, Lester） 169
ヒゴット（Higgott, Richard） 30, 252
ビネンダイク（Binnendijk） 44
ヒレン（Hillen, John） 92
フィッシャー（Fisher, Cathleen） 147
ブジンスキー（Buszynski, Leszek） 70
ブトロス・ガリ（Boutros-Ghali, Boutros） 156, 256
船橋洋一 106, 135, 246
ブラウンリー（Brownlie, Ian） 155
フランク（Franck, Thomas） 153
ブル（Bull, Hedley） 168
プルーア（Prueher, Joseph） 68
ブレア（Blair, Dennis） 55, 204, 232
ブレックマン（Blechman, Barry） 91
フン（Foong, Khong Yuen） 28
ベーカー（Baker, James） 47, 76, 77
ベーカー（Baker, Nicola） 175
ペリー（Perry, William） 73, 92
ボール（Ball, Desmond） 47, 213, 222

【マ行】

マーフィ（Murphy, Sean） 153
マック（Mack, Andrew） 97, 110
マハティール（Mahathir Mohamad） 29
マブバニ（Mahbubani, Kishore） 162
マランチュク（Malanczuk, Peter） 152
ミアシャイマー（Mearsheimer, John） 174
ミラー（Miller, Benjamin） 48, 199
メンギス（Menges, Constantine） 69
モエルトポ（Moertopo, Ali） 28
モーゲンソー（Morgenthau, Hans） 167

モンタペルト（Montaperto） 44
モントビル（Montville, Joseph） 221

【ラ行】

ラギー（Ruggie, John Gerard） 63, 206, 209, 230
ラザク（Razak, Tun Abdul） 29
李嵐清（Li, Lanqing） 60
リー（Lee, Kuan Yew） 201
リー（Lee, Hsien Loong） 191
劉華清（Liu, Huaquin） 149
リファー（Leifer, Michael） 173
レーク（Lake, Tony） 63
ローゼクランス（Rosecrance, Richard） 197, 198
ロード（Lord, Winston） 80
ロス（Ross, Robert） 61
ロッドリー（Rodley, Nigel） 153
ロバーツ（Roberts, Adam） 158
ワイズマン（Wiseman, Geoffrey） 99, 109
ワナンディ（Wanandi, Jusuf） 35, 191

NIRAチャレンジ・ブックス (既刊分)

1　市民参加の国土デザイン 　　―豊かさは多様な価値観から― 　　　　　　　　　　日端康雄　編著	地域の文化や個性が息づく、多様な価値観に対応した市民主体の国土づくりのあり方を探り、現在の国土利用・開発の計画体系を長期的視点から見直す。
2　グローバル化と人間の安全保障 　　―行動する市民社会― 　　　　　　　　　　勝俣　誠　編著	途上国で活動する市民社会のアクターが提起する今日の課題とは何か。「脅威と欠乏からの自由」を軸に一人ひとりの人間の視点から安全保障の見直しをせまる。
3　東アジア回廊の形成 　　―経済共生の追求― 　　　　　　　　NIRA・EAsia 　　　　　　　　研究チーム編	共通通貨誕生の実現可能性を視野に入れて、その中での日本のあり方を探り、日本の将来について長期的・広域的に方向付けを行う。
4　多文化社会の選択 　　―「シティズンシップ」の視点から― 　　NIRA・シティズンシップ研究会	人の移動のグローバル化が進む中、国民と外国人を分ける境界がゆらいでいる。多文化共生の観点から、海外事例も参照しつつ、日本の現状を踏まえて課題と展望を探る。
5　流動化する日本の「文化」 　　―グローバル時代の自己認識― 　　　　　　　　　　園田英弘　編著	多様な諸「文化」との出会いが日常化しつつある時代の日本人のアイデンティティとは？　日本の社会や文化の姿を歴史的にも照射しつつ、今後のあり方を考える。
6　生殖革命と法 　　―生命科学の発展と倫理― 　　総合研究開発機構編　藤川忠宏著	体外受精やクローン、生命科学の技術開発は親子関係や家族を根底から覆す恐れを持っている。西欧諸国の状況を分析し、日本の法体系整備を検討する。
7　パブリック・ガバナンス 　　―改革と戦略― 　　　　宮川公男・山本　清　編著	わが国では、行政改革、地方分権、規制改革、住民参加など政治および行政の改革を促す働き、すなわちガバナンス改革への要求が高まっている。諸外国の例等からそのあるべき姿を考える。
8　中国のWTO加盟 　　―日中韓の貿易開発と協調― 　　　　浦田秀次郎・阿部一知　編著	中国のWTO加盟により、今後の経済（貿易・投資）関係はどうなるか。北東アジアにおける共同開発のグランドデザインを如何につくるか。三国共同研究による政策提言。
9　次代のIT戦略 　　―改革のためのサイバー・ガバナンス― 　　　高橋　徹・永田守男・安田　浩　編	IT戦略の本質は「新たな文化の創造」にある。日本のIT戦略はほんとうに大丈夫か？　e－JAPAN戦略の次の一手をにらんだNIRAプロジェクトチームによる改革の指針！

【著訳者略歴】

福島　安紀子 (ふくしま あきこ)

総合研究開発機構（NIRA）主席研究員。1994年5月米国ジョンズ・ホプキンス大学高等国際問題研究大学院（SAIS）より修士号。1997年3月大阪大学より博士号。
1994年7月総合研究開発機構（NIRA）国際研究交流部研究員。同年10月同国際研究交流部主任研究員。2001年7月同機構主席研究員。2000年4月―2002年3月慶応大学客員助教授。2002年9月からカナダのブリティッシュ・コロンビア大学国際関係研究所客員教授。その他，内閣府内閣情報調査室国際経済研究会，防衛施設中央審議会，防衛外交研究会，防衛戦略研究会等の委員をつとめる。

著書 *Japanese Foreign Policy: A Logic of Multilateralism* 英国マクミラン社, 1999年。
共著 *Speaking Asia Pacific Security*, University of Toronto-York University Joint Centre for Asia Pacific Studies, Toronto, Canada, 1998,『現代予防外交論』日本予防外交センター, 2000年, *Japanese Foreign Policy Today*, 英国Palgrave社, 2001年1月,『国際危機学』世界思想社, 2002年6月, *An Alliance for Engagement*, 米国The Henry L. Stimson Center, 2002年等。

レキシコン・アジア太平洋安全保障対話

2002年11月25日　第1刷発行	定価（本体2200円+税）
著　者	D.　カ　ピ　ー
	P.　エ　バ　ン　ス
著訳者	福　島　安　紀　子
発行者	栗　原　哲　也

発行所　株式会社　日本経済評論社
〒101-0051　東京都千代田区神田神保町3-2
電話 03-3230-1661　FAX03-3265-2993
E-mail : nikkeihy@js7.so-net.ne.jp
URL : http://www.nikkeihyo.co.jp
＊シナノ印刷　＊協栄製本
装幀＊静野あゆみ（ハリロンデザイン）

乱丁本落丁本はお取替えいたします．　　　　　　　　Printed in Japan
Ⓒ Fukushima Akiko 2002
ISBN4-8188-1451-2

■本書の全部または一部を無断で複写複製（コピー）することは，著作権法上での例外を除き，禁じられています．本書からの複写を希望される場合は，小社にご連絡ください．